제3판

영유아발달과 교육

이숙재 • 김경란 • 이방실 • 강보라 지음

창지사

머 리 말

『영유아의 발달과 교육』을 1999년에 출간한 지 17년 만에 제3판을 출간하게 되었다. 본서의 집필은 보육 및 유아교육 분야에서의 제반 발달이론은 교육측면과 함께 접근해야 효과적이라는 저자의 평소 생각에서 시작되었다. 저자는 이런 소신에 따라 25년 전 『영유아의 발달과 교육』 교과목을 개설하고 강의를 계속하면서 집필의 필요성을 절감하였다. 영유아의 발달이론과 이론에 근거한 지도방안을 구체적으로 모색해보려는 의도에서 출간을 하였으나 의욕만 앞서고 아쉬운 점이 많아 이번에 개정을 서두르게 되었다.

제3판에서는 부족한 내용을 보완하고 최근에 발표된 이론 및 관련 연구물 추가 이외에 영유아발달에 적합한 지도방안을 상세히 소개하는 데 역점을 두었다. 일반적으로 영유아 보육이나 교육에서 가장 중요하게 언급되는 것이 '발달에 적합한'이라는 용어이다. 영유아를 위한 모든 활동이나 환경, 교수법은 영유아의 발달수준과 특성에 적합해야 함을 강조한 것이다. 그러나 발달의 적합성을 보육 · 교육현장에서 구현하기란 결코 쉽지 않다. 발달의 적합성을 구현하기 위해서는 영유아의 발달특성을 정확하게 아는 것에 그쳐서는 안 된다. 영유아가 시기별로 어떻게 발달하는지 이해하고 수용하며 이를 토대로 발달을 지원해 줄 수 있는 방안을 영유아의 개별 특성에 맞추어 적용해야 한다. 본서가 실제 육아나 교육에 발달이론을 접목시키는 데 도움이 되기를 기대한다.

본서는 생명이 수태되는 순간부터 유아기까지의 주요 발달과정과 특성을 자세히 살펴보기 위해, 전체 내용을 총 13장으로 구성하였다. 1장에서는 영유아발달을 이해하기 위한 토대로 발달의 개념 및 원리, 발달단계 및 영역, 연구법을 살펴보았다. 2장에서는 동물행동학적 이론을 추가하여 소개하였으며 3장에서는 태내발달과 태교를 다루었다. 4장에서는 출산, 5장에서는 신생아 발달과 돌보기를 다루었다. 6장에서 11장까지는 발달영역을 신체운동, 인지, 언어, 정서, 사회성, 창의성 등으로 나누어 발달 특성과 그에 따른 지도방안을 소개하였다. 12, 13장은 새로 추가하였는데, 12장에서는 영유아기 발달과 불가분의 관계인 놀이에 대해 구체적으로 살펴보았다. 13장에서는 현대사회의 가정, 사회문화적 변화와 영유아발달의 관련성을 다루었다.

본서는 대학교에서 유아교육학, 아동학, 아동보육학, 아동복지학, 아동상담치료학 및 교양과목 교재로 활용될 수 있다. 또한 유치원 교사, 어린이집 교사, 학부모, 그 밖에 영유아발달과 교육에 관심이 있는 모든 분들에게 참고가 될 수 있다.

본서가 출간되기까지 많은 분들의 도움과 격려가 큰 힘이 되었다. 늘 든든한 울타리로 성원해 주시는 유아교육과 교수님들께 감사를 드린다. 본서를 집필하는 데 원동력이 되어 준 수많은 '영유아발달과 교육' 수강생들에게 감사와 사랑을 보낸다. 열의를 다해 집필과 강의에 함께 해 주었던 가슴속에 묻어둔 제자에게도 특별히 고마움을 전한다. 또한 출판을 맡아주신 창지사 나기영 부사장님과 편집부 여러분께 진심으로 감사를 드린다.

2016년 2월

저자

차례

1 영유아발달의 이해 17

1. 발달의 개념 및 발달원리 >> 19
2. 발달단계 및 영역 >> 22
3. 발달 연구법 >> 25
   1) 관찰법 / 26
   2) 실험법 / 27
   3) 조사법 / 27
   4) 질적 연구 / 29

2 발달 이론 31

1. 성숙 이론 >> 33
   1) Gesell의 성숙 이론 / 33
   2) 성숙 이론 평가 / 35
2. 정신분석 이론 >> 36
   1) Freud의 심리성적 이론 / 36
   2) Erikson의 심리사회적 이론 / 41
   3) 정신분석 이론 평가 / 46
3. 학습 이론 >> 47
   1) Pavlov의 고전적 조건형성 이론 / 47
   2) Skinner의 조작적 조건형성 이론 / 48
   3) Bandura의 사회학습 이론 / 49
   4) 학습 이론 평가 / 50

4. 인지발달 이론 >> 51

1) Piaget의 인지발달 이론 / 51
2) Vygotsky의 사회문화적 인지발달 이론 / 54
3) 인지발달 이론 평가 / 56

5. 동물행동학적 이론 >> 58

1) Lorenz의 각인 이론 / 58
2) Bowlby의 애착 이론 / 59
3) 동물행동학적 이론 평가 / 60

6. 생태학적 이론 >> 60

1) Bronfenbrenner의 이론 /61
2) 생태학적 이론 평가 / 63

3 태내발달 및 태교 65

1. 수정 및 태내발달 단계 >> 67
2. 태내발달의 영향요인 >> 71

1) 유전적 요인 / 71
2) 환경적 요인 / 73

3. 태내기 진단 >> 78
4. 태내교육 >> 81

1) 전통 태교 / 82
2) 현대 태교 / 83

4 출산 85

1. 출산 과정 >> 87
2. 출산 방법 >> 89

1) 자연분만 / 89
2) 라마즈 분만 / 90
3) 무통분만 / 91
4) 수중분만 / 91

5) 르봐이에 분만 / 92
6) 제왕절개 / 92

3. 출산의 문제 >> 94

1) 유산 / 94
2) 난산 / 94
3) 조산과 미숙아 / 95
4) 산소결핍증 / 95

4. 안전한 출산을 위한 준비 / 96

5 신생아발달과 돌보기 99

1. 신생아발달 >> 101

1) 신체적·생리적 특징 / 101
2) 반사운동 능력 / 103
3) 감각기능 / 105

2. 신생아의 건강 및 행동 평가 >> 109

1) 아프가 척도 / 109
2) 신생아 행동평가척도 / 110

3. 신생아 돌보기 >> 110

1) 수유 / 110
2) 기저귀 갈기 / 115
3) 목욕시키기 / 116
4) 의복 / 117

6 신체운동발달과 교육 119

1. 영아기 신체운동발달 >> 121

1) 신체 성장 / 121
2) 생리적 기능 / 123
3) 손의 조작능력 / 125
4) 보행의 발달 / 126

2. 뇌와 신경체계 발달 >> 128

1) 뇌의 구조 / 128
2) 신경체계의 발달 / 129
3) 뇌발달의 영향요인 / 133

3. 유아기 신체운동 발달 >> 135

1) 신체 성장 / 135
2) 운동발달 / 136

4. 건강 및 안전 >> 139

1) 질병 / 139
2) 안전사고 / 141

5. 신체운동 발달을 위한 지도방안 >> 143

1) 건강생활 습관 지도 / 143
2) 안전 지도 / 147
3) 신체운동 지도 / 150

7 인지발달과 교육 153

1. 영아기 인지발달 >> 155

1) 지각발달 / 155
2) 감각운동적 사고 / 158
3) 대상영속성 / 161
4) 기억발달 / 163

2. 유아기 인지발달 >> 165

1) 유아기 사고의 특징 / 166
2) 기억의 발달 / 170
3) 지능 / 173

3. 인지발달을 위한 지도방안 >> 176

1) 조기사교육의 문제 / 176
2) 영유아기 인지학습의 원리 / 178
3) 뇌기반 영유아 교육 / 180

8 언어발달과 교육 183

1. 언어발달 이론 >> 185

1) 행동주의 이론 / 185
2) 생득주의 이론 / 186
3) 상호작용 이론 / 187

2. 영아기 언어발달 >> 188

1) 울음과 소리내기 / 188
2) 옹알이 / 189
3) 한 단어 표현 / 189
4) 두 단어 표현 / 190

3. 유아기 언어발달 >> 191

1) 음성언어 / 192
2) 문자언어 / 194

4. 언어발달을 위한 지도방안 >> 198

1) 말하기 지도 / 198
2) 듣기 지도 / 199
3) 읽기 지도 / 201
4) 쓰기 지도 / 203

9 정서발달과 교육 205

1. 정서의 개념 >> 207

2. 정서발달 이론 >> 209

1) 생물학적 이론 / 209
2) 학습 이론 / 209
3) 인지발달 이론 / 210
4) 기능주의적 접근 / 210

3. 영아기 정서발달 >> 212

1) 기본 정서의 출현 / 212
2) 기질 / 216

4. 유아기 정서발달 >> 218

1) 자아인식 정서 / 219
2) 정서이해 / 219
3) 정서조절 / 220
4) 정서지능 / 221

5. 정서발달을 위한 지도방안 >> 224

1) 안정적 환경 조성 / 224
2) 정서이해 및 정서조절 능력 향상 / 225
3) 정서적 반영 / 227
4) 정서발달을 위한 다양한 활동 제공 / 228

10 사회성 발달과 교육 231

1. 사회화 과정 >> 233
2. 영아기 사회성 발달 >> 234
   1) 애착 발달 / 234
   2) 또래의 사회적 상호작용 / 236
3. 유아기 사회성 발달 >> 237
   1) 타인에 대한 이해 / 237
   2) 성 역할 / 238
   3) 도덕성 / 241
   4) 경제 개념 발달 / 243
4. 사회성 발달을 위한 지도방안 >> 245
   1) 일반적 지침 / 245
   2) 양성 평등 교육 / 247
   3) 도덕성 증진을 위한 집단 토의 / 249
   4) 협동활동 / 250
   5) 영유아 경제교육 / 252

11 창의성 발달과 교육 253

1. 창의성의 개념 >> 255
2. 창의성의 구성요소 >> 257
   1) 인지적 요소 / 258
   2) 정의적 요소 / 259
3. 영유아기 창의성 발달 >> 260
4. 창의성 발달을 위한 지도 방안 >> 263
   1) 개방적 분위기 조성 / 263
   2) 내적 동기 유발 / 264
   3) 창의적 환경 제공 / 265

4) 성인의 모델링 / 266
5) 창의적 표현경험 제공 / 266

12 **영유아발달과 놀이** 271

1. 놀이의 개념 및 특성 >> 273
2. 놀이 유형 / 275
   1) 사회적 놀이 / 276
   2) 인지적 놀이 / 277
3. 영유아발달과 놀이 >> 279
   1) 신체발달과 놀이 / 279
   2) 인지발달과 놀이 / 279
   3) 언어발달과 놀이 / 280
   4) 정서발달과 놀이 / 281
   5) 사회성 발달과 놀이 / 281
   6) 창의성 발달과 놀이 / 282
4. 연령별 놀이 특징 및 지도 >> 283
   1) 영아 연령별 놀이 특징 및 지도 / 283
   2) 유아 연령별 놀이 특징 및 지도 / 286

13 **영유아발달과 가족 및 사회환경** 291

1. 가족 >> 293
   1) 현대사회의 가족형태 / 293
   2) 부모 역할의 중요성 / 298
   3) 바람직한 부모 역할 / 302
   4) 형제·자매 / 304
2. 영유아 보육 및 교육기관 >> 306
   1) 보육·교육기관의 질적 수준 / 306
   2) 교사 / 307
   3) 또래 / 310

3. 전자 미디어 >> 311

1) 전자 미디어의 긍정적 영향 / 312
2) 전자 미디어의 부정적 영향 / 313
3) 효과적 전자 미디어 활용방안 / 314

참고문헌 / 316

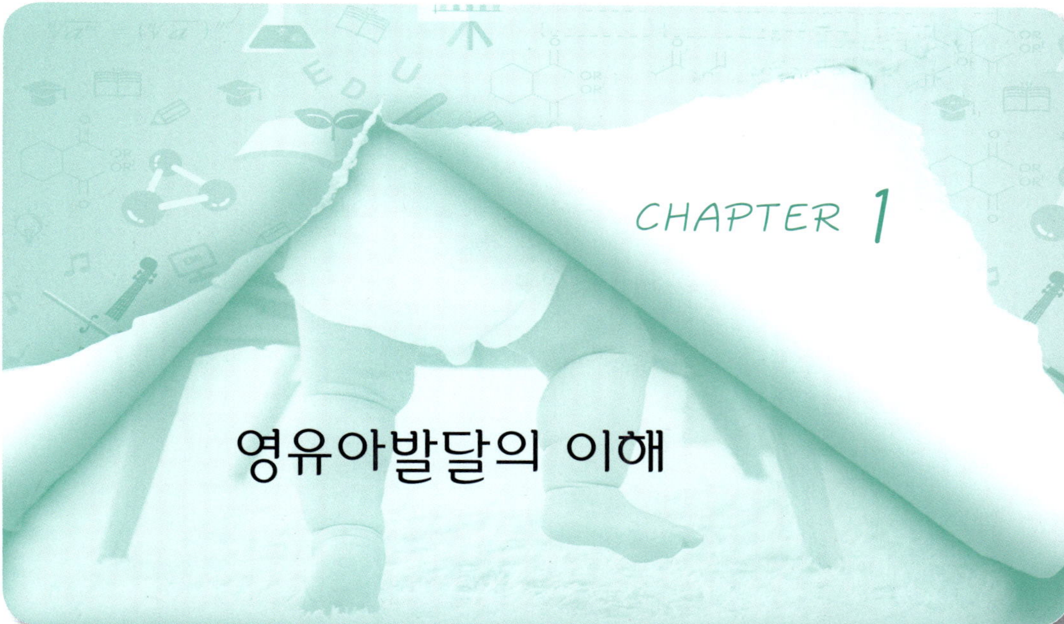

CHAPTER 1

영유아발달의 이해

발달이라는 용어는 일상생활 속에서 널리 사용되고 있으나 발달에 대한 정의를 내리기는 쉽지 않다. 발달에는 신체적인 측면과 심리적인 측면이 포함될 뿐 아니라 눈에 보이는 양적인 변화와 구조적이고 기능적인 질적인 변화도 포함된다. 또한, 발달은 어느 시점까지는 상승적으로 변화하나 어느 시점 이후에는 감퇴하는 현상도 일어난다. 결국 발달이란 전 생애에 걸쳐 성숙과 경험에 의해 일어나는 일련의 체계적인 변화라고 할 수 있다. 이러한 변화과정은 개인적 특성이나 문화적 배경에 따라 차이가 있을 수 있으나 발달 원리에 따라 진행된다.

1장에서는 영유아 발달에 대한 기초적 이해로, 발달의 개념 및 원리, 발달 단계, 그리고 발달을 연구하는 다양한 방법에 대해 살펴보고자 한다.

1 발달의 개념 및 발달원리

발달(development)은 난자와 정자가 만나서 수정이 이루어지는 순간부터 시작되는 계속적인 변화과정이다. 발달과 유사한 개념으로 성장(growth)이라는 용어가 사용되기도 한다. 이 용어는 인간의 변화과정을 언급한다는 의미에서 발달이란 어휘와 본질적으로 공통점을 갖지만, 엄밀히 비교해 보면 성장이란 개체의 신장, 체중, 골격 등과 같은 신체적, 생리적 측면의 양적 증가만을 뜻한다(Gallahue & Ozmun, 2006).

그러나 인간의 변화과정에는 모든 속성이 연령과 더불어 증가만 하는 것이 아니라 감소하는 경우도 있다. 예를 들면 인간의 신장은 청년기까지 증가하다가 노년기에 이르면 하강적으로 변화한다. 또한, 변화과정에는 양적 변화뿐 아니라 질적 변화도 일어난다. 양적 변화는 신장, 체중, 어휘력에서 보이는 변화와 같이 크기 또는 양의 변화를 의미하고, 질적 변화는 신체조절 능력의 기능화, 정신작용의 구조적 변화 등을 일컫는다(조성연 외, 2005). 이와 같은 양적·질적 변화는 전 생애 동안 끊임없이 일어나는데, 그 변화 양상은 성숙(maturation)과 경험(experience)에 따라 달라진다. 성숙이란 뇌 기능의 분화나 사춘기의 이차적 성 특징과 같이 유전적 요인에 의해 변화되는 과정이고, 경험은 부모, 친구, 교육, 대중매체 등 영유아가 접하는 모든 환경 조건을 의미한다. 즉, 유전적인 성숙과 환경적인 경험에 의해 발달의 개인차가 발생하는 것이다(Gallahue & Ozmun, 2006).

이런 점에서 볼 때, 발달은 모든 속성의 변화 과정과 성숙과 경험의 요인을 포괄하는 좀 더 광의의 개념으로 정의되어야 한다. 따라서 발달은 수정 순간부터 죽음에 이르기까지 전 생애에 걸쳐 성숙과 경험에 의해 일어나는 양적 변화와 질적 변화 과정이라 정의할 수 있다.

영유아의 발달은 개인적 특성 또는 사회문화적 환경에 따라 차이가 있을 수 있으나 보편적으로 적용되는 몇 가지 원리가 있다. 발달 원리를 구체적으로 소개하면 다음과 같다(김태련 외, 2004; 이옥형, 2002; 정옥분, 2012).

● 발달은 유전과 환경의 역동적인 상호작용을 통해 이루어진다.

발달은 개체가 선천적으로 갖고 있는 유전적 요인과 환경과의 상호작용을 통해 이루어진다. 예를 들어, 유전적으로 키가 작은 소양을 지니고 태어났다 하더라도 영유아에게 충분히 영양분을 공급하고 운동할 수 있는 기회를 제공하면 본래의 유전인자보다 키가 더 클 가능성이 있다. 그러나 타고난 능력이 있다 하더라도 적절한 환경적 지원을 받지 못하면 잠재력은 발현되지 못한다.

● 발달은 총체적으로 이루어진다.

영유아의 발달은 신체, 인지, 언어, 정서, 사회성 발달이 각기 분리되어 이루어지는 것이 아니라 서로 연결되어 총체적으로 진행된다. 영유아는 전인적으로 성장하기 때문이다. 예를 들어, 영유아의 신체발달은 정서발달이나 사회성 발달과 밀접하게 연관이 되어 체격이 왜소한 영유아는 친구관계가 원만하지 못할 수도 있으며 그 결과로 자신감과 자아존중감이 손상될 수도 있다.

● 발달은 일정한 순서에 따라 이루어진다.

신체, 언어, 인지 등 모든 발달은 일정한 순서로 진행된다. 신체발달의 경우, 머리 부분에서 하체 부분으로, 중심 부분에서 외곽 부분으로, 그리고 전체 동작에서 세부 동작으로 발달한다. 그 밖에 언어발달은 생후 3개월에 옹알이를 시작한 후 한 단어, 두 단어, 문장 말하기 순서로 이루어진다. 인지적 능력도 감각 운동기, 전조작기, 구체적 조작기, 형식적 조작기의 순서로 발달한다(Piaget, 1962).

● 발달은 계속적으로 이루어지나 발달의 속도는 일정하지 않다.

인간은 수정되면서부터 죽을 때까지 계속적으로 변화하고 발달하는데 발달 속도는 일정하지 않다. 예를 들어, 신장은 출생 후 1년간 급격히 발달하지만 아동기에는 발달 속도가 다소 느려지고 청년기에는 다시 급속한 발달을 이룬다. 또한, 발달 영역에 따라 성장 속도가 각기 달라서 체중은 생후 1년간 급속히 증가하지만 상상력은 4, 5세에, 추리력은 청년기에 급격히 발달한다.

● 발달에는 개인차가 있다.

인간의 발달 순서는 일정하지만 발달 특성과 속도는 개인에 따라 다르다. 즉, 각 개인에 따라 창의성이 발달된 영유아, 언어발달이 돋보이는 영유아, 운동능력이 발달한 영유아, 사교성이 잘 발달된 영유아 등 개인차가 크다. 또한, 발달 속도에 있어서도 개인차를 보여서 발달이 빠르게 진행되는 영유아, 느리게 발달되는 영유아가 있고 초기에 빠른 발달을 보이는 영유아가 있는가 하면 후반기에 성장속도가 가속화되는 영유아도 있다.

● 발달에는 누적성의 원리가 적용된다.

영유아의 초기 발달은 후기 발달에 영향을 준다. 발달의 과거, 현재, 미래가 서로 연결되어 있는 것이다. 영유아의 독립심은 신뢰감이 형성된 후에 발달 가능하며, 인물화 그리기는 끼적거리기를 한 후에 가능하고, 말하기는 옹알이를 한 후에 할 수 있다. 따라서 영유아기에 결핍된 경험은 이후의 발달에 막대한 지장을 준다.

● 발달에는 결정적 시기가 있다.

인간의 발달은 어느 시기에나 이루어지는 것이 아니다. 가장 최적의 발달을 이룰 수 있는 결정적 시기(critical period)가 있다. 동물생태학자 Lorenz (1965)는 발달의 결정적 시기를 각인(imprinting) 현상을 통해 최초로 증명하였다. 즉, Lorenz의 관찰결과에 의하면, 새끼 오리는 부화한 지 13시간 이내에 처음 본 물체를 따라다니는 반응을 보였으며 이 시간이 지난 후에는 어떤 대상에 대해서도 각인현상을 보이지 않았다(이옥형, 2002, 재인용).

이러한 결정적 시기는 영유아의 사회성 발달에도 적용이 된다. 예를 들어, 대인관계 발달에 필수적인 신뢰감 형성은 생후 1년간 어머니와의 친밀한 관계를 통해 이루어지는데, 이 시기에 신뢰감이 적절히 형성되지 않으면 사회 전반에 대한 불신감을 갖게 된다.

출처: Santrock(2005: 26).

[사진 1-1] Lorenz의 각인현상

2 발달단계 및 영역

인간의 발달을 단계 및 영역으로 구분하는 방법은 학자들의 분류기준이나 이론에 따라 각기 다양하다. 인간의 발달 단계를 구분하는 기준으로 연령과 심리적 특성 등이 사용되는데, 이를 간략히 설명하면 다음과 같다(이영 외, 2015).

첫째, 인간의 발달을 연령을 기준으로 단계별로 분류하는 방법이다.

이 방법은 주로 성숙 이론을 주장하는 학자들 사이에서 많이 이루어지고 있다. 즉, 인간발달이 내적 성숙에 의해 이루어진다고 주장하는 성숙 이론가들은 연령별로 발달 단계를 구분한다. 각 단계가 정확한 연령에 따라 구분되는 것은 아니며 시대적 변화, 적용 분야 등에 따라 융통성 있게 나눌 수 있다. 대략적으로 연령별 단계를 나누어 보면, 수태되는 순간부터 태아가 산모 뱃속에 있는 약 9개월을 태아기, 출생 후 4주까지를 신생아기, 신생아기 이후부터 2세까지 영아기, 3세부터 5세까지 유아기, 6세부터 12세까지 아동기, 13세부터 19세경까지 청년기, 청년기 이후부터 40세까지 성인 전기, 성인 전기 이후부터 65세까지 성인 중기, 65세 이후의 노년기 등으로 구분한다(이영 외, 2015).

〈표 1-1〉 인간의 발달 단계

단계	시기
태아기	수정~출생
신생아기	출생~생후 4주
영아기	생후 4주~2세
유아기	3~5세
아동기	6~12세
청년기	13~19세
성인전기	20~40세
성인중기	40세 이후~65세
노년기	65세 이상

이와 같은 발달 단계의 분류를 통해 각 연령대별로 어떤 발달적 특징이 있는지를 포괄적으로 이해할 수 있는 장점이 있다. 그러나 인간의 발달이 연령별로 엄밀히 구분되는 것이 아니며 개별적 차이를 많이 보이는 측면도 있기 때문에 문제점도 있다.

둘째, 인간의 발달을 심리적 특성에 따라 영역으로 나누어 분류하는 방법이다.

인간발달은 총체적으로 진행되므로 각 발달영역을 구분하기는 어려운 점이 있으나 편의상 신체, 인지, 사회정서 발달로 구분할 수 있다. 신체발달에는 신체적 성장, 감각 및 지각, 생리적 기능, 운동 기능의 변화 등이 포함된다. 인지발달에는 사고, 기억, 학습, 언어에 관련된 정신적 변화가 포함되고 사회정서 발달에는 인간의 감정, 대인관계에서의 변화 등이 포함된다. 발달영역에 따른 분류의 가장 대표적인 예로 인지발달 단계와 심리성적 발달 단계를 들 수 있다. 즉, Piaget는 영유아의 인지발달이 감각운동기, 전조작기, 구체적 조작기, 형식적 조작기 등 네 단계로 진행된다고 주장하였다. 한편, 정신분석 이론가인 Freud는 인간의 성적 충동이 신체 여러 부위에 집중됨에 따라 심리성적 발달이 구강기, 항문기, 남근기, 잠복기, 생식기로 나누어진다고 주장하였다.

이러한 심리적 특성에 따른 발달 단계 구분은 각 심리적 특성의 발달 과정을 체계적으로 상세히 이해하는 데는 도움을 주지만 여러 특성을 종합적으로 파악하는 데 제한점이 있다.

본서에서는 이상에서 살펴본 연령과 심리적 특성에 의한 발달 분류의 장점을 살리기 위하여 이 두 가지 방법을 종합하여 영유아의 발달을 서술하였다. 즉, 수정에서 출생까지의 태내기, 신생아기(출생~생후 4주)까지는 각 단계별로 발달 특성을 종합하여 기술하였다. 이후 영아기, 유아기는 이 시기의 주요 발달 특성을 심리적 특성에 따라 신체운동 발달, 언어발달, 정서발달, 인지발달, 사회성 발달, 창의성 발달 등 6영역으로 세분화하고 각 영역에서 영아기(생후 4주~2세)와 유아기(3~5세)로 나누어서 기술하였다.

3 발달 연구법

영유아 발달에 대한 객관적이고 타당성 있는 이론 체계를 정립하기 위해서는 과학적인 연구가 이루어져야 한다. 영유아 발달을 연구하는 학자들은 대부분 시간의 경과에 따른 발달적 변화에 관심을 둔다. 예를 들어, 각 연령에 따른 발달 특징을 비교하거나 특정 개인의 발달 과정을 장기간 연구하기도 한다. 전자를 횡단적 접근방법(cross-sectional approach), 후자를 종단적 접근방법(longitudinal approach)이라 일컫는다.

횡단적 접근방법은 연령이 다른 여러 집단 영유아를 동일한 시기에 조사하여 연령에 따른 발달적 특징을 기술하는 방법으로, 발달 연구에서 가장 보편적으로 사용되고 있다. 예를 들어, 3~5세아의 지능 발달을 횡단적 접근법으로 연구하려면 3, 4, 5세아를 각각 30명씩 뽑아서 지능검사를 실시하고 각 연령별로 비교하는 것이다. 이 접근법은 많은 대상을 단기간에 조사할 수 있으므로 시간과 노력, 비용이 적게 드는 장점이 있다. 그러나 연령별 지능 평균이 연령에 따른 차이인지 연령별 집단의 특성에 의한 차이인지를 정확히 파악하기 어렵고 각 집단의 평균을 비교하게 되므로 개인별 발달상을 파악하기 어렵다는 단점이 있다.

한편, 종단적 접근방법은 동일한 영유아를 오랫동안 반복하여 조사함으로써 시간 경과에 따른 발달과 변화를 연구하는 방법이다. 앞서 예를 들었던 3~5세아의 지능발달을 종단적 접근방법으로 연구한다면 3세아를 선정하여 그들이 4, 5세가 될 때까지 지능검사를 실시하여 연령별 발달을 비교하게 된다. 이 접근법을 통해 연령별 발달 과정에 대한 정보와 개인별 발달상을 보다 정확히 파악할 수 있다. 그러나 연구대상을 장기간에 걸쳐 확보하는 것이 어렵고 시간, 경비, 노력이 많이 드는 것이 단점이다.

이러한 횡단적, 종단적 접근방법에서 영유아에 관한 발달 자료를 수집하는 방법으로는 관찰법, 실험법, 조사법(질문지법, 면접법, 심리검사법) 등이 활용된다. 각 연구법을 간략하게 소개하면 다음과 같다(박성연, 2006; 이순형 외, 2008; 이은해 · 이미리 · 박소연, 2007; 조복희, 2006; 황해익, 2010).

1) 관찰법

관찰법은 영유아를 연구하는 가장 대표적인 방법으로 영유아의 행동이나 언어를 관찰하고 기록하여 분석하는 연구방법이다. 특히, 영유아는 언어 능력이 잘 발달되지 않았기 때문에 어떤 다른 연구법보다 관찰법이 유용하다.

관찰법은 관찰 상황의 통제유무에 따라 자연관찰과 통제관찰로 분류된다. 자연관찰은 어떤 통제도 가하지 않고 자연스러운 상황에서 일어나는 행동을 관찰하는 것을 의미하고, 통제관찰은 관찰 장면을 인위적으로 통제하거나 조작하여 관찰하는 방법이다. 또한, 관찰자가 관찰 상황에 참여하는가의 여부에 따라 참여관찰과 비참여관찰로 나눌 수 있다. 참여관찰은 관찰자가 관찰대상자와 일상생활을 함께하면서 자연스런 행동을 관찰하는 방법이다. 예를 들어, 교사가 담당학급의 영유아를 관찰하는 것을 참여관찰이라고 할 수 있다. 반면에 비참여관찰은 관찰자가 관찰현장에 참여하거나 개입하지 않고 관찰에만 전념하는 것을 뜻한다.

관찰법은 영유아의 행동을 상세히 관찰할 수 있는 것이 장점이다. 그러나 관찰을 통해서 영유아가 밖으로 표현한 행동만 볼 수 있기 때문에 내면의 생각이나 의도 등은 관찰하기 어려운 것이 단점이다. 그 밖에 관찰자를 통해 자료가 수집되므로 관찰자의 주관이나 편견이 개입되기 쉬운 문제점도 있다. 최근에는 관찰의 정확성을 높이기 위해 비디오카메라, 녹음기 등의 기자재가 활용된다.

2) 실험법

실험법은 인과관계를 밝히는 최상의 연구법으로, 엄격하게 통제된 상황에서 영유아발달에 영향을 미칠 것으로 예상되는 변인을 조작하여 그 효과를 분석하는 연구방법이다. 이때 연구자가 임의로 조작하는 변인을 독립변인(independent variable), 독립변인의 조작 결과에 따라 영향을 받는 변인을 종속변인(dependent variable)이라고 한다. 독립변인의 조작이 이루어진 실험집단과 조작이 이루어지지 않은 통제집단의 결과를 비교함으로써 독립변인의 영향을 밝힐 수 있다. 예를 들어, 그림책을 활용한 음악교육 프로그램이 5세아의 음악성과 창의성 발달에 효과가 있는지를 실험법으로 연구하는 경우, 실험집단에는 이 프로그램을 1학기 동안 실시한 반면에 통제집단에는 실시하지 않고 각 집단의 음악성과 창의성을 측정하여 효과를 분석할 수 있다(강보라, 2012).

3) 조사법

조사법은 연구대상자에게 일련의 질문을 하고 응답을 수집하는 연구법이다. 조사법에는 질문지법, 면접법, 표준화 검사법 등이 포함된다.

(1) 질문지법

질문지법은 연구대상자에게 질문지를 주고 스스로 응답하게 하여 분석하는 연구법이다. 이 방법은 질문지를 많은 연구대상자에게 동시에 배부하고 회수하거나 우편, 이메일 활용이 가능하기 때문에 경제적이고 시간과 노력이 절약되는 것이 장점이다. 그러나 영유아처럼 글자를 읽고 답할 능력이 없는 대상자에게는 사용이 불가능하므로 영유아 연구에서는 주로 부모나 교사를 대상으로 실시된다.

(2) 면접법

면접법은 면접자가 연구대상자와 일대일로 만나서 질문을 하고 응답하게 하는 연구법이다. 면접자가 연구대상자와 직접적인 상호작용을 함으로써 연구대상자의 이해수준에 따라 추가 설명을 해줄 수 있다. 또한, 사진, 그림, 실물 등의 보조 자료를 활용할 수 있어서 특히, 영유아를 대상으로 하는 연구에서 많이 활용된다.

(3) 표준화 검사법

표준화 검사법은 영유아발달을 객관적으로 측정할 수 있도록 검사내용, 절차, 채점 및 해석을 표준화시켜 제작한 검사 도구를 가지고 자료 수집을 하는 연구법이다. 영유아용 표준화 검사 도구는 영유아를 대상으로 개별 실시하거나 부모, 교사 등 양육자를 대상으로 실시된다. 국내에서 개발된 영유아용 표준화 검사 도구를 소개하면 다음 〈표 1-2〉와 같다.

〈표 1-2〉 영유아용 표준화 검사 도구

검사도구	저자 (제작 연도)	대상	출판
한국베일리 영유아발달검사 Ⅱ	조복희, 박혜원, 최호정(2002)	생후 1개월~42개월	키즈팝
한국형 덴버발달검사 Ⅱ	신희선, 한경자, 오가실, 오진주, 하미나(2002)	생후 2주~6세	현문사
영아선별 교육진단검사	장혜성, 서소정, 하지영(2008)	0~36개월	학지사 심리검사연구소
영유아 언어발달검사	김영태, 김경희, 윤혜련, 김화수(2003)	생후 5개월~36개월	도서출판특수교육
한국 웩슬러 유아지능검사	박혜원,이경옥, 안동현(2015)	2세 6개월~7세 7개월	학지사 심리검사연구소
유아종합 창의성검사	전경원(2000)	4~6세	학지사 심리검사연구소

4) 질적 연구

최근에 영유아 연구 분야에서 다양한 질적 연구가 활발하게 이루어지고 있다. 질적 연구(qualitative approach)는 이론이나 가설을 미리 설정하여 통계적으로 검증하는 양적 연구(quantitative approach)와는 달리 일상에서 일어나는 현상의 자연스런 맥락을 총체적으로 탐구하는 연구법이다. 즉, 질적 연구는 맥락에서 분리된 객관적 지식보다는 특정상황에서 경험되는 현상의 내면적 의미를 심층적으로 이해하는 것에 관심을 둔다(이은해 · 이미리 · 박소연, 2007).

영유아 질적 연구에서 많이 활용되는 자료수집 방법은 참여관찰, 심층면접, 문서수집 등이다. 참여관찰은 연구대상 영유아의 일상생활 속에 연구자가 직접 참여하여 장기간 관찰하는 것을 의미한다. 또한, 참여관찰을 하면서 의문점이 생기거나 보다 자세한 정보를 얻고자 할 때는 심층면접을 실시할 수 있다. 심층면접은 면접자와 면접대상자가 1대1로 만나서 비구조화된 질문내용에 따라 장시간 깊이 있는 면접을 시행하는 것을 의미한다. 면접자는 자신의 가치판단을 배제하고 면접대상자가 자연스럽게 자신의 의견을 최대한 밝힐 수 있도록 수용하는 자세를 취해야 한다. 영유아는 언어능력이 잘 발달하지 못하여 본인보다는 부모, 영유아 담당 교사를 대상으로 심층 면접을 하는 경우도 많다. 그 밖에 관련 문서, 예를 들어, 영유아 관찰일지, 가정환경조사서, 교육계획안, 가정통신문, 학부모 대화수첩 등의 문서를 수집하여 분석할 수 있다. 질적 연구보고서의 예로 영아가 또래와 놀면서 의사소통하는 내용을 소개하면 다음과 같다(황인애, 2010: 57-58).

주은이가 등원한다. 현석은 소꿉놀이방에 있다. 주은이를 보고는 "빠, 빠" 소리 내며 손을 흔들며 가까이 다가간다. 현석은 주은이의 바지를 만지면서 " 벗어, 벗어." 한다. 주은이 서랍장으로 가자 현석은 주은이를 따라가며 "벗어, 벗어."를 반복한다. 주은은 박교사와 함께 옷을 벗고 서랍장에 정리한다.

(관찰, 2008. 11. 25, 현석: 23개월, 주은: 25개월, 등원 시간)

수아가 등원한다. 주은이 수아를 보더니 교실 문으로 가면서 "조수아, 수아 안녕?" 한다. 다시 "조수아 안녕?" 한다. 수아가 서랍장으로 걸어가자 주은이는 계속 "안녕?", 안녕" 하며 손을 흔들며 따라간다. 이교사가 "주은아, 한 번만 하는 거야." 한다. 수아는 주은이를 보고 "안녕?" 하며 손을 들었다 내린다.

(관찰, 2009. 2. 19, 주은: 28개월, 수아: 32개월, 등원 시간)

위의 사례에서 현석은 주은이를 뒤따라가며 주은의 바지를 잡았다. 현석의 이런 행동은 언어적 표현이 없었던 상황에서는 또래로부터 거부적인 반응을 받게 되었고, 현석은 자신의 의도가 또래에게 전달되지 못한 것에 속상해하는 모습을 보였었다. 그러나 바지를 잡는 상황과 "벗어."라는 언어적 표현이 함께하면서 현석의 의도는 분명하게 전달될 수 있었다. 언어 표현을 통한 분명한 의도전달이 상대로부터의 수용과 관계 맺기를 보다 확실하게 하는 상황은 교사와의 면담을 통해서도 확인할 수 있었다.

"아이들이 서로에게 보이는 관심 표현이 변화하면서 확실히 친구들과의 상호작용도 늘어나는 것 같아요. 전에는 옆에 오면 '귀찮아.' 하며 외면하거나 밀어내기도 했는데 이제는 '안녕?' 하고 오면 서로 반가워하는 표현을 하고 그래요. 서로의 의도가 언어사용으로 명확해지고 그로 인해 갈등도 줄어드는 것 같아요."

(교사면담: 이교사, 2008. 12. 2)

CHAPTER 2

발달 이론

인간발달에 대한 이론은 각기 다른 측면에서 영유아의 발달 과정을 설명하고 있으며, 이 이론을 통해 영유아의 발달을 보다 총체적으로 이해할 수 있다.

2장에서는 성숙 이론(maturational theory), 정신분석 이론(psychoanalytic theory), 학습 이론(learning theory), 인지발달 이론(cognitive theory), 동물행동학적 이론(ethology), 생태학적 이론(ecological theory)을 살펴보고자 한다.

1 성숙 이론

Gesell이 체계화한 성숙 이론에 의하면 인간의 발달은 환경이나 경험에 의해 이루어지는 것이 아니라 내적으로 이미 정해져 있는 생물학적 시간표에 따라 이루어진다고 주장한다.

1) Gesell의 성숙 이론

Gesell은 영유아를 관찰하고 사진을 찍어 운동능력, 적응행동, 언어행동, 사회적 행동 등을 상세히 분석하였다. 또한, 영유아의 발달을 기술하기 위해 모든 정보를 조직화하고 해당 연령 집단과 비교함으로써 영유아의 발달을 평가하는 규준을 만들었다.

(1) 성숙의 개념

성숙 이론에 따르면, 모든 유기체는 성장의 방향이 결정되어 있는 성장모형(growth matrix)을 가지고 있으며, 이러한 선천적인 메커니즘으로 인해 유기체는 주어진 환경과 관계없이 발달한다. Gesell은 유기체의 발달 과정을 방향 짓는 유전적 기제를 성숙이라고 명명하였다. 즉, 성숙(maturation)이란 외부환경의 영향보다는 내적인 힘에 의해 발달이 이루어지는 것을 의미한다. 성숙은 이미 예정된 내적 생물학적 시간표에 따라 진행되므로 발달 순서는 바뀌지 않고 고정된 순서에 따르게 된다(Santrock, 2005).

이와 같이, Gesell은 발달의 기본적인 진행과정이 내적 성숙으로부터 나오는 것이라고 굳게 믿었으나 그렇다고 해서 환경의 영향을 완전히 배제하지는 않았다. 그는 환경조건은 성장모형을 유지하고 정상적인 발달을 위해서 필요하다고 지적하였다(정옥분, 2012).

(2) 성숙의 기본 원리

Gesell은 성숙의 기본 원리로 발달의 순서 원리, 상호적 교류의 원리, 그리고 자기규제의 원리를 제시하였다(정옥분, 2004; 조성연 외, 2005).

① 발달의 순서 원리

성숙의 가장 큰 특징은 언제나 정해진 순서대로 발달이 이루어진다는 것이다. 태아기 동안 가장 먼저 발달하는 기관은 심장이다. 심장이 발달하고 세포들이 빠르게 분화하여 두뇌와 척수 같은 중추신경계를 형성한다. 그 후에 팔다리와 같은 다른 기관들이 발달되는데, 이러한 순서는 유전자 지도에 의한 것으로 발달의 순서는 바뀌지 않는다. 출생 이후의 발달도 순서에 따르게 된다. 머리가 먼저 발달하고 목, 어깨, 팔, 몸통, 다리, 발 순으로 발달한다. 또 앉고, 서고, 걷는 순서로 발달이 진행된다.

② 상호적 교류의 원리

상호적 교류의 원리란 대칭되는 두 부분이 서로 한 부분씩 발달한 뒤 함께 통합되어 균형적으로 발달해 가는 것을 말한다. 예를 들어, 양손을 사용하는 것을 익힐 때, 처음부터 양손을 동시에 사용하는 것이 아니라 한 손을 익숙하게 사용하다가 또 다른 쪽 손을 사용하고 그 뒤 양손을 능숙하게 사용한다는 것이다.

③ 자기규제의 원리

Gesell은 수유와 수면 등의 생리적인 리듬이 불규칙한 경우, 영아 스스로 수유 시간과 수면을 규칙적으로 조절하는 것을 발견하였다. Gesell은 이를 자기규제(self-regulation) 메커니즘이라고 보았다.

자기규제 메커니즘은 영유아가 자신의 능력 이상으로 새로운 것을 시도하지 않도록 영유아의 행동을 조절한다. 자기규제의 원리는 영유아가 너무 빠르게 너무 많이 배우도록 강요받았을 때, 영유아 내부에서 스스로 저항하는 힘을 의미한다. 이는 영유아 스스로 자신의 수준에 맞도록 발달을 조절하고 이끄는 능력인 것이다.

2) 성숙 이론 평가

Gesell은 영유아의 내적인 능력을 믿으며 유전적 성숙에 의해 발달이 이루어진다고 주장하였다. 즉, 발달이 학습과 같은 환경의 영향에 의해 이루어지는 것은 아니라는 것이다. 이러한 Gesell의 성숙 이론에 대해 지나치게 극단적이라는 비판을 하는 학자들은 영유아 발달에서 성숙의 역할을 어느 정도는 인정하지만 환경이나 학습의 효과가 훨씬 더 크다고 주장한다.

한편, 성숙 이론에서는 영유아 스스로 자신의 수준에 맞게 성장을 조절하고 이끌어 가는 능력이 있음을 인정하였다. Gesell은 이를 자기규제의 원리라 하였는데, 영유아는 개별적인 내적 생물학적 시간표를 가지고 있기 때문에 영유아에게 성장할 기회를 주면 자신의 속도에 맞춰 발달한다는 것이다. 이 원리는 영유아를 지시적으로 통제하고 서둘러 교육시키는 데 익숙해 있는 오늘날의 성인에게 영유아의 발달을 조급히 생각하지 말고 천천히 기다릴 필요가 있음을 일깨워 주는 데 기여하고 있다(유효순, 2007; Schickedanz, Hansen, & Forsyth, 1990).

그 밖에 Gesell은 발달에 대한 종단적 연구를 실시하고 관찰법을 체계화시키는 등의 작업을 통해 현대 영유아 연구에 많은 영향을 미쳤다. 또한, 각 연령별 행동규준을 상세히 밝힘으로써 영유아가 어떻게 성장하는지의 기준을 제공했다는 점도 의의가 있다(심성경 외, 2014).

2 정신분석 이론

정신분석 이론에서는 인간의 무의식적 기제를 강조하고 초기 경험, 특히 부모와의 관계를 중요시 여긴다. 본절에서는 Freud의 심리성적 이론(psychosexual theory)과 Erikson의 심리사회적 이론(psychosocial theory)을 살펴보겠다.

1) Freud의 심리성적 이론

Freud는 정신분석 이론의 창시자로 성격발달에서 무의식, 성적 충동, 원초아를 강조하여 그의 이론을 심리성적 이론이라고 한다. Freud는 성격발달에 대한 기본 가설로 정신적 결정론(psychic determinism), 무의식적 동기(unconscious motivation), 성적 충동(libido) 등 세 가지를 제시하였다. 정신적 결정론이란 모든 행동에는 원인이 있다고 보는 견해이다. 즉, 현재의 사고와 행동이 그 이전의 행동이나 사건에 의해 결정된다는 것이다. 또한, Freud는 개인의 생각이나 행동이 무의식에 의해 동기 유발된다고 주장하였다. 무의식은 개인의 본능이나 충동이 잠재되어 있는 정신세계로, 인간의 생각과 행동을 통제하는 힘이라고 가정하였다. 그 밖에 Freud 이론에서는 개인의 본능적 성적 충동, 다시말해, 리비도가 성격발달의 기본이 된다고 보았다(정옥분, 2012).

이러한 기본 가설을 토대로, Freud 이론의 주요 개념인 성격 구조와 성격발달 단계를 살펴보고, 이론에 대한 평가를 소개하고자 한다.

(1) 성격 구조

Freud에 의하면 인간의 의식은 [그림 2-1]에서 보듯이 의식, 전의식, 무의식으로 구성되어 있다. Freud는 이런 구조를 물 위에 떠 있는 빙산에 비유하여 물 위에 올라와 있는 부분을 의식, 물 위와 물 아래의 경계선에 위치하는 부분을 전의식, 그리고 물속에 잠겨 있는 부분을 무의식으로 설명하였다.

의식은 인간이 어떤 순간에 알거나 느낄 수 있는 경험이나 감각이고 전의식은 평상시에는 의식되지 않지만 주의를 집중하고 노력하면 의식할 수 있는 정신 영역이다. 무의식은 자신이 전혀 의식하지 못하는 정신 영역으로 성격의 대부분은 무의식 영역에 속한다.

한편, Freud는 성격의 구조를 원초아(id), 자아(ego), 초자아(super ego)로 보았다. Freud에 따르면, 이러한 세 가지 기본구조는 출생에서 청소년기까지의 심리성적 발달 단계를 거치면서 통합되어 간다(박성연, 2006).

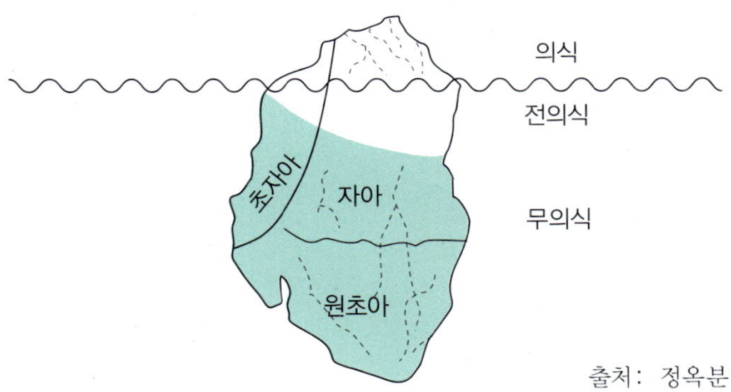

출처: 정옥분(2004: 65).

[그림 2-1] Freud의 성격 구조

① 원초아

원초아는 인간이 출생하면서 가지고 태어나는 성격의 가장 원초적인 부분으로 식욕, 성욕, 공격욕과 같은 본능적 충동을 주관한다. 원초아는 쾌락원리(pleasure principle)에 따르기 때문에 항상 즉각적인 만족을 통해 긴장을 해소하려 한다. 또한, 원초아는 현실적으로 가능한 것과 불가능한 것을 판단하지 못할 뿐 아니라 쾌락적 욕망만을 추구하고 고통스러운 것은 회피한다.

② 자아

자아는 생후 첫 1년 동안 발달하기 시작하는 데, 이 기간 동안 현실적으로 가능한 것과 가능하지 않은 것을 인식하게 된다. 자아는 현실원리(reality principle)에 따르며 상황 여건을 고려하여 현실적이고 합리적인 방법으로 만족을 얻도록 계획한다. 이처럼 자아는 현실을 정확히 지각하여 원초아와 초자아의 갈등을 적절히 해결해 주기 때문에 중재자의 역할을 한다고 볼 수 있다.

③ 초자아

초자아는 생후 3~4년이 되면 발달하기 시작하며 사회적 가치와 도덕이 내면화되어 옳고 그름을 판단하는 역할을 한다. 초자아는 원초아처럼 선천적으로 가지고 태어나는 것이 아니고 학습된다. 즉, 영유아는 부모나 교사의 훈육을 통해서, 또 부모나 타인과의 동일시를 통해서 사회적 가치, 문화적 규범 등을 내면화하는 것이다.

(2) 성격발달 단계

Freud에 의하면 개인의 성적 충동인 리비도(libido)는 일생 동안 정해진 순서에 따라 신체 여러 부위에 집중된다. Freud는 리비도가 집중되는 부위에 따라 성격발달을 구강기(oral stage), 항문기(anal stage), 남근기(phallic stage), 잠복기(latency stage), 생식기(genital stage) 등 다섯 단계로 분류하였다. 각 단계에서 성적 충동이 충분히 만족되어야 다음 단계로 발달할 수 있다. 만일 각 단계의 성적 충동이 충족되지 않거나 과잉 충족되면 다음 발달 단계로 이행하지 못하고 고착(fixation)되어 각 단계마다 특징적인 성격 유형이 형성된다. 다섯 발달 단계를 소개하면 다음과 같다(박성연, 2006).

① 구강기

출생해서 약 1세까지는 입, 입술, 혀 등이 성감대이므로 빨고 깨물고 씹으면서 성적 충동을 만족시킨다. 초기에는 입으로 빠는 행동으로 쾌감을 느끼나 이가 나기 시작하면서 깨물고 씹음으로써 쾌감을 느낀다. 구강기에 욕구가 적절히 충족되면 순조롭게 다음 단계로 발달되지만, 욕구 불만이 생기거나 그 쾌락에 지나치게 몰두하면 구강기에 고착된다. 구강기에 고착되면 의존적이고 손가락 빨기, 손톱 깨물기, 과음, 과식, 지나친 흡연 등의 행동 특성을 나타낸다.

② 항문기

항문기는 1세에서 3세까지로 성감대가 항문 주변에 있다. 항문기 영유아는 대소변을 참거나 배설함으로써 쾌락을 얻는다. 이 시기는 배변훈련이 이루어지는 시기로 부모들은 영유아가 자신의 욕구 충족을 지연하도록 통제하는 훈련을 시킨다. 이런 과정에서 부모가 대소변 가리기를 너무 엄격하게 훈련시키거나 청결을 지나치게 강요하면 다음 단계로 원만히 넘어가지 못하고 항문기에 고착현상을 보인다. 배설물의 보유를 통한 쾌감에 고착된 영유아는 후에 인색하고 고집이 센 성격 특성을 보이고, 배설의 쾌감에 고착되면 난폭하고 적개심과 의심이 많은 성격의 소유자가 된다.

③ 남근기

남근기에는 영유아의 리비도가 성기로 옮겨가는데, 주로 3세에서 5세까지가 해당된다. 이 시기의 영유아는 성기를 만지거나 자극함으로써 쾌감을 얻을 뿐 아니라 성별에 따른 신체적 차이와 출산 등에도 관심을 보인다.

남근기에 나타나는 주요 현상으로 오이디푸스 콤플렉스(Oedipus complex)와 엘렉트라 콤플렉스(Electra complex)를 들 수 있다. 오이디푸스 콤플렉스는 남아가 어머니에 대하여 강한 성적 매력을 느끼고 아버지에 대해서는 애정의 경쟁자로 생각하여 적대감을 느끼는 현상이다. 남아는 어머니에 대한 성적 애착과 아버지에 대한 적대감 때문에 아버지가 자신의 성기를 없앨 것이라고 두려워하는 거세불안(castration anxiety)을 느낀다. 거세불안은 남아가 어머니에 대한 성적 애착과 아버지에 대한 적대감을 억압하고 아버지와 동일시함으로써 해소된다.

한편, 엘렉트라 콤플렉스는 남근기의 여아가 아버지에게 성적 애착하는 현상을 일컫는다. 여아는 남근을 갖고 싶어 하는 남근 선망(penis envy) 현상을 보인다. 이런 현상은 여아가 부모의 애정을 상실할까봐 두려워서 어머니에게 동일시함으로써 극복된다.

남근기에 고착되면 성인이 되었을 때 과시적이고 공격적이거나 자기주장이 강한 성격을 갖게 된다.

④ 잠복기

잠복기는 6세에서 12세까지 지속되며, 성적 충동이 억압되어 평온한 상태를 유지한다. 성적 욕구는 철저히 무의식 속에 잠복되고 사회적으로 인정되는 지적 활동이나 운동 등에 많은 관심을 보이며 열중한다. 또한, 이 시기에는 남근기 때 나타난 동성(同性) 부모에의 동일시 현상이 동성의 친구나 교사, 성인에게로 확대되어 이들과 긴밀한 관계를 형성한다. 잠복기에 고착되면 나중에 이성과 원만한 성관계를 맺는 데 어려움을 겪게 된다.

⑤ 생식기

사춘기(13~18세)에 들어서면서 호르몬과 생식기관의 변화로 성적 욕구를 충족시킬 수 있는 생리적 능력을 갖게 되어 이성에 대한 성적 관심이 높아진다. 이 시기까지 원만한 발달을 이룬 청소년은 이성에 대한 건전한 애정관을 형성하며 이타적이고 성숙한 성격을 갖게 되지만 그렇지 못한 경우에는 이성에 대한 적응 곤란 및 청소년 비행을 일으킬 수도 있다.

〈표 2-1〉 Freud의 성격발달 단계

단계	연령	리비도	고착 성격
구강기	0~1세	입, 입술, 혀	의존적, 수동적 성격, 손가락 빨기, 과식, 흡연
항문기	1~3세	항문	인색하고 고집이 세거나 난폭하고 의심이 많은 성격
남근기	3~5세	생식기	과시적이고 공격적이거나 자기주장이 강한 성격
잠복기	6~12세	없음	이성과의 성관계에 어려움을 가짐
생식기	13~18세	생식기	청소년 비행을 일으킬 소지가 있음

2) Erikson의 심리사회적 이론

Erikson 이론은 Freud의 심리성적 이론에 기초하고 있으나 다음 몇 가지 측면에서 차이를 보인다. 즉, Freud는 성격발달에서 원초아와 성적 충동을 강조한 반면에 Erikson(1963)은 영유아의 사회, 문화적 환경의 중요성을 강조하고 있어서 심리사회적 이론(psychosocial theory)이라고 한다. 또한, Erikson은 성격발달이 출생 이후부터 노인기까지 전 생애를 통해 이루어진다고 주장함으로써 성격발달이 사춘기까지 이루어진다고 밝힌 Freud와 견해를 달리하였다. 그 밖에 Erikson은 Freud가 무의식의 영역에 위치하고 있는 원초아를 중요하게 생각한 것에 비해 자아정체감(ego identity)의 형성을 강조하였다.

(1) Erikson의 성격발달 단계

Erikson에 의하면, 성격은 개인이 경험하는 심리 사회적 위기(crisis)를 통해 발달된다. 위기는 개인의 신체적 성장과 사회 문화적 요구에 의해 발생하며 위기를 어떻게 극복하는가에 따라 성격이 결정된다. 만일 위기를 긍정적으로 해결하면 긍정적 성격으로 발달하지만 부정적 방향으로 나가면 부정적 성격이 된다는 것이다. 이처럼 Erikson은 성격발달을 양극적 측면으로 가정한다(박성연, 2006). Erikson은 성격의 발달 과정을 여덟 단계로 구분하였는데, 그 내용은 다음과 같다(이영 외, 2015; 정옥분, 2012; 조복희, 2006; Eggen & Kauchak, 2006).

① 제1단계: 신뢰감 대 불신감(trust vs. mistrust)

1단계는 출생 후 1년까지로, 어머니와의 사회적 관계를 통해 신뢰감 또는 불신감이 형성된다. 즉, 어머니가 영유아의 요구를 일관성 있게 적절히 만족시켜 주면 세상에 대한 기본적인 신뢰감을 형성하게 된다. 그러나 영유아의 신체적, 심리적 요구를 무시하거나 거부하고 일관성 없이 반응하면 영유아는 불신감을 갖게 된다. 이 시기의 신뢰감 형성은 이후의 모든 대인관계의 성공 여부와 밀접히 관련되므로 매우 중요하다.

② 제2단계: 자율성 대 수치심과 회의감(autonomy vs. shame and doubt)

2단계는 2세에서 3세까지로, 이 시기의 영유아는 신경근육, 언어능력 등이 발달되면서 독립적으로 행동하는 것이 가능해진다. 따라서 식사하기, 옷 입기, 대소변 가리기 등 무엇이든 혼자 하려고 시도한다. 이때 영유아가 능력을 발휘할 수 있도록 부모가 적절히 도와주고 격려해 주면 영유아의 자율성이 발달한다. 그러나 부모가 자녀의 미숙함을 우려하여 과잉통제를 하거나 비난을 하면 영유아는 자신의 능력에 대해 수치심과 회의감을 갖게 된다.

③ 제3단계: 주도성 대 죄책감(initiative vs. guilt)

3단계는 4세에서 5세까지로, 신체운동 능력과 언어능력이 발달하여 주변세계를 적극적으로 탐색한다. 또 자신의 활동을 위해 나름대로 목표를 설정하고 계획을 세우며 목표달성을 위해 노력한다. 이와 같은 자기 주도적 활동을 주변에서 이해해 주고 격려해 주면 영유아는 주도성을 확립하게 된다. 그러나 영유아가 주도하는 행동에 대해 부모가 제재를 가하거나 비난을 하면 영유아는 자신감을 잃고 죄책감을 느끼게 된다.

④ 제4단계: 근면성 대 열등감(industry vs. inferiority)

4단계는 6세에서 11세까지로 초등학교 시기에 속한다. 이 시기는 학교생활을 통해 읽기, 쓰기, 셈하기 등의 인지적 기술을 습득할 뿐 아니라 친구와의 접촉을 통해 사회적 기술도 익히게 된다. 학교나 가정에서 부과하는 과제를 성실히 완수하면서 성취감을 맛보고, 부모나 교사로부터 인정받을 수 있는 일에 많은 관심을 쏟으며 이런 경험을 통해 근면성이 발달된다. 그러나 성취의 기회가 주어지지 않거나 노력을 인정받지 못하면 열등감을 갖게 된다.

⑤ 제5단계: 정체감 대 정체감 혼미(identity vs. identity confusion)

5단계는 청소년기(12~18세)로 Erikson은 신뢰감이 형성되는 1단계와 함께 5단계를 가장 중요한 시기라고 지적하였다. 청소년기는 급격한 신체적 변화와 새로운 사회적 요구 및 압력으로 인하여 혼란을 겪게 된다. 즉, 이 시기에는 신체가 급격히 성장하고 그들에게 요구되는 사회적 역할도 아동기 때와는 매우 다르다. 따라서 이제까지 자신이 갖고 있던 관점이나 가치관이 부적합하다고 느끼게 되어 청소년은 자기 존재에 대해서 새로운 의문과 탐색을 하면서 많은 고민을 한다. 이와 같이 자신에 대한 통찰과 자아상을 찾기 위해 노력하고 해결하면 그 결과로 자아정체감이 확립된다. 그러나 자기 존재 의미에 대한 해답을 얻지 못하고 오래 방황하거나 고민하면 정체감 혼돈이 야기되고 부정적인 자아개념을 형성하게 된다.

⑥ 제6단계: 친밀감 대 고립감(intimacy vs. isolation)

성인 전기에 해당되는 6단계는 직업을 갖고 배우자를 선택하는 시기로 직장 동료나 배우자와 감정, 가치관 등을 긴밀히 교류하는 성숙한 인간관계를 맺음으로써 친밀감을 형성하게 된다. Erikson에 의하면 청소년기에 자아정체감을 확립하지 못한 사람은 타인과의 관계에서도 친밀감을 형성하지 못하고 위축되어 사회적 관계를 기피하거나 자기 자신에게만 열중하여 고립감을 느끼게 된다.

⑦ 제7단계: 생산성 대 침체감(generativity vs. stagnation)

7단계는 성인 중기에 해당되는데, 이 시기에 가정적으로는 자녀를 낳아 키우는 부모 역할을 하면서 직업적 성취, 학문적이거나 예술적 업적, 봉사활동 등을 통해서 생산성을 발휘할 수 있다. 그러나 이 시기에 생산성을 발휘하지 못하고 타인이나 사회에 대한 관심보다는 자기 자신을 위한 이기적 목적에만 몰두하면 침체감이 형성된다.

⑧ 제8단계: 통합감 대 절망감(integrity vs. despair)

노인기에 해당되는 8단계에서 사람들은 자신의 삶을 되돌아보게 된다. 이때 자신의 인생이 보람 있고 가치 있었다고 생각하고, 오랜 삶을 통해 삶에 대한 지혜를 획득하면서 살아왔다고 느끼면 통합감을 얻게 된다. 반면에 신체적으로 노쇠하고 직장에서의 은퇴로 인해 경제적 무력감을 느끼며 지나온 자신의 삶이 무의미했다고 느끼면 절망감에 빠진다.

〈표 2-2〉 Erikson의 발달 단계

단계	연령	특징
신뢰감 대 불신감	0~1세	영유아의 요구에 어머니나 양육자가 적절히 반응하면 영유아는 세상에 대한 신뢰감을 형성하지만 요구가 무시되거나 거부당하면 불신감이 형성된다.
자율성 대 수치심, 회의감	2~3세	스스로 먹고 입고 배설하는 경험을 통해 자율성이 발달한다. 그러나 이런 활동에서 실패 경험을 많이 하면 수치심과 회의감을 갖게 된다.
주도성 대 죄책감	4~5세	영유아가 목표를 설정하고 계획을 세워 활동하는 가운데 주도성을 갖게 된다. 그러나 주도적 활동이 저지되면 죄책감이 형성된다.
근면성 대 열등감	6~11세	인지적 기술과 사회적 기술을 충분히 익히면 근면성을 형성하나 그렇지 못할 경우에는 열등감을 갖게 된다.
정체감 대 정체감 혼미	12~18세	자신에 대한 통찰과 자아상을 찾기 위한 고민의 해결에 성공하면 자아정체감이 형성되지만 실패하면 정체감 혼미를 경험한다.
친밀감 대 고립감	성인 전기	배우자나 직장동료와의 긴밀한 교류를 통해 친밀감을 형성한다. 사회적 관계가 원만하지 못하면 고립감을 느낀다.
생산성 대 침체감	성인중기	부모 역할이나 사회적 활동을 통해 생산성을 확립한다. 이런 활동을 하지 못하면 침체감을 갖는다.
통합감 대 절망감	노인기	지나온 자신의 삶이 가치 있었다고 긍정적으로 수용하면 통합감을 얻게 되나 삶이 무의미했다고 비관하면 절망감에 빠진다.

3) 정신분석 이론 평가

Freud 이론과 Erikson 이론에 대한 평가는 다음과 같다.

① Freud 이론 평가

Freud는 현대 심리학의 발전에 커다란 공헌을 한 학자인 동시에 가장 신랄하게 비판을 받는 심리학자이다. Freud가 기여한 점은 성격발달에 대한 최초의 체계적인 이론을 수립하여 현대 심리학 발달에 획기적인 전환기를 제공하였다는 사실이다. 또한, Freud 이론은 인간발달 단계의 특징을 포괄적으로 설명하고 영유아기 경험이 성인기의 성격을 결정하는 중요한 요인임을 밝힘으로써 보육 및 유아교육의 중요성을 부각시키는 데 기여하였다.

그러나 많은 심리학자들은 Freud 이론에 대해 다음과 같은 비판을 한다.

첫째, Freud 이론의 주요 개념인 남근선망, 오이디푸스 콤플렉스 등은 과학적으로 측정되거나 증명될 수 없는 객관성이 결여된 개념이라는 지적이다.

둘째, Freud 이론은 적용의 한계가 있다는 비판을 받고 있다. 즉, 그의 이론은 엄격한 성도덕이 요구되던 시대의 문화 편견을 반영한 것으로 다른 시대, 다른 문화에 그대로 적용하기 어렵다는 점이다.

셋째, 정신신경과 환자들의 치료과정에서 도출된 이론이기 때문에 정상인의 성격발달을 설명하는 데 무리가 있다는 지적도 있다(Bee, 1995).

② Erikson 이론 평가

Erikson은 인간을 이해하는 데 있어서 전 생애 발달적 접근을 시도하였을 뿐 아니라 사회문화적 요인의 영향력을 인정한 점에 기여하였다. 또한, 성격발달에서 원초아보다 자아를 중요하게 생각하고 건전한 자아발달을 위한 가능성을 구체적으로 제시하는 등의 공헌을 하였다. 즉, 자아의 성장이 어떻게 이루어지는지를 보다 자세히 설명해 줌으로써 교육에 많은 시사점을 주고 있다(Miller, 1993).

그러나 그의 이론은 개념체계가 불분명하고 발달의 원인이 무엇인가에 대한 설명이 부족하며 단계 설정 근거가 미약할 뿐 아니라 각 단계로의 전환이 어떻게 이루어지는지 그 기제가 명확하지 않다는 비판을 받고 있다(정옥분, 2012; Shaffer, 2002).

3 학습 이론

학습 이론에서는 인간이 생활하면서 겪는 경험이 발달의 근원이라고 주장한다. 학습 이론은 인간의 발달을 학습의 연속이라 보고 환경의 중요성을 강조한다. 이 이론에서는 발달을 연속적인 과정으로 이해하기 때문에 발달이 단계에 따라 이루어지는 것이 아니라고 믿는다. 학습 이론의 기본 원리는 환경 자극에 대한 반응 양식에 초점을 맞추어서 인간 행동을 이해하는 것이다. 따라서 인간의 내면적인 감정이나 사고 과정을 연구하기보다는 직접 관찰하고 측정할 수 있는 행동을 연구한다.

본절에서는 학습 이론의 고전적 조건형성 이론, 조작적 조건형성 이론, 사회학습 이론 등을 살펴보도록 하겠다.

1) Pavlov의 고전적 조건형성 이론

현대 학습 이론의 아버지로 불리는 러시아의 생리학자 Pavlov는 개의 타액분비에 관한 실험을 통해 고전적 조건형성(classical conditioning) 이론을 발전시켰다. Pavlov의 실험에서 개에게 타액 분비와 관련이 없는 종소리가 들릴 때마다 음식을 주면 나중에는 음식을 주지 않고 종소리만 들려주어도 타액을 분비하였다.

실험과정을 구체적으로 설명하면 다음과 같다. 즉, 개의 입 안에 음식이 들어가면 무조건 타액이 분비된다. 따라서 음식은 무조건 자극(unconditioning stimulus)이 되고 타액 분비는 무조건 반응(unconditioning response)이 되는데, 이와 같은 반사적 연합은 학습된 것이 아니라 선천적이다. 이에 비해 종소리와 음식을 짝 지어 조건화하면 나중에는 종소리만 듣고도 타액을 분비한다. 이때 종소리는 조건 자극(conditioned stimulus), 이에 대한 타액 분비는 조건반응(conditioned response)이다. 이와 같이 개가 타액을 분비하지 않던 중성적 자극에 의해서도 타액 분비를 하게 되는 학습된 반응을 조건반응이라 하고 그 과정을 고전적 조건형성이라 한다(유효순 외 2014; Eggen & Kauchak, 2006).

한편, 고전적 조건형성 이론을 최초로 인간에게 적용하여 연구한 학자는 Watson이다. 그는 어린 영아가 큰 소리에 두려움을 느낀다는 것을 관찰하고 조건형성 실험을 하였다. 즉, 흰 쥐에 두려움을 가지고 있지 않은 생후 11개월 된 영아에게 쥐를 보여 줄 때마다 큰 소리를 냈더니 놀라서 우는 반응을 보였는데, 나중에는 흰 쥐만 보고도 놀라 우는 반응을 하였다. 이것은 영유아가 중립 자극이던 흰 쥐에 대해 놀라서 우는 반응을 유발하는 큰 소리가 연합되어 조건형성이 이루어졌음을 나타내는 것이다.

2) Skinner의 조작적 조건형성 이론

고전적 조건형성 이론으로 타액 분비나 놀라 우는 행동 등의 단순한 반사행동을 설명할 수는 있으나 유기체가 자발적으로 조작하는 행동을 설명하기에는 부적합하다. Skinner(1953)는 이러한 제한점을 인식하고 조작적 조건형성(operant conditioning) 이론을 발표하였다.

Skinner는 지렛대가 장치된 상자를 만들어서 그 안에 쥐를 넣고 실험을 하였다. 실험 결과, 쥐가 스스로 지렛대를 눌렀을 때 먹이와 같은 보상을 받으면 그 행동을 계속하는 반면에 전기충격이나 벌을 받으면 지렛대를 누르는 행동을 하지 않았다. 이를 통해 유기체가 스스로 어떤 행동을 했을 때 긍정적인 결과를 가져오면 행동을 계속할 확률이 높아지나 부정적인 결과를 가져오면 행동을 할 확률이 낮아지는 조작적 조건형성이 이루어졌음을 알 수 있다.

조작적 조건형성은 강화와 벌에 의해 촉진된다. 어떤 행동을 다시 발생하도록 하는 과정을 강화(reinforcement)라고 한다. 강화에는 정적(positive) 강화와 부적(negative) 강화가 있다. '정적'이란 긍정적이고 유쾌한 자극을 제공하는 것을 뜻한다. 반면에 '부적'이란 철회 또는 제거를 의미한다(이영 외, 2015). 즉, 불쾌하거나 혐오스러운 자극을 철회함으로써 행동을 강화시키는 것이다. 한편, 벌(punishment)은 혐오스럽거나 불쾌한 자극을 제시함으로써 행동의 반응율을 낮추는 것을 의미한다. 강화와 벌 등의 조작적 조건형성의 원리는 영유아의 일상생활 습관형성이나 사회적 행동을 조성하는 데 사용되며, 영유아의 문제행동을 바로잡기 위한 행동수정 기법으로 활용되고 있다(정옥분, 2004, 재인용).

3) Bandura의 사회학습 이론

사회학습 이론의 대가인 Bandura는 관찰학습, 또는 모방학습을 강조하였다. 그는 인간이 사회적 상황에서 다른 사람의 행동을 관찰하고 모방하여 학습한다고 주장한다. 관찰학습의 예는 영유아의 행동에서 쉽게 찾아볼 수 있다. 즉, 영유아가 TV에서 시청한 영화의 주인공을 모방하여 공격적 행동을 하거나 부모의 말투를 모방하여 그대로 따라 하는 경우를 종종 볼 수 있다. 이런 경우에 영유아는 어떤 모델(model)을 관찰하고 모방하여 새로운 행동을 학습하는 것이다.

Bandura(1976)에 의하면 관찰학습은 주의집중 과정(attentional process), 기억

과정(retention process), 운동재생 과정(motor reproduction process), 동기화 과정(motivational process) 등 네 과정을 거쳐서 이루어진다. 즉, 관찰학습을 하려면 먼저 모델에게 주의집중해야 한다. 모델에 집중하지 않으면 모델을 모방할 수 없기 때문이다. 그 다음에는 관찰한 행동을 기억해야 나중에 그 행동을 모방할 수가 있으며, 행동을 모방하여 정확하게 재현하려면 운동 기술을 갖추어야 한다. 운동 기술은 관찰만 해서는 완벽하게 습득되지 않으며 신체 성장과 연습을 필요로 한다. 마지막으로 모델을 관찰하여 그 행동을 재현하려면 동기유발이 되어야 한다. 영유아는 관찰한 모든 행동을 그대로 다 재현하지 않는다. 일반적으로 보상받지 못하는 모델의 행동보다는 보상이나 강화 받는 모델의 행동을 관찰할 때 더 모방할 동기가 생겨서 그 행동을 실행하게 된다. 따라서 사회학습 이론에서 강조하고 있는 관찰학습은 대리 강화 또는 간접적 강화의 형태를 취한다. 모방하는 영유아가 직접 강화를 받는 것이 아니라 모델이 강화 받는 것을 보고 그 행동을 따라 할 동기가 생기는 것이다(정옥분, 2004, 재인용).

4) 학습 이론 평가

학습 이론은 인간발달에서 환경의 중요성을 일깨워 주었으며 심리학의 영역을 과학적 학문으로 이끄는 데 많은 기여를 하였다. 또한, 문제행동을 수정하거나 학습목표까지 단계적으로 도달하도록 구안된 행동주의 프로그램은 학습 이론의 범위를 상당히 넓히기도 하였다.

그러나 학습 이론이 가장 큰 비판을 받는 점은 인간을 외부에서 통제 가능한 기계와 같은 존재로 간주함으로써 인간의 자발성을 무시하였다는 것이다. 또한, 인간의 외현적 행동에만 초점을 맞추기 때문에 사고력, 문제해결력, 감정 등의 고차원적인 정신활동을 설명하지 못했다는 한계가 있다(정옥분, 2004).

4 인지발달 이론

인지발달 이론에서는 영유아의 인지발달이 환경과의 상호작용을 통해 이루어진다는 관점에서 영유아의 능동적인 역할을 중요시한다. 영유아는 능동적으로 환경에 적응하고 스스로 사고하고 적극적이고 주도적으로 활동하는 존재라는 것이다. 본절에서는 Piaget의 인지 이론과 Vygotsky의 사회문화적 인지 이론에 대해 살펴보도록 하겠다.

1) Piaget의 인지발달 이론

Piaget(1952)는 인간이 환경에 적응하는 과정에 관심을 가지고 영유아의 사고발달을 연구하기 시작하였다. Piaget에 의하면 영유아는 능동적으로 외부 세계를 탐색하고 조작함으로써 인지구조의 변화가 생기고 이로 인해 인지발달이 일어난다. Piaget가 인지발달을 설명하기 위해 도입한 개념은 도식, 동화와 조절, 평형화 등이다(이영 외, 2015, 재인용).

(1) Piaget 이론의 기본 개념

① 도식

Piaget 이론의 주축이 되는 개념은 도식(scheme, schema)이다. 도식은 사고 또는 행동의 구조로서 유기체가 주변 세계를 이해하고 생각하는 인지구조의 틀이라 할 수 있다(이영, 외, 2015). 갓 태어난 신생아는 빨기와 같은 단순한 반사 운동적 도식만을 갖는다. 신생아는 입에 물려진 젖꼭지를 빨면서 입에 들어온 것은 빨 수 있다는 도식을 형성한다. 처음에는 신생아가 입안에 들어간 것은 무엇이나 빨았으나 점차 우유를 제공하는 자극(예: 젖꼭지)과 우유를 제공하지 않는 자극(예: 손가락)을 구별하게 된다. Piaget에 의하면 이것은 단순한 일반적 빨기 도식이 우유를 제공하는 자극과 제공하지 않는 자극에 대한 두 가지 빨기 도식으로 분화되고 발달된 것이다. 이와 같이 영유아가 발달함에 따라 감각운동적 도식은 분화되고 통합되어서 더 많은 도식과 복잡한 도식으로 변화한다(Wordsworth, 1995).

② 적응: 동화와 조절

적응(adaption)은 환경과의 직접적인 상호작용을 통해 도식이 변화되는 과정으로, 동화(assimilation)와 조절(accommodation)을 통해 진행된다. 동화란 영유아가 새로운 자극이나 경험을 자신의 기존 도식에 맞게 적응시키는 과정을 말한다. 예를 들어, 개는 다리가 네 개이고 털이 있는 동물이라는 도식을 가지고 있는 영유아가 소를 보고 개라고 말했다면, 영유아의 개에 대한 기존 도식에 소를 적응시켜 이해하려는 동화가 일어난 것이다. 그런데 어머니가 소는 개가 아니라고 설명해 주면 영유아는 개에 대한 도식과 소의 차이점을 인식해 가면서 기존의 도식을 변형시켜 나간다. 이와 같이 새로운 자극이 기존의 도식에 맞지 않을 때 기존 도식을 변형시키는 것을 조절이라고 한다. 동화와 조절은 평생 계속되는 과정으로, 동시 발생적으로 일어난다(김남순, 1992; 정옥분, 2012; Bee, 1995).

③ 평형화

영유아가 새로운 자극을 접했을 때 그 자극이 기존의 도식과 맞지 않으면 불평형(disequilibrium) 상태가 일어난다. 불평형 상태는 인지적 긴장과 갈등을 유발하여 평형 상태로 되돌아가려는 노력을 활성화시킨다. 이와 같이 모든 유기체는 일관되게 평형 상태를 추구하여 동화와 조절의 적응과정을 통해 평형화(equilibration)를 이룬다. 이와 같이 불평형과 평형의 상태가 지속적으로 일어나면서 인지적 발달이 촉진된다(유효순 · 원혜경 · 김정희, 2013; Wordsworth, 1995).

(2) 인지발달 단계

Piaget는 인간의 인지발달을 감각운동기, 전조작기, 구체적 조작기, 형식적 조작기 등 네 단계로 나누었다(문혁준 외, 2014; 이옥형, 2002).

① 감각운동기

감각운동기(sensorimotor stage)는 출생해서 2세까지이다. 이 시기에는 보고 듣고 만지는 등의 감각 운동적인 활동을 통해 환경과 상호작용하면서 이 세상에 대한 이해를 넓혀간다.

감각운동기 초기에는 자신과 주변 환경에서 흥미로운 사건을 찾아 반복하는 것을 즐기고 12개월 이후에는 목표 성취를 위해 다양한 방법을 시도하는 것에 흥미를 갖는다. 감각 운동기 말인 2세경에 이르면 상징을 사용할 수 있게 되어 단순한 상징놀이(예: 컵을 들고 "아주 맛있어."라며 먹는 시늉을 한다)가 가능해진다.

② 전조작기

전조작기(preoperational stage)는 2세부터 7세까지로 영유아의 언어발달과 함께 상징적으로 사고하는 능력이 급격히 발달한다. 그러나 아직 논리적으로 관계를 지을 수 있는 사고능력이 제대로 발달되지 않아 전조작기라 한다. 전조작기의 영유아는 자기중심적으로 생각하고, 눈에 보이는 측면에서만 직관적으로 판단하며 모든 사물이 살아 있다고 물활론적으로 사고하는 특징이 있다.

③ 구체적 조작기

구체적 조작기(concrete operational stage)에 속하는 7~11세에는 논리적 사고능력, 즉 조작능력이 발달된다. 그러나 이들의 조작적 사고는 관찰이 가능한 구체적 사건이나 사물에 국한되기 때문에 구체적 조작기라 부른다.

이 시기에는 자기중심성에서 탈피하여 자신의 견해와 타인의 견해가 다를 수 있다는 것을 인식한다. 또한, 물체의 외형적 변화와 관계없이 기본 속성은 변하지 않음을 이해하는 보존 개념을 획득한다. 그 밖에 사물과 사물의 관계에 따라 순서를 이해할 수 있으며, 그리고 사물을 일정한 속성에 따라 분류할 수도 있다.

④ 형식적 조작기

11세 이후를 형식적 조작기(formal operational stage)라 하는데, 이 시기에 접어들면서 성인과 같은 사고 체계를 형성하기 시작한다. 구체적 조작기에는 구체적인 사물이나 상황에 대해서만 논리적으로 사고할 수 있었으나 형식적 조작기에는 추상적 상황에 대해서도 논리적 사고가 가능하다.

〈표 2-3〉 Piaget의 인지발달 단계

단계	연령	특징
감각운동기	0~2세	자신의 감각과 행동을 통해 세상에 대한 이해를 넓혀간다.
전조작기	2~7세	상징을 사용하는 능력이 발달하고, 자기중심적 사고, 직관적 사고, 물활론적 사고를 한다.
구체적 조작기	7~11세	관찰 가능한 사건이나 사물에 대해 논리적으로 사고할 수 있다.
형식적 조작기	11세 이후	추상적 사건이나 사물에 대한 논리적 사고가 가능하다.

2) Vygotsky의 사회문화적 인지발달 이론

Vygotsky는 인간의 행동은 사회적 맥락 속에서 이해되어야 하며 인간의 인지적 능력 또한, 개별적으로 발달하는 것이 아니라 부모, 교사, 능력 있는 또래들과의 상호관계 속에서 발달하는 것이라고 주장한다. 이와 같이 Vygotsky 이론은 인지발달의 핵심 요인으로 사회문화적 요인을 강조하기 때문에 사회문화적 인지 이론(sociocultural cognitive theory)이라 불린다.

(1) 근접발달 영역과 비계

Vygotsky는 영유아의 인지발달을 근접발달 영역과 비계, 두 가지 개념으로 설명한다(박성연, 2006). 근접발달 영역(zone of proximal development： ZPD)이란 영유아 스스로의 힘으로 문제를 해결할 수 있는 실제적 발달 수준과 성인이나 유능한 또래로부터 도움을 받아 문제를 해결할 수 있는 잠재적 발달 수준 사이의 거리를 의미한다. 영유아는 유능한 또래나 성숙한 사회구성원의 도움을 받아 실제적 발달 수준과 잠재적 수준의 간격을 줄일 수 있으며 이는 바로 인지발달이 이루어지는 것을 의미한다. 근접발달 영역은 영유아 개인에 따라 다른데, 실제적 발달수준이 거의 비슷하더라도 도움을 받아서 문제를 해결할 수 있는 잠재적 발달 수준이 개인별로 다를 수 있기 때문이다(정옥분, 2012).

근접발달 영역과 밀접하게 연관된 개념이 비계(scaffolding)다. 비계란 건축학에서 사용하는 용어로, 건물을 지을 때 발판으로 사용하다가 건물이 완성되면 치워버리는 장치를 일컫는다. 이러한 의미에서 알 수 있듯이 비계는 영유아가 스스로의 힘으로 문제를 해결할 수 있도록 성인이나 유능한 또래가 도움을 제공하는 것을 의미한다.

(2) 사고와 언어

Vygotsky(1962)는 영유아의 언어가 사고를 발달시키는 가장 필수적 매개체라고 믿었다(Eggen & Kauchak, 2006, 재인용).

Vygotsky에 의하면, 출생 초기에는 사고 영역과 언어 영역이 아무런 관계없이 독자적인 기능을 하지만 영유아가 성장함에 따라 이 두 영역은 통합된다고 한다. 영유아 초기에는 이미지를 사용하여 기억하지만 언어를 사용하면서부터 영유아의 기억 체계는 언어적인 기억과정으로 변화하고, 과거에 본 것을 기억하며 동시에 미래에 일어날 일을 표상할 수 있게 된다.

Vygotsky는 언어가 대화를 하기 위해서 뿐 아니라 영유아 자신의 행동과 사고를 통제하는 데 중요한 역할을 한다고 강조하였다. 영유아기에 자기 조절적 또는 자기 지시적으로 흔히 사용되는 언어가 혼잣말이다. Vygotsky는 혼잣말을 인지발달에서 자기 조절을 시도하는 단계로 보았다. 즉, 영유아가 다른 사람의 도움 없이 과제를 수행할 때에는 혼잣말을 함으로써 자기 스스로에게 지시를 내리고 자신이 맞게 하고 있다는 확신을 준다. 혼잣말이 자기 나름의 길잡이 역할을 하는 것이다. 쉬운 과제보다는 어려운 과제에서 더 많은 도움이 필요하기 때문에 어려운 과제를 해결할 때 혼잣말을 더 많이 한다.

3) 인지발달 이론 평가

Piaget 이론과 Vygotsky 이론 평가는 다음과 같다.

① Piaget 이론 평가

Piaget는 영유아의 인지발달에 관해 가장 포괄적이고 독창적인 이론을 정립한 학자로 인정받고 있다. 그의 인지발달 이론을 통해 영유아는 성인이 가르치는 대로 배우는 것이 아니라 스스로 자발적인 학습을 한다는 점을 알 수 있다. 다시 말해 영유아는 자발적으로 환경을 탐색함으로써 지적 발달을 이루므로 교육의 주요 과제는 영유아가 능동적으로 다양한 탐색과 발견을 하도록 도와주는 것이다. 또한, 인지발달 이론에서는 영유아의 사고방식이 성인과 다르며 각 발달 단계에 따라 특징적으로 사고한다는 점을 강조한다. 이를 통해 영유아를 위한 보육이나 교육이 영유아의 발달 수준에 적합하게 실시되어야 함을 시사받을 수 있다. 또한, Piaget 자신의 세 자녀에 대한 관찰 기록을 토대로 이론을 구축한 점에서 오늘날 질적 연구를 활성화시키는 데 기여했다고 볼 수 있다.

이와 같이 Piaget 인지발달 이론의 커다란 공적이 인정을 받고 있는 반면에 몇 가지 측면에서 비판도 받고 있다. 먼저 Piaget의 인지발달 단계에 대한 비판으로, 각 단계에 도달하는 연령이 개인의 경험과 사회·문화적 환경에 따라 많은 차이를 보일 뿐 아니라 각 단계의 인지적 발달 특징이 그 단계에 속한 영유아의 모든 행동 면에서 나타나지 않을 수도 있다는 점이다. 또 인지발달이 한 단계에서 다음 단계로 변화하는 기제에 대한 명확한 설명도 부족하다. 그 밖에 인지발달 이론의 주요 개념인 도식, 동화와 조절, 평형화 등이 과학적으로 증명되기 어렵다는 비판도 받고 있다(정옥분, 2012; Shaffer, 2002).

② Vygotsky 이론 평가

Vygotsky 이론의 중요한 공헌은 개인과 사회는 분리할 수 없는 하나의 단위이며, 사회문화적 맥락이 영유아의 인지를 발달시키는 주요 요인이라고 주장했다는 점이다. 다시 말해 Piaget가 간과했던 사회문화적 요인의 중요성을 부각시킴으로써 영유아의 인지발달을 이해하는 새로운 틀을 제시하였다. 또한, Vygotsky는 비계 설정과 근접발달 영역의 개념을 통해 발달과 학습에 관한 실질적인 정보를 제공하는 데 크게 기여하였다. 즉, 근접발달 영역 내에서 성인이나 능력 있는 또래로부터 인지적인 도움을 받을 수 있는데, 도움을 주는 이들은 영유아의 발달수준에 적절하게 도움의 양과 수준을 조절해야 한다는 것이다(정옥분, 2012; 조성연 외, 2005).

그러나 Vygotsky는 사회문화적 맥락을 강조한 반면에 인지발달에 영향을 미치는 생물학적 요인의 중요성을 간과하였다는 비판을 받는다(Berk, 2009). 인지발달은 유전적 요인에 의해서도 영향을 받기 때문이다. 또한, 근접발달 영역의 개념은 영유아의 인지발달을 위해 학습이 필요하다는 점을 명백히 일깨워주지만 영유아의 학습능력이나 현재의 발달수준을 어떻게 측정할 것인지에 대한 정보는 제공하지 못한다는 비판도 받는다(정옥분, 2004; Santrock, 2005).

5 동물행동학적 이론

동물행동학은 Darwin의 진화론에 근거하여 동물과 인간의 발달에서 생물학적 역할을 강조한다. 즉, 모든 개체의 발달은 진화의 산물이며 생물학적으로 본능적인 행동을 가지고 태어난다고 믿는다. 동물행동학적 관점의 학자로 Lorenz와 Bowlby를 들 수 있다.

1) Lorenz의 각인 이론

동물학자인 Lorenz(1965)는 모든 동물이 생존을 위해 종 특유의 고유한 행동을 한다는 사실을 밝혀냈다. 가장 잘 알려진 고유 행동이 각인(imprinting)이다. Lorenz는 새끼 오리가 부화한 후에 어미를 따라다니거나 어미 대신 움직이는 대상을 쫓아다니는 것을 발견하였다. 이와 같은 각인행동은 어린 동물이 생후 초기의 특정 시기 동안 어떤 대상에 노출되면 그 대상에 대해 추종반응을 하는 것을 의미한다(이옥형, 2002; 정옥분, 2012, 재인용). 새끼오리가 본능적으로 어미에게 신속하게 추종행동을 함으로써 생존 가능성을 높일 수 있다. 이런 본능적 행동은 적자생존의 과정에서 진화된 것으로 볼 수 있다.

각인 이론에서 중요한 점은 결정적 시기(critical period)이다. 각인현상은 생후 일정한 시기에만 일어난다. 결정적 시기보다 이르거나 이후에 대상에 노출되면 형성되지 않는다. 오리의 경우, 결정적 시기는 부화 후 13~16시간으로 이 시기에 자신이 본 물체를 어미로 알고 쫓아다닌다. 각인현상으로부터 영유아 발달을 이해하는 데 중요한 단서를 찾아낼 수 있다. 즉, 영유아가 특정 행동을 습득하는 데는 결정적 시기가 있으며 이 기간 동안에 적절한 자극이 주어져야 한다는 점을 알 수 있다.

2) Bowlby의 애착 이론

동물행동학적 이론을 인간관계에 적용하여 애착 이론을 발전시킨 학자는 Bowlby(1969)이다. Bowlby에 의하면 애착(attachment)은 영유아와 양육자 간에 형성되는 친밀한 관계를 의미한다. Bowlby는 영유아가 고통이나 놀람 상태에 있을 때 양육자로부터 보호를 받고자 형성된 생존보호반응이 진화되어 애착행동으로 발달된 것이라고 설명한다(이옥형, 2002, 재인용). 대표적인 애착행동은 미소, 옹알이, 울기, 따라다니기 등이다. 영유아가 이러한 행동으로 사회적 신호를 보내면 양육자는 안아주고 보살피며 긴밀하게 반응하는 가운데 영유아와 양육자 간에 애착이 형성된다는 것이다.

애착은 장시간에 걸쳐 발달되며 다음과 같은 4단계 과정을 걸쳐 이루어진다(이옥형, 2002; 정옥분, 2012).

● 1단계: 비선택적 반응단계(출생~3개월)

출생해서 3개월까지는 미소, 울기 등의 다양한 신호체계를 통해 주변사람들과 가까운 관계를 유지하지만 아직 애착 대상이 특별히 고정되지 않는다.

● 2단계: 선택적 반응단계(3~6개월)

이 단계에서는 주변사람들 가운데 선택적으로 반응한다. 자신의 필요와 요구를 잘 들어주는 사람이나 낯익은 사람에게 더 잘 웃거나 옹알이를 더 많이 한다. 낯선 사람에 대해서는 경계를 한다.

● 3단계: 능동적 접근단계(6개월~3세)

생후 6개월이 되면 애착 대상이 함께 있는지, 없는지에 관심을 보이기 시작한다. 애착 대상이 없으면 운다. 그러나 7개월쯤 되면 울고 기다리기만 하는 것이 아니라 적극적으로 애착 대상자에게 접근하려고 시도한다. 즉, 능동적으로 기어서 애착 대상자를 쫓아가기도 한다. 애착 대상자가 안 보이면 불안해한다. 이러한 격리 불안감은 생후 15개월까지 계속 증가한다.

- 4단계: 동반자적 반응단계(3세 이후)

3세 이후가 되면 애착대상의 의도, 감정을 이해할 수 있게 되어서 잠시 동안의 분리를 받아들일 수 있다. 애착 대상이 다시 돌아올 것이라고 믿기 때문에 보이지 않더라도 참을 수 있다. 이 시기에는 애착 대상자인 부모나 양육자와 협상하고 자신이 원하는 대로 애착 대상의 행동을 수정하는 등 동반자적 관계로 발전한다.

3) 동물행동학적 이론 평가

동물행동학적 이론의 공헌은 진화론에 기초하여 생물학적, 환경적 영향 등 더 넓은 관점에서 인간발달에 대한 접근을 시도했다는 점이다. 특히, 각인이론과 애착이론을 통해 어린 시절 초기 경험의 중요성이 입증됨으로써 실제 가정에서의 자녀 양육이나 보육·교육기관에 시사하는 바가 크다 하겠다.

그러나 동물행동학적 이론은 인간발달에서 학습과 경험의 영향력을 도외시했다는 평가를 받는다. 또한, 발달에서 언어나 추상적 사고와 같은 부분에는 관심을 두지 않았다는 비판을 받으며 영유아기 발달에만 국한시켜 연구했다는 비판도 있다(문혁준 외, 2014).

6 생태학적 이론

생태학적 이론에 의하면 영유아 발달은 사회문화적 맥락에서 이해해야 한다. 대표적 학자 Bronfenbrenner(1979)의 이론을 소개하면 다음과 같다.

1) Bronfenbrenner의 이론

Bronfenbrenner는 영유아의 생활에 직·간접으로 작용하는 사회적 환경들의 상호연계성을 체계화하였다. 이 이론에 따르면, 영유아는 주변의 인접한 체계로부터 확산된 구조의 생태체계 속에서 발달한다(황혜정 외, 2003; Bronfenbrenner, 1979).

Bronfenbrenner는 영유아를 둘러싸고 있는 복잡한 환경의 '층'을 구조적으로 설명하기 위해 생태학적 모델을 제안하였다. 생태학적 모델은 미시체계, 중간체계, 외체계, 거시체계 그리고 시간체계 등으로 구성된다. 층으로 구성된 각 체계는 호혜적으로 작용하며, 인간이 발달함에 따라 각 체계 간의 관계와 영향력 또한 변화한다. 생태학적 모델의 구성 요소를 살펴보면 다음과 같다(정옥분, 2012; 조성연 외, 2005; 황혜정 외 2003; Bronfenbrenner, 1979; Wittmer & Petersen, 2006).

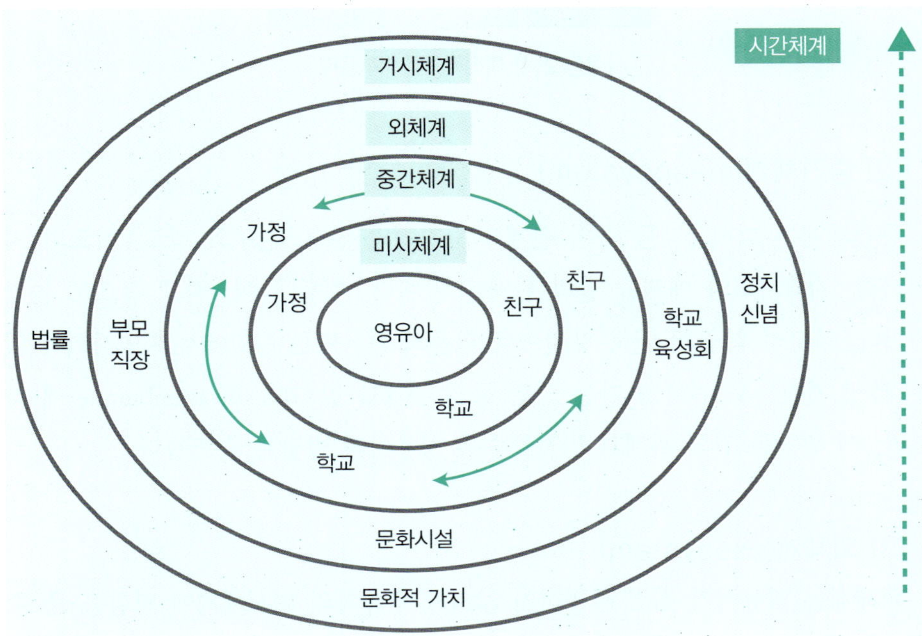

출처: Wittmer & Petersen(2006: 49).

[그림 2-2] Bronfenbrenner의 생태학적 모델

(1) 미시체계(microsystem)

Bronfenbrenner의 생태학적 모델에서 영유아는 중앙에 위치하며 영유아와 가장 근접한 환경이 미시체계이다. 미시체계에는 영유아가 밀접하게 상호작용할 수 있는 가정, 친구, 학교, 지역사회, 매체 등이 포함된다. Bronfenbrenner에 의하면, 영유아는 미시체계의 영향을 받는 수동적인 존재가 아니라 환경을 구성하는 능동적인 존재이다. 따라서 영유아가 성장하면 미시체계도 변화하게 된다.

[사진 2-1] 미시체계로서의 또래

(2) 중간체계(mesosystem)

중간체계는 미시체계들 간의 관계, 즉 가정과 친구, 친구와 학교, 학교와 지역사회, 지역사회와 매체들 간의 관계를 말한다. 예를 들어, 친구 집으로 놀러 가거나, 부모가 학급의 인적 자원으로 활용되거나 또는 학교에서 지역사회에 있는 특정 기관으로 견학을 가는 상황 등의 관계를 말한다. Bronfenbrenner에 따르면, 이 환경들 간의 관계가 밀접할수록 영유아의 발달은 순조롭다.

(3) 외체계(exosystem)

외체계는 영유아가 직접 관여하지 않지만 영유아의 미시체계에 영향을 줄 수 있는 사회적 환경을 말한다. 즉, 부모의 직장, 학교육성회, 정부기관, 교통·통신 시설, 문화 시설 등이 포함된다. 이들 외체계에 의해 영유아의 생활 패턴이 달라질 수 있다. 외체계의 영향력은 간접적이며 일방적이다.

(4) 거시체계(macrosystem)

거시체계는 미시체계, 중간체계, 외체계에 포함된 모든 요소뿐 아니라 개인이 살고 있는 문화적 환경까지 포함한다. 즉, 법률, 문화적 신념, 국가, 정치적 이념, 관습, 사회의 가치관 등을 일컫는다. 거시체계는 다른 체계보다 안정적이지만 때로는 사회적 변화에 따라 변화할 수 있으며 이러한 거시체계의 영향력은 영유아의 삶에 매우 강력하게 작용한다.

(5) 시간체계(chronosystem)

시간체계는 Bronfenbrenner가 처음 발표한 생태학적 모델에는 포함되어 있지 않았으나 생태학적 관점에서 영유아의 발달을 이해하는 데 필요한 체계로 간주되어 후에 새롭게 포함되었다. 시간체계는 전 생애에 걸쳐 일어나는 변화와 사회 역사적인 환경을 포함한다. 예를 들어, 환경의 변화나 고통을 인생의 어느 시점에서 경험했는지, 또는 어떤 시대에 출생하여 성장하였는지에 따라서 영유아의 발달과 삶은 달라질 수 있다는 것이다.

2) 생태학적 이론 평가

Bronfenbrenner는 사회환경은 계속 변화하고, 영유아에 대한 이해는 변화하는 생태체계 내에서 포괄적으로 다루어져야 한다고 주장하였다. 특히, Bronfenbrenner는 영유아를 둘러싼 환경을 여러 층의 구조로 체계화하고 이들 각 체계와 영유아가 어떠한 상호작용을 하는가를 설명하였다는 평가를 받고 있다.

이렇듯 생태학적 이론은 다양한 환경의 직·간접적 영향력을 강조하였으나 실제로 이러한 모든 맥락을 고려하여 영향력을 검증하기에는 상당한 어려움이 따른다고 볼 수 있다. 또한, 생태학적 이론은 주로 맥락적 영향력을 중요시하였으나 영유아의 능동적 발달 과정이나 생물학적 영향력을 간과한다는 비판도 있다(정옥분, 2012; Santrock, 2005).

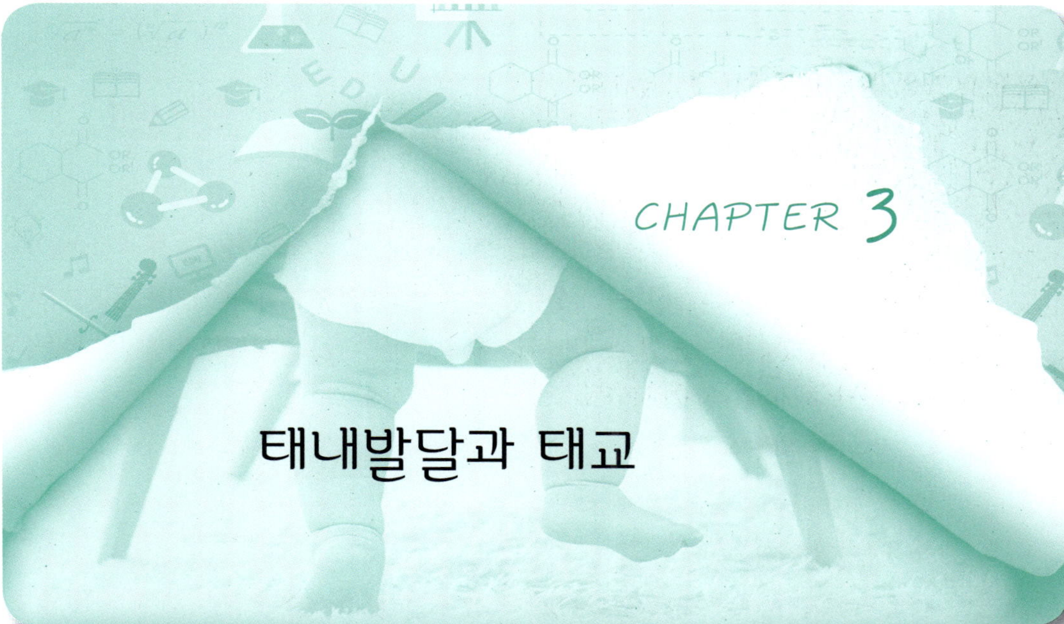

CHAPTER 3

태내발달과 태교

생명이 창조되는 과정은 무엇이라 표현할 수 없을 만큼 신비롭다. 정자와 난자가 만나 수정이 되고 결합된 수정란은 만 9개월 동안 모체에서 성장한다. 전 생애 과정에서 보면 9개월은 상당히 짧다. 그러나 이 시기는 어느 때보다 민감하고 여러 가지 요인에 의해 영향을 받게 된다. 최근 들어 태아가 경험하는 자궁 속 환경이 출생 이후의 삶을 결정한다는 연구 결과가 많이 보고되면서 태내발달에 대한 관심이 높아지고 있다.

3장에서는 수정과정과 태내발달 단계, 태내 환경에 영향을 미치는 유전적 · 환경적 요인, 그리고 태내기 진단 및 태내교육에 대해 살펴보고자 한다.

1 수정 및 태내발달 단계

인간의 생명은 정자와 난자가 만나서 수정이 이루어지면서 시작된다. 여성의 생식 세포인 난자는 인체 내에 있는 세포 가운데 가장 큰 세포로 직경이 0.14~0.2mm이다. 난자는 월경이 시작되면서 한 달에 한 개씩 난소에서 배출된다. 난자는 운동능력이 없기 때문에 난관 내부의 섬모 운동과 난관의 수축작용에 의해 난관의 팽대부로 이동한다. 한편, 남성의 정자는 긴 꼬리를 가진 올챙이 모양으로 크기는 난자의 약 40분의 1이며 1회에 사정되는 정액 속에는 약 4~5억 개의 정자가 들어 있다(김태련 외, 2004). 정자는 매우 활동적이어서 여성의 질 내에 사출되면 꼬리운동으로 난자가 있는 난관으로 헤엄쳐 간다. 수많은 정자 가운데 하나가 난막을 뚫고 들어가면 꼬리는 떨어져 없어지고 머리 부분, 즉 핵이 난자의 핵과 결합하여 수정란을 이룬다(Bee, 1997).

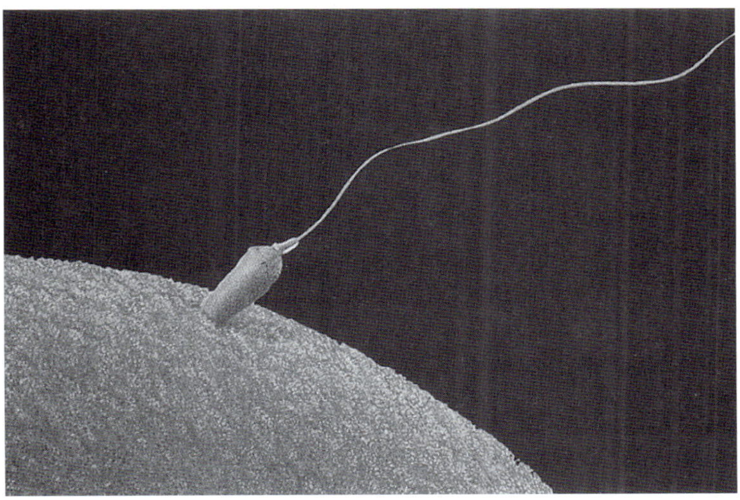

출처: Shaffer(2002: 68).

[사진 3-1] 정자가 난막을 뚫는 장면

정자와 난자가 결합된 수정란은 만 9개월 동안 태내에서 발아기(germinal period), 배아기(embryonic period), 태아기(fetal period)의 세 단계를 거치면서 발달한다(김태련 외, 2004; 유효순 · 원혜경 · 김정희, 2013).

(1) 발아기(수정~약 2주)

수정란이 자궁에 착상할 때까지의 약 2주간을 발아기, 또는 배종기라고 한다. 수정란은 수정 직후 이분분열을 시작하여 수정 3일 후에는 32개, 4~5일경에는 60~70개의 세포가 된다. 수정란은 세포분열을 계속하면서 자궁으로 내려와서 자궁벽에 착상을 하는데 모체는 이러한 변화를 전혀 느끼지 못한다.

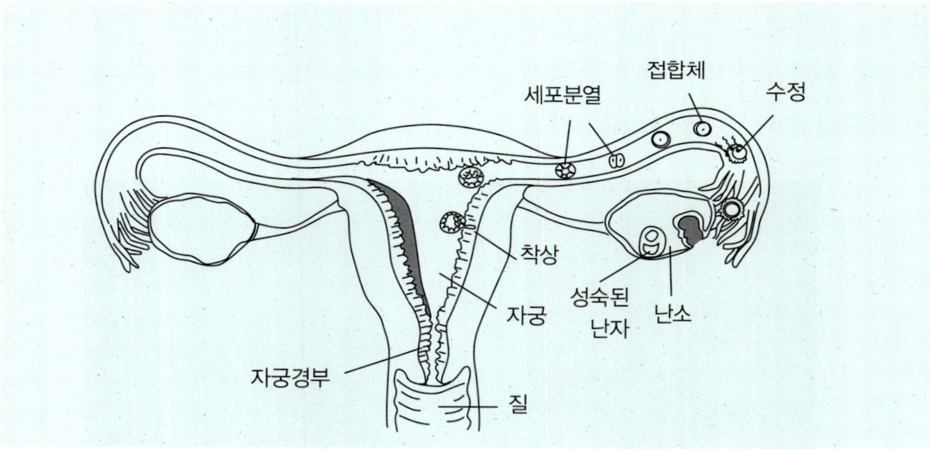

출처: Bee(1995: 69).

[그림 3-1] 수정과 착상

(2) 배아기(3~8주)

수정란이 자궁에 착상한 때부터 8주까지를 배아기라고 한다. 이 기간 동안에 중요한 신체 기관과 조직이 형성된다. 즉, 심장이 뛰기 시작하고 탯줄과 척추가 형성되며 눈, 코, 입, 팔, 다리가 형성되기 시작한다. 2개월 말경에 배아의 몸무게는 약 4g, 키는 약 2.5cm이며 사람의 형태를 거의 갖추게 된다.

(3) 태아기(9주~출생)

수정 후 9주에서 출생할 때까지의 기간을 태아기라 하며 이 시기의 생명체를 태아라고 한다. 태아기에는 급속한 성장이 이루어져서 3개월경에는 몸무게 28g, 키 7~8cm이며 남녀의 구별이 가능해지고 4~5개월이 되면 움직이기 시작하여 모체가 태동을 느끼게 된다. 또한, 태아는 6개월에 몸무게 900g, 키 30cm로 성장하며 눈이 완성되고 손톱이 형성되며 피하 지방이 축적된다. 7개월에는 신경조직, 혈관, 호흡기관이 발달하여 조산을 하여도 생존능력이 있다. 출산이 임박한 9개월 말경에 태아의 몸무게는 3.4kg, 키는 약 50cm이며 모든 기관의 기능이 활성화되고 지방층의 형성이 계속된다.

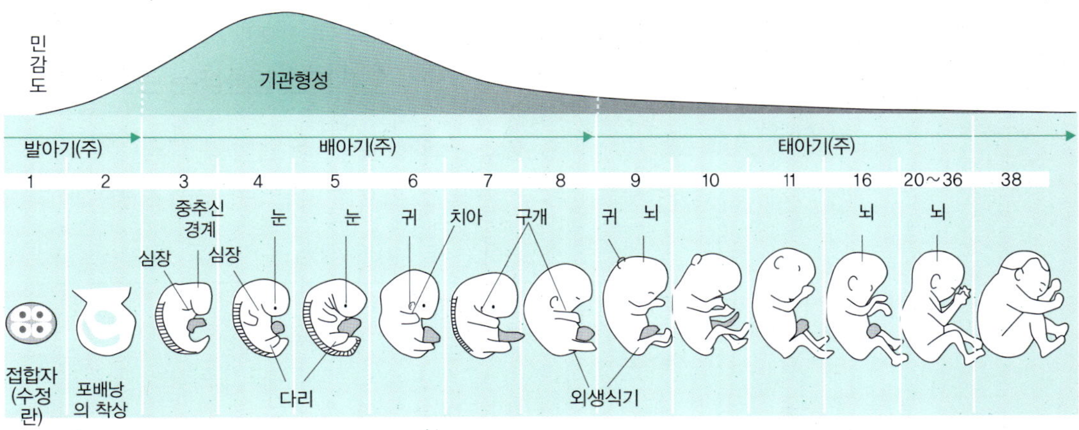

출처: Santrock(2005: 71).

[그림 3-2] 태내발달 단계

〈표 3-1〉 태내발달 단계에 따른 태아의 변화

발달 단계	태내 연령	태아의 변화
발아기	수정~2주	• 세포 분열 • 포배낭 형성과 배아판 및 영양세포층 형성
배아기	3~4주	• 원시적 중추신경계 발달 • 심장, 근육, 등뼈, 소화관 형성 시작
	5~8주	• 얼굴 부위 발달 • 손 돌기 발달 • 촉각이 발달하기 시작 • 8주 끝 무렵 인간의 모습 지님 • 태아 크기는 2.5cm, 4g
태아기	9~12주	• 신경계, 기관, 근육이 보다 조직화되고 연결됨 • 발차기, 빨기, 입 벌리기, 숨쉬기 등 새로운 행동 출현 • 신장의 성장이 빠른 시기 • 눈꺼풀과 입술이 형성 • 손가락과 발가락 갖춤 • 외부 성 기관의 발달로 성별이 구분됨 • 태아 크기는 7~8cm, 28g
	13~24주	• 16~20주 모체가 태동을 느끼기 시작 • 24주에 두뇌의 모든 신경 세포(뉴런) 생성 • 24주에 눈이 완성되어 뜨고 감고 모든 방향을 봄 • 태아가 소리에 반응 • 태아 크기는 30cm, 900g
	25~38주	• 지방층 형성의 가속화로 체중 증가 • 신경계, 순환계, 호흡계가 충분히 발달 • 이 시기에 미숙아로 태어나면 생존 가능 • 태아 크기는 50cm, 3400g

2 태내발달의 영향요인

매해 출생하는 신생아의 약 3~7%는 의료적 처치를 요하는 선천적 결함을 가지고 태어난다(Snow, 1998). 태아가 건강하게 성장하는지, 또는 결함을 가지고 성장하는지는 유전적 요인과 태내의 환경적 요인의 영향을 받아 결정된다. 다음에 태내 환경의 유전적 요인과 환경적 요인을 상세히 살펴보고자 한다(정옥분, 2012).

1) 유전적 요인

부모로부터 자녀에게 전달되는 특성을 유전인자(genes)라 하는데, 난자와 정자가 결합되는 시점부터 유전인자의 영향력은 발휘된다. 즉, 부모의 유전인자로 인해 수정이 이루어지는 순간에 자녀의 성, 피부색, 머리카락 색, 신체 크기, 기질 등의 특성이 결정된다.

유전인자는 염색체(chromosome)에 의해 전달된다. 따라서 염색체가 유전적 요소를 통제하는 단위가 된다. 염색체에 의해 태아의 성이 결정될 뿐 아니라 유전적 장애도 염색체 이상에서 비롯된다.

난자와 정자는 각각 23개씩의 염색체를 가지고 있다. 이들 중 22개는 형질적으로 동일한 염색체이고 나머지 23번째 염색체는 성 염색체로 태아의 성을 결정한다. 정상적인 여성의 성 염색체는 XX이고 남성의 성염색체는 XY이다. 난자가 정자의 어떤 성 염색체를 만나느냐에 따라 태아의 성이 달라진다. 즉, 수정이 이루어질 때 난자가 X 성 염색체를 가진 정자와 만나면 여아가 되고 Y 성 염색체의 정자를 만나면 남아가 된다.

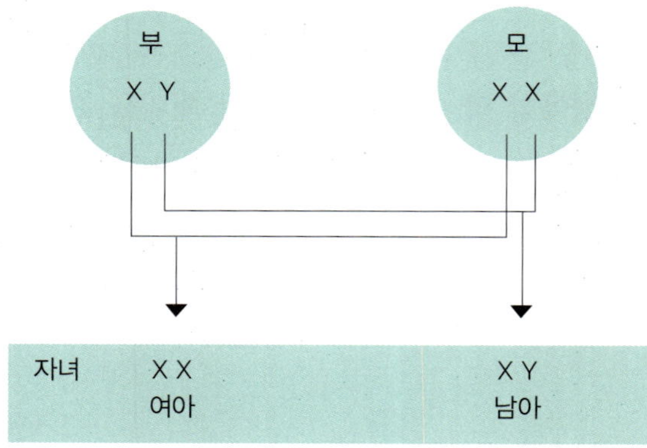

[그림 3-3] 성의 결정

한편, 수정이 이루어질 때 염색체 자체에 결함이 있거나 염색체 결합에 이상이 생기면 여러 가지 발달장애가 나타날 수 있다. 염색체 결함에 의한 대표적인 장애로 다운증후군(Down syndrome)이 있다. 이 질병은 21번째 염색체가 하나 더 있어서 생기는 발달장애로 몽고증, 또는 선천적 사지 왜소증으로도 불린다. 다운증후군에 걸린 영유아는 정신 지체를 보일 뿐 아니라 눈 꼬리가 치켜 올라가고 사지가 짧고 키가 작으며 심장 결함이나 청각 결함을 수반하는 등의 신체장애를 동반한다.

그 밖에 성염색체 결함으로 나타나는 터너증후군(Turner's syndrome)이 있다. 터너증후군은 정상적인 여성의 성염색체가 XX인데 반해 X 염색체가 하나밖에 없는 XO일 때 나타나는 장애이다. 이 증상을 가진 여자는 사춘기가 되어도 2차 성징(性徵)이 정상적으로 나타나지 않으므로 영유아의 모습을 그대로 유지하고 임신이 불가능하다.

한편, 남성의 성염색체에 이상이 생겨 발생하는 클라인펠터증후군(Kleinfelter's syndrome)은 남성의 정상적 성염색체인 XY에 X 염색체가 하나 이상 더 있는 XXY, 또는 XXXY 배열을 갖는다. 클라인펠터증후군의 남아는 고환은 있으나 정자를 배출하지 못하여 불임이며 X 염색체가 하나 이상 더 있어서 유방이 발달하고 엉덩이가 둥근 여성적 특징을 갖는다. 또한, 지능이 낮거나 언어능력이 뒤떨어진다.

2) 환경적 요인

태아는 생리적으로 모체와 연결되어 있어서 모체를 통해 들어오는 각종 자극에 민감하게 반응한다. 태내발달에 영향을 미치는 환경 요인을 소개하면 다음과 같다(문혁준 외, 2014; 이영 외, 2015).

(1) 영양 상태

수정에서 출산 때까지 태아는 성장에 필요한 모든 영양분을 모체가 섭취하는 영양분에 의존한다. 따라서 모체의 영양 상태가 태아발달에 결정적인 영향을 미친다. 모체의 영양 상태가 좋지 않은 경우, 사산, 조산의 가능성이 크며 체중 미달아, 허약아, 정신 지체아의 출산 가능성도 크다. 특히, 임신 초기의 영양 결핍은 태아의 신체 발육, 뇌 및 신경계의 발달에 지장을 가져온다.

특정 영양소의 결핍이나 과잉 역시 태아의 성장에 영향을 미친다. 즉, 단백질이 결핍되면 골격, 콩팥, 장 기관의 발육을 저해하고 비타민 부족은 신체 기형의 원인이 될 수 있으며 철분 부족은 자율신경계의 손상을 초래한다. 또한, 당뇨병을 앓는 모체가 당분섭취를 많이 하면 태아에게 선천성 백내장이 나타날 수 있으며 출생 후 근육이 이완되거나 주의력 결핍 증상이 나타날 수 있다.

모체의 영양 상태는 체중증가를 통해서도 알 수 있는데 임신 말기에 평균 10~12kg의 몸무게가 증가하면 적절하다(Snow, 1998). 모체는 임신 초기에 1일 섭취 열량을 평소보다 15% 증가하고 임신 말기에는 30% 정도 증가하나 열량을 과잉 섭취하면 임신중독증의 우려가 있으므로 주의해야 한다(조복희·정옥분·유가효, 1989). 그 밖에 단백질, 칼슘, 철분, 무기질, 비타민 등의 영양소가 충분히 공급되어야 한다.

(2) 연령

의학적으로 여성의 최적 임신 연령은 20대이며 임산부의 연령이 35세 이상인 경우를 노산이라고 한다. 노산인 경우, 생산 기능이 약화되어 미숙아 출산율이 높고 다운증후군의 발생률도 현저하게 증가된다. 즉, 모체가 35세일 때 다운증후군의 신생아가 태어날 가능성은 365명에 1명이지만 45세에는 32명에 1명으로 높아진다. 또 모체의 연령이 많으면 자연 유산이나 임신 중독증의 가능성이 크며 분만 시간이 길어져서 난산이 되기 쉽다(Snow, 1998).

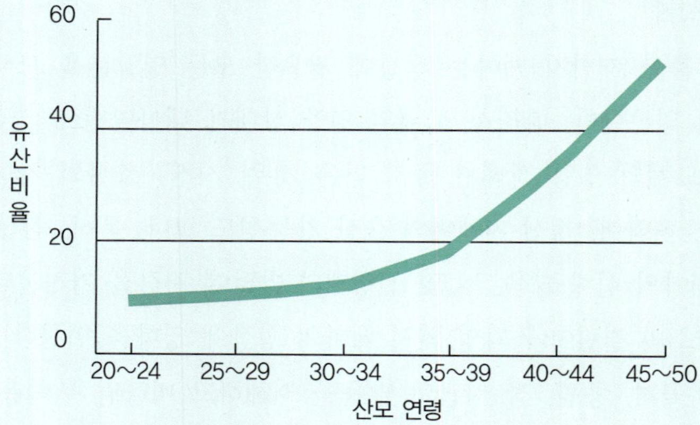

출처: Hetherington, Parke, Gauvain & Lockes(2006: 100).

[그림 3-4] 산모 연령에 따른 유산비율

한편, 10대 임산부의 경우도 자궁이 완전하게 발달되지 않아서 미숙아와 저체중아를 낳을 가능성이 크며 출산 시 진통시간도 길다. 10대 임산부가 출산한 신생아의 사망률이 20대 산모보다 2배 정도 높다(조복희, 2006).

(3) 질병

모체의 여러 가지 질병은 태아에게 치명적인 영향을 미친다. 예를 들어, 모체가 풍진을 앓으면 태아에게 시각 장애, 청각 장애, 심장 질환 및 정신 지체를 유발할 수 있다. 풍진은 감염 시기에 따라 태아에게 미치는 영향력이 다르다. 즉, 임신 1개월 이내에 풍진에 걸리면 신생아의 60% 정도가 장애를 보이며 임신 2개월에는 25%로 감소하고 5개월 이후부터는 거의 영향이 없는 것으로 밝혀졌다(이영 외, 2015).

임질이나 매독도 태아에게 치명적이다. 임산부가 임질을 앓고 있으면 출산할 때 임질균이 태아의 눈에 들어가 시각 장애를 유발할 수 있다. 또 매독에 걸린 임산부는 유산, 사산의 가능성이 크고 기형아, 정신지체아를 출산할 확률도 높다.

당뇨병은 신진대사에 이상이 있는 질병이다. 당뇨병의 경우, 임산부보다 태아가 훨씬 위험에 처할 경우가 많다. 당뇨병을 앓는 임산부는 유산, 사산을 초래할 가능성이 크며 기형아가 태어날 확률도 건강한 임산부의 경우보다 3배나 높다.

후천성 면역결핍증(AIDS)의 영향력도 심각하다. 여러 보고서에 의하면 모체의 AIDS는 태아에게 감염되는데, 태반을 통하거나 출산 시 모체의 혈액을 통하여 또는 수유를 통해서 감염될 수 있다. 출산 전후에 AIDS에 감염된 태아는 출생 후 4개월에서 6개월 사이에 AIDS 증상을 보이며 사망률도 높다(이영 외, 2015).

(4) 약물

임산부가 먹는 약물도 태아에게 전달되어 영향을 미친다. 약물의 종류에 따라 일시적으로 태아에게 영향을 미칠 수 있으나 신경 안정제, 항생제, 피임약, 환각제 등은 치명적인 영향을 미친다.

신경안정제의 경우, 1960년대 유럽에서 발생한 탈리도마이드(Thalidomide) 사건은 유명하다. 즉, 임신 중에 신경안정제인 탈리도마이드를 복용한 임산부가 팔다리가 없거나 팔다리에 이상이 생긴 기형아를 출산한 사례가 많이 보고되었다.

〈표 3-2〉 태아에게 영향을 미치는 약물

약물	영향
항생제	미숙아 출산, 골격 성장 저해, 청각 결함
아스피린	혈액질환, 저체중아 출산
환각제	정서불안, 운동기능장애, 심장 및 언어장애
신경안정제	기형아 출산, 신생아 호흡장애
성 호르몬제	미숙아 출산, 유산, 저체중아 출산
피임약	염색체 이상, 심장 이상
카페인	유산, 저체중아 출산

또 임신이 된 줄 모르고 복용하는 피임약은 혈액 중 비타민 A 수준을 높이면서 태아에게 심각한 장애를 초래한다. 임산부가 마리화나, 헤로인, 코카인 등의 환각제를 복용해도 영유아가 정서불안, 운동기능장애, 심장장애, 언어장애, 지적 발달지체를 보일 가능성이 크다. 임산부의 질병을 치료하기 위해 사용하는 약물은 태반을 통해 태아에게 전해지므로 반드시 의사의 지시에 따르도록 한다. 특히, 임신 첫 3개월 동안에 복용하는 약은 기형아의 발생률을 높게 하므로 삼가는 것이 좋다(박성연, 2006).

(5) 음주와 흡연

임산부의 습관적인 음주로 인해 태아 알코올증후군(Fetal Alcohol Syndrome)이 유발될 수 있다. 태아 알코올증후군의 영유아는 얼굴, 팔다리, 심장에 기형이 나타나고 지적 장애가 수반되며 과민반응성, 과잉활동, 산만함 등의 행동장애를 보인다. 특히, 임신 3개월 이내의 음주가 태아에게 심각한 영향을 미치므로 주의해야 한다.

임산부의 흡연도 태아에게 영향을 준다. 임산부의 흡연은 모체의 혈액 산소량을 줄이고 일산화탄소량을 증가시켜 태아의 산소 공급을 저해한다. 흡연은 유산, 조산, 저체중아, 신생아 사망의 원인이 될 뿐 아니라 출생 후에 행동장애, 지적 장애 등을 유발한다.

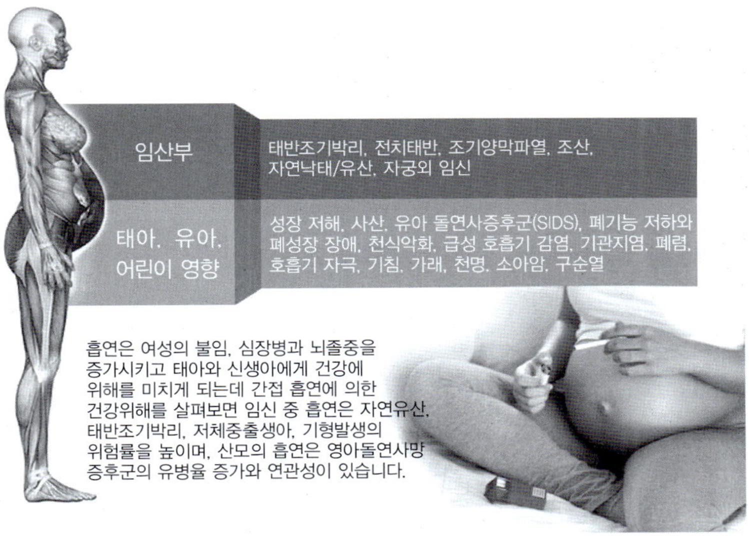

출처: www.nosmokeguide.or.kr.

[그림 3-5] 임신 중 흡연의 신체적 위해

(6) 정서 상태

모체의 정서 상태에 따라 태아발달이 영향을 받는다. 즉, 모체가 공포, 분노, 불안 등 정서적으로 심한 스트레스를 받게 되면 아드레날린의 분비가 촉진되고 이것이 모체의 혈액을 통해 태아에게 전달되어 태아의 신체발육에 지장을 줄 수 있다. 또한, 출생 후에도 잘 울고 놀라며 잠을 잘 자지 않는 등의 정서적 불안증을 나타낸다. 그 밖에도 임신 중에 이혼, 남편이나 자녀의 사망 등 큰 충격을 받게 되면 유산, 조산, 태아 기형이나 성장지연, 저체중아 출산 등의 위험이 높아진다(김선주 외, 2013).

(7) 방사능 및 환경오염

방사능이 태아에게 미치는 영향력은 제2차 세계대전 때 일본 히로시마의 원자폭탄 투하로 증명되었다. 당시 히로시마 근처에 살던 임산부의 유산, 사산율이 매우 높았고 많은 기형아와 정신박약아가 출산되었다. 1986년 구소련 체르노빌의 핵방사선 유출 사고 후에도 신생아에게서 기형이나 다운증후군 피해가 보고되었다. 방사능의 영향은 임신 8~15주에 치명적이다(Berk, 2009; Snow, 1998).

최근에는 방사능 이외에 환경오염에 의한 영향력이 중요한 문제로 제기되고 있다. 임산부가 중금속이나 대기오염에 노출되는 경우, 태아에게 미치는 영향이 과학적으로 입증되고 있다. 우리나라 환경부가 산모의 환경노출에 의한 영향을 2006년부터 2010년까지 장기간 연구한 바에 의하면 임산부가 수은에 노출되면 태아에게 체중미달, 신체기형, 뇌신경계 발육장애 등이 유발되는 것으로 밝혀졌다(이화여자대학교 · 환경부, 2009). 이러한 중금속 오염은 수은에 오염된 물고기나 납이 함유된 농산물을 섭취함으로써 유발되는 것으로 밝혀지고 있다(이옥형, 2002). 그 밖에 대기오염도 영향을 미쳐서 최근 스페인 등 9개국에서 발표한 자료에 따르면, 대기오염이 태아발달지연과 상관이 있어서 저체중아의 출산을 유발시킨다고 밝혔다(김선주 외, 2013, 재인용).

3 태내기 진단

인간의 생애에서 태내기 38주간이 이 세상에서의 38년보다 더 위험할 수 있다. 태내기는 인간 발달에서 매우 중요한 의미를 갖는다. 최근 들어 고령 임신부의 증가와 사회 · 경제 수준의 향상으로 태아검사에 대한 관심이 증가하고 있다. 통계자료에 의하면 염색체 이상을 가지고 태어나는 신생아의 비율은 100명당 6~9명 정도로 보고되고 있다. 또한, 염색체 의학 기술의 발달로 태내기의 건강을 진단할 수 있는 여러 가지 방법이 개발되었다. 건강한 태아의 출산을 위한 태내기 진단방법으로 유전 상담, 초음파 검사, 양수 검사, 융모 검사, 임신부 혈액 검사, 태아 자기공명영상(MRI) 등을 소개하고자 한다(조복희, 2006; Snow, 1998).

(1) 유전 상담

유전 상담은 정상적인 영유아를 출산할 가능성을 타진해 보는 진단법이다. 상담 과정에서 부부는 가족의 유전적 배경에 대해 이해하고 태아에게 나타날 수 있는 유전질환에 대한 정확한 정보와 구체적인 진단 방법 및 진단의 위험성 및 한계 등을 알 수 있다(황도영, 2007). 또한, 부부 및 가족은 이러한 상담을 통해 심리적인 지원을 받아 정신적 부담이나 불안을 최소화할 수 있다.

유전 상담은 특히, 장애아를 출산한 경험이 있는 부부, 유산 경험이 있는 부부, 가족 중에 유전병 병력이 있는 부부, 산모의 연령이 35세 이상인 부부, 약물 중독이나 직업병의 병력이 있는 부부에게 필요하다(Snow, 1998).

(2) 초음파 검사

초음파 검사는 1950년대 초기에 개발된 이래로 태내기 진단에 필수적인 일차 검사로 활용되고 있다. 초음파 검사는 임산부의 복부에 초음파를 보내어 되돌아오는 초음파를 실시간 영상화하는 방식으로 검사가 진행된다. 태아, 자궁, 태반 등의 내부 구조를 시각적으로 볼 수 있으며, 태아와 산모에게 해를 끼치지 않는다는 장점이 있어 많이 활용되고 있다. 초음파 검사를 통해 태아의 성장, 임신 기간, 태아의 성 등을 확인하며 태아와 태반의 위치, 자궁 이상, 쌍생아 출산 가능성, 신체적 기형 여부 등을 찾아낸다. 초음파 기기의 발전으로 최근에는 태아 선천성 기형의 약 80% 정도를 초음파검사로 찾아낼 수 있다고 한다(정민희, 2010).

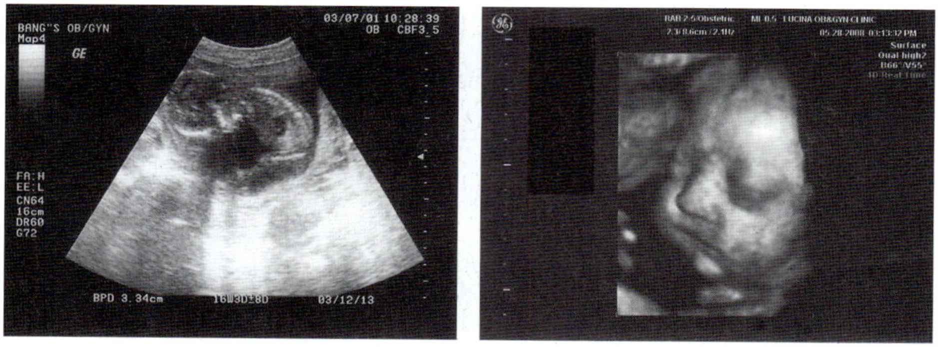

[사진 3-2] 태아의 초음파 사진

(3) 양수검사

양수검사는 임산부의 자궁 내에 있는 양수의 표본을 채취하여 분석하는 것으로, 이 검사를 통해 염색체 이상, 신경조직의 결함 등을 발견할 수 있다. 양수 검사는 흔히 임신 16~18주 사이에 실시하는데, 좀 더 일찍(10~13주) 실시하는 경우도 있다.

양수검사는 비교적 안전하고 신뢰할 만한 결과를 얻을 수 있는 검사법으로 인정받고 있으나 자연유산, 태아감염의 위험성이 지적되기도 한다.

(4) 융모검사

임신 초기에 태아의 유전적 결함을 검사하고자 할 때 융모 검사를 한다. 융모 검사는 가는 관을 질이나 복벽을 통해 자궁으로 삽입하여 작은 융모막에서 세포를 떼어내어 검사하는 방법이다. 이 검사는 수정 후 6~8주에 시행될 수 있으며 다른 검사에 비해 검사결과를 빨리 알 수 있는 장점이 있다. 그러나 양수검사보다 위험이 크며 너무 일찍 시행하면 사지기형 등 태아에게 치명적인 문제를 일으킬 수 있다(황도영, 2007).

(5) 임산부 혈액검사

임신 14~20주 사이에 임산부의 혈액을 검사하여 alpha-fetoproten(AFP)이라는 물질이 어느 정도 포함되어 있는지를 조사하는 검사법이다. 이 검사는 신경조직에 결함을 가진 신생아를 출산할 위험이 있다고 염려되는 임산부에게만 실시한다. 혈액검사 결과, AFP 수치가 높게 나오면 신경조직의 결함, 다시 말해 무뇌증(anencephaly)과 같이 뇌와 척추 형성에 구조적 결함을 가진 신생아의 출산 가능성을 예견할 수 있다.

(6) 태아 자기공명영상(magnetic resonance imaging: MRI)

최근 들어 태아 자기공명영상이 태아 기형의 진단 수단으로 활용되고 있다. 이 검사는 초음파검사의 보조적인 수단으로 활용된다. 즉, 초음파검사만으로는 진단이 어려워 보다 정확한 영상을 확보하고자 할 때 태아 자기공명영상검사를 실시한다. 태아 자기공명영상을 통해 초음파검사에서 부족한 소견을 보완하거나 초음파검사에서 발견되지 않은 병변이나 기형을 찾아낼 수 있다. 태아 자기공명영상은 인체에 해가 전혀 없으나 검사하는 데 시간이 오래 걸리고 비용이 비싼 단점이 있다(김명준, 2003; 김민재 외, 2008).

4 태내교육

한국 전통사회에서는 태아의 건강한 발육을 위해 태내교육 또는 태중교육, 즉 태교의 중요성을 인식하고 실천하여 왔다. 임신 이전부터 출산 직전까지 실천하는 전통사회의 태교는 엄격하고 정성스러웠다. 그러나 우리 사회가 점차 현대화되면서 태교를 비과학적인 미신으로 경시하는 분위기도 있었으나 최근 들어 태아발달 및 태내 환경에 대한 과학적 연구가 이루어지면서 태교의 중요성에 다시 관심이 집중되고 있다.

태내교육을 구체적으로 살펴보기 위해 먼저 우리나라 전통태교의 특징을 고찰하고 현대사회에서의 태교에 대한 인식과 태교방법 등을 알아보고자 한다.

1) 전통 태교

동양에서는 일찍부터 인간의 교육이 태내기부터 시작되어야 한다는 의미에서 태교의 중요성이 강조되어 왔다. 태교에 관한 기록물로 중국의 가의신서(賈誼新書), 대대례기(大戴禮記), 소학(小學) 등이 있으며, 우리나라 조선시대 허준(許浚)의 동의보감(東醫寶鑑), 빙허각 이씨(憑虛閣 李氏)가 쓴 규합총서(閨閤叢書), 사주당 이씨(師朱堂 李氏)가 지은 태교신기(胎敎新記)가 있다. 이 가운데 조선 영조 24년(1800년)에 사주당 이씨가 집필한 태교신기는 자신의 자녀(일남 삼녀) 체험을 토대로 태교에 관한 내용을 저술한 단행본으로 논리적이고 체계적으로 기록되었다는 점에서 최고로 손꼽히고 있다. 총 10장으로 구성된 태교신기 제1장에는 "스승 십 년의 가르침이 어미 뱃속에서 열 달 가르침만 못하고, 열 달 어미 가르침 또한 아비 하룻밤 정심(正心)만 못하다."고 하여 가르침 중의 가장 근본이 되는 가르침은 태교이며, 태교보다 더 중요한 것은 아기를 가질 때 아비의 올바른 마음이라 하였다(정양완, 2000). 이는 태교의 중요성과 특히, 수태 당시 아버지의 책임을 거듭 강조하고 있음을 알 수 있다. 이들 문헌에서 강조된 태교 내용은 수태 이전의 부모의 심신 관리, 부부 관계의 기피 시기 및 장소, 임신부의 음식 금기, 약물 금기, 언행 금기 등으로 현대 과학적 측면에서 볼 때 타당한 점이 많이 포함되어 있다. 한국 전통태교의 특징을 정리해 보면 다음과 같다(김병희, 2012; 유안진, 2000).

첫째, 전통 태교는 생명의 존엄성과 태아를 인격체로 인정하는 인간관에 기초하였다. 전통 태교에서는 생명이 잉태되는 순간부터 태아를 인간 존재로 인정하고 생명이 출현되는 시점부터 태중교육이 이루어져야 한다고 강조하였다.

둘째, 전통 태교의 주된 목적은 모체와 태아가 한 몸을 이루고 태아의 성품이나 기질을 함양시키는 인성교육에 있다. 전통 태교에서는 임산부와 태아가 혈맥으로 서로 연결되어서 모체의 마음가짐, 몸가짐이 그대로 태아에게 전달됨으로써 하늘의 이치에 근거한 인간 본연의 인성을 갖출 수 있게 된다고 강조하였다.

셋째, 전통 태교는 일종의 간접 교육으로 실행되었다. 전통 태교는 직접 가르치는 교수-학습에 의한 교육과는 달리 인간발달에서 환경적 영향을 교육으로 간주하는 간접적 교육의 성격을 갖는다. 전통 태교에서는 임산부의 감정, 지각, 생활태도나 행실이 태아 성장에 환경요인으로 작용하여 자연스럽게 인성발달에 교육적인 효과를 가져 올 수 있다고 믿는다. 임산부 자신이 태아에게 교육적 영향을 미치는 동시에 주변 환경의 모든 교육적 영향력도 임산부를 통해 간접적으로 전달된다고 인식한다.

넷째, 태교의 주체를 임산부인 어머니로만 생각한 것이 아니라 아버지 및 모든 가족 구성원까지 확대하여 포함시켰다. 전통 태교에서는 자녀양육을 부부의 공동 책임으로 인식하여 모성태교와 동시에 부성태교를 강조했다. 모성태교는 태교의 핵심으로 수태 후에 임산부의 정서관리와 건강관리에 관한 구체적인 내용을 강조하였다. 한편, 부성태교, 즉, 태교에서 아버지의 역할도 중시하여 합방의 금기사항, 수태 후의 금욕 등 건강관리 및 성교육에 관한 내용이 포함된다. 그 밖에 전통 태교에서는 가족을 포함한 주변 사람들이 모두 태아의 교육담당자가 된다고 강조하였다. 온 집안 사람의 언행이 임산부를 통해 태아에게 영향을 주게 된다고 믿었기 때문이다.

2) 현대 태교

최근 들어 태아학(embryology)의 놀라운 발달로 태내 환경의 영향력이 과학적으로 입증되고 조기교육에 대한 요구가 증대되면서 태교에 대한 관심이 점차 높아지고 있다. 뿐만 아니라 실제로 태교를 실천하는 비율도 높아지고 있다(안기주, 2001). 이러한 변화에 힘입어서 국내에 다양한 태교방법이 소개되고 있다. 최신 태교 방법 가운데는 명상이나 요가를 통한 태교가 소개되기도 한다. 예를 들어, 동작을 통한 명상이 임신부의 심리적 스트레스를 줄이고 생명의 신비로움을 느끼게 하며 신체적으로 통증 완화, 근육이완에 큰 도움이 되었다는 연구보고가 있다(강유정, 2006; 김하영, 2013). 또한, 태교에 치료기법을 접목시키는 사례도 있다. 즉, 미술치료 기법을 이용한 태교를 실시하여 모성 정체성을 높이고 태아와 어머니의 애착을 높였다는 연구보고도 있다(이지혜, 2014; 홍은주, 2003). 음악이 태아에게 매우 긍정적인 영향을 미친다는 관점에서 음악을 활용한 태교법을 주장하기도 한다(이희영, 1997).

한편, 기존의 임산부 교육이 출산과 임산부의 건강에만 치우쳐 있는 점을 개선하여 전통적인 태교방법 위주로 임산부 교실을 운영한 결과, 태아에 대한 임산부의 애착이 높아졌으며 분만 자신감도 높아졌다는 연구 결과도 있다(김기영, 2000; 김은숙 · 김기영 · 장순복, 2001). 그 밖에 호흡법, 복부마사지, 촉각자극방법 등을 도입한 태교가 시도되고 있다.

그러나 이러한 최근 경향에 대해 현대 태교가 학교교육과 조기교육의 연장선에서 또 다른 형태의 교육인 '학교교육의 조기화' 현상으로 전개되고 있다고 우려하는 관점도 있다(김병희, 2012). 다시 말해 현대태교가 학습자에게 특정한 내용을 전달하려는 학교교육의 성격과 교육을 이른 시기부터 시작해야 효과가 있다는 조기교육의 성격을 통합하여 심각한 교육문제를 제기할 수 있다는 지적이다.

CHAPTER 4

출 산

출산이 다가오면 여러 가지 징후가 나타나고 산모는 출산에 대한 두려움을 가지기 마련이다. 38주간 산모와 함께 지내온 태아가 세상 밖으로 모습을 드러내는 과정은 산모와 태아 모두에게 신체적, 심리적으로 대단히 경이로운 사건이다. 자궁에서 나온 신생아는 이미 기본적인 감각능력을 가지고 태어나기 때문에 여러 가지 자극에 대해 민감하게 반응하며 점차 독립적인 존재로 성장해 나간다.

4장에서는 태아의 출산과정, 출산방법 그리고 출산과정에서 일어나는 문제, 안전한 출산을 위한 준비 등을 알아보고자 한다.

1 출산 과정

약 38주간의 임신 기간이 끝나면 태아는 출산 과정을 통해 이 세상에 태어난다. 일반적으로 출산 예정일은 최종 월경 일을 기준으로 하여 266일이 되는 날로 계산한다. 즉, 출산 예정 달은 최종 월경 달에 9를 더하거나 3을 빼어 계산하고, 출산 예정일은 최종 월경이 시작된 날에 7을 더하면 된다. 예를 들어, 최종 월경 시작일이 5월 13일인 임산부의 경우, 출산 예정일은 이듬해 2월 20일이다. 그러나 출산 예정일에 맞추어 출산하는 임산부는 4~5%에 불과하다. 분만 예정일은 태아와 자궁 크기, 호르몬 수준, 임산부의 생리적, 심리적 조건 등의 영향을 받아 결정된다(정옥분, 2012).

출산이 가까워 오면 이를 예측할 수 있는 몇 가지 징후가 나타난다(유효순·원혜경·김정희, 2013).

- 태아가 밑으로 이동하여 임산부의 위의 압박이 감소하고 호흡이 자유롭게 된 반면에 소변을 자주 보게 된다.
- 진통을 느낀다. 처음에는 불규칙한 가벼운 진통이 오다가 점차 강도가 세지고 진통이 자주 일어난다.
- 혈액이 섞인 이슬이 비치기도 한다. 이슬은 출산이 가까워지면서 자궁 경부가 확장되어 양막의 일부가 자궁벽에서 떨어지면서 생기는 분비물이다.
- 양수가 나온다. 태내의 양수막이 파열되어 양수가 나온다. 양수가 나오면 대부분 분만이 바로 이루어진다.

출산은 개구기, 출산기, 후산기의 3단계로 진행되는데, 이를 소개하면 다음과 같다.

(1) 개구기

진통이 시작되면서 자궁구가 10~12cm 정도 열릴 때까지를 개구기라 한다. 진통은 자궁이 규칙적으로 수축하여 자궁경부를 넓힐 때 나타나는 현상으로 처음에는 강도가 약하고 짧게 지속되나 점차 진통 시간이 길어지고 통증도 심해진다. 임산부가 출산에 대한 긴장감을 없애면 자궁경부 주변의 근육이 이완되어 진통을 줄일 수 있으나 공포심으로 인해 긴장하면 근육이 팽창되지 못해 통증이 더 심해진다(유효순 · 원혜경 · 김정희, 2013). 자궁구가 완전히 열리는 데 걸리는 시간은 초산모의 경우 6~18시간, 경산모는 2~6시간이 소요된다(Snow, 1998).

(2) 출산기

출산기 또는 배출기는 자궁구가 완전히 열려 태아가 경부와 질 통로를 따라 모체 밖으로 나올 때까지를 말한다. 출산은 태아의 머리부터 나오기 시작하는데 임산부가 복근에 힘을 주면 태아가 산도로 나오는 데 도움이 된다. 출생 직후 신생아는 큰 소리로 운다. 출산기의 소요 시간은 초산부 30분~2시간, 경산부는 20분~1시간 30분이다(Bee, 1995; Snow, 1998). 출산 시에 탯줄은 태아와 함께 연결되어서 나오지만 태반은 자궁벽에 붙어 있다.

(3) 후산기

태아가 출산되고 조금 후에 자궁이 수축되면서 태반이 자궁벽에서 떨어져 난막과 함께 배출되는데, 이것을 후산이라 한다. 후산에 소요되는 시간은 5~20분 정도이다.

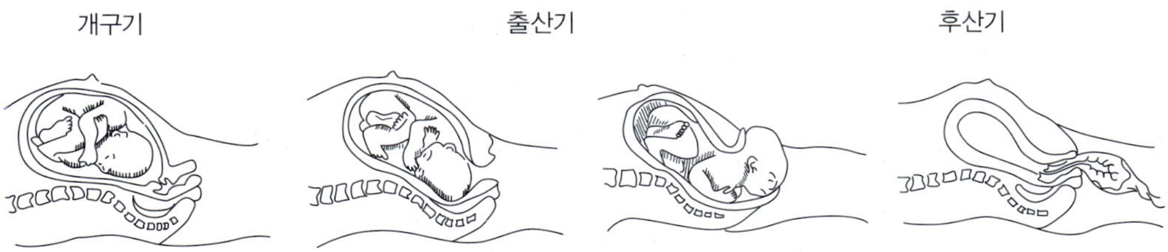

출처: Shaffer(2002: 124).

[그림 4-1] 출산 단계

2 출산 방법

출산 과정은 산모에게 두려움을 줄 수 있으므로 무엇보다도 심리적 안정과 안전이 요구된다. 출산 방법으로 잘 알려져 있는 자연분만, 라마즈 분만, 무통분만, 수중분만, 르봐이예 분만, 제왕절개 등을 알아보면 다음과 같다(박성연, 2006; 유효순·원혜경·김정희, 2013; 조복희, 2006).

1) 자연분만

자연분만은 전통적인 분만법으로 질식(膣式) 분만법이다. 자연분만은 어머니와 아기의 심리적 유대감이 강해지고 분만 후 즉시 모유수유를 할 수 있는 장점이 있다. 자연분만은 대부분 침대에 누워서 진행되는데, 누워서 아기를 분만하면 힘을 중력 방향으로 줄 수 없고 혈액이 심장으로 통하는 것을 방해하여 태아에게 전달되는 산소와 혈액의 공급량을 감소시킨다. 최근 앉아서 아기를 분만하는 좌산(坐産)이 소개되고 있다. 앉은 자세로 아기를 출산하는 경우, 앉은 자세가 중력이 작용하는 방향이기 때문에 분만 시 힘을 주기가 더 용이하여 아기를 더 쉽고 빠른 시간 안에 낳을 수 있다. 의학적으로도 좌산 시 산모가 90

도로 앉으면 골반 직경이 1~2cm 더 넓어져 임산부가 보다 편하게 아기를 낳을 수 있다고 한다.

2) 라마즈 분만

프랑스의 산부인과 의사 Lamaze(1970)가 개발한 분만법으로 자연분만 시 산모의 신체적·심리적 고통을 최소화하고자 남편을 출산 과정에 적극적으로 참여시키는 방법이다. 임신 7~8개월부터 매주 2시간씩 산모와 남편이 근육을 이완시키는 방법과 호흡하는 방법을 함께 익히고 연상법을 연습한다(정옥분, 2012, 재인용).

- **이완법**: 신체 모든 부위의 근육을 이완시키는 것으로 의식적인 근육이완 훈련을 통해 출산의 고통을 감소시키고 진통 시간을 짧게 하는 효과가 있다. 머리끝부터 발끝까지 온몸의 근육을 이완시키기 위해 관절 부위의 힘을 빼는 연습을 한다. 남편은 아내를 도와 근육이완을 훈련시키고 근육이나 관절 각 부위가 부드럽게 이완되어 있는지 확인하는 역할을 한다.

- **호흡법**: 라마즈 분만법에서 가장 중요한 훈련으로 흉식 호흡을 연습한다. 자궁수축에 따라 진통이 올 때마다 통증의 주기에 맞춰 호흡함으로써 진통에 집중되었던 관심을 호흡에 분산시켜 통증을 덜 느끼게 하는 것이다. 남편의 역할은 아내의 호흡을 체크하고 도와주는 것이다.

- **연상법**: 즐거웠던 경험이나 기분 좋은 상황을 머릿속에 떠올려 봄으로써 엔도르핀의 분비를 증가시켜 통증에 대한 민감성을 줄이는 방법이다. 남편도 함께 연습하여 실제로 산모가 진통이 올 때 연상하는 것을 도와준다.

3) 무통분만

최근에는 산모의 통증을 줄여주기 위한 방법으로 부작용이 비교적 적고 태아에 미치는 영향이 적은 무통분만이 널리 사용되고 있다. 이 분만방법에서는 경막 외 마취를 한다. 즉, 가느다란 관을 산모의 허리쪽 경막 바깥에 삽입하고 마취제를 지속적으로 주입하여 통증을 완화시켜주는 방법이다. 진통만 효과적으로 억제하고 산모는 의식이 있어 힘을 주어 출산에 참여할 수 있다(박옥선, 2008). 산모가 통증으로 인한 스트레스를 안 받아서 심장에 부담을 주지 않고 분만할 수 있다. 또한, 통증 감소로 혈관을 수축시키는 카테콜아민(catecholamine)의 분비가 줄어서 자궁으로 공급되는 혈류량을 잘 유지시켜 태아에게 산소공급을 원활하게 해 주어 태아의 저산소증을 막을 수 있다(유혜영, 2009). 그러나 무통분만의 후유증으로 하지 무력감이나 이상감각, 저혈압, 두통, 요통 등이 나타난다는 연구결과도 있으며(차영덕, 2005), 무통분만으로 출생한 신생아는 발달 상태를 검사하는 Apgar 점수가 낮았다는 보고도 있다(박옥선, 2008).

4) 수중분만

수중분만은 양수와 같은 조건의 물속에서 아기를 낳는 방법이다. 물속에서 앉은 자세로 출산하므로 산모의 골반이 잘 벌어지고 힘주기도 쉽다. 또한, 따뜻한 물속에서 산모의 긴장, 불안이 줄어들고 근육이 이완되어 진통을 덜어주는 장점이 있다. 또한, 수중분만에서는 남편의 역할이 강조되어 진통부터 분만이 이루어질 때까지 남편의 격려와 도움을 받는다. 태아도 태내의 양수와 비슷한 조건인 물속에서 태어나게 되므로 환경의 변화를 적게 경험한다. 그러나 물의 청결 정도나 출산 시 배출되는 각종 분비물로 인해 산모와 태아가 병균에 감염될 수 있다(박문일, 2000).

5) 르봐이에 분만

프랑스 산부인과 의사 Leboyer(1975)에 의해 처음 시도된 분만법이다. Leboyer는 '폭력 없는 탄생'이라는 책을 통해 출산 과정에서 산모가 겪는 고통에만 관심을 두지 말고 태아가 자궁 밖의 급격한 환경 변화로 겪게 되는 고통에도 관심을 가져야 한다고 주장하였다. 즉, 태아가 분만과정에서 경험하는 불쾌한 자극이나 스트레스를 최소화하고 환경의 갑작스런 변화에 충격을 받지 않도록 배려하는 것에 역점을 두었다.

이 분만법에서는 세상에 태어난 신생아가 편안하고 안정적인 경험을 하도록 분만 환경을 태내환경과 유사하게 조성해 준다. 분만실을 따뜻하고 어둡게 하여 자궁에서 나온 신생아가 밝은 조명이나 선뜩함 때문에 놀라거나 충격을 받지 않고 심리적으로 아늑하게 느끼도록 한다. 또한, 신생아가 태어나자마자 산모의 배 위에 올려놓아 피부접촉을 하게 한다. 이러한 피부접촉을 통해 엄마와 신생아의 교감이 촉진되고 산모의 옥시토신(oxytocin) 분비가 증가되어 자궁수축과 유즙분비가 촉진되는 효과가 있다고 한다. 그 밖에 신생아가 폐 호흡에 적응하도록 분만 후 곧 탯줄을 자르지 말고 5분 정도 기다렸다가 자르게 한다. 탯줄을 자른 다음에는 따뜻한 물속에서 부드럽게 어루만져 주어 긴장을 풀도록 도와주어야 한다고 주장한다(정옥분, 2012, 재인용).

6) 제왕절개

제왕절개는 산모의 복부를 절개하여 자궁에서 태아를 꺼내는 분만방법이다. 태아나 모체에 분만 위험 요인이 있어 자연분만이 어렵거나 분만이 지연되어 태아나 산모 또는 양쪽에 심각한 손상이 일어날 위험이 있는 경우에 제왕절개를 실시한다. 우리나라의 제왕절개 분만율은 OECD 국가 중에 높은 비율을 보이고 있다. 1990년 18.1%였으나 해마다 지속적으로 증가하여 2001년 40.5%로 급증하였다. 2002년부터 정부는 산모와 신생아의 건강증진을 위하여 국가 차원에서 제왕절개 분만율을 낮추려고 다각적인 노력을 기울여왔다. 이러한 노력의 결과로 2010년 36.0%로 감소하였으나 2012년에는 36.9%로 소폭 증가하였다(주재선, 2015). 우리나라 제왕절개 비율이 세계보건기구 권장률 5~15%보다 높은 이유는 고령 초임부의 증가, 자연분만 기피, 반복 제왕절개술 증가, 불임치료로 인한 다태아 출산 증가 등으로 추정할 수 있다.

제왕절개 분만은 산모가 진통을 겪지 않고 출산할 수 있는 장점이 있으나 문제점도 있다. 현대 의학의 발달로 제왕절개 수술의 위험성이 많이 줄어들었으나 마취 및 수술로 인한 합병증 등으로 산모와 태아에게 부정적인 결과를 초래할 가능성이 있으며 산후 회복도 느리므로 꼭 필요한 경우에만 실시해야 한다.

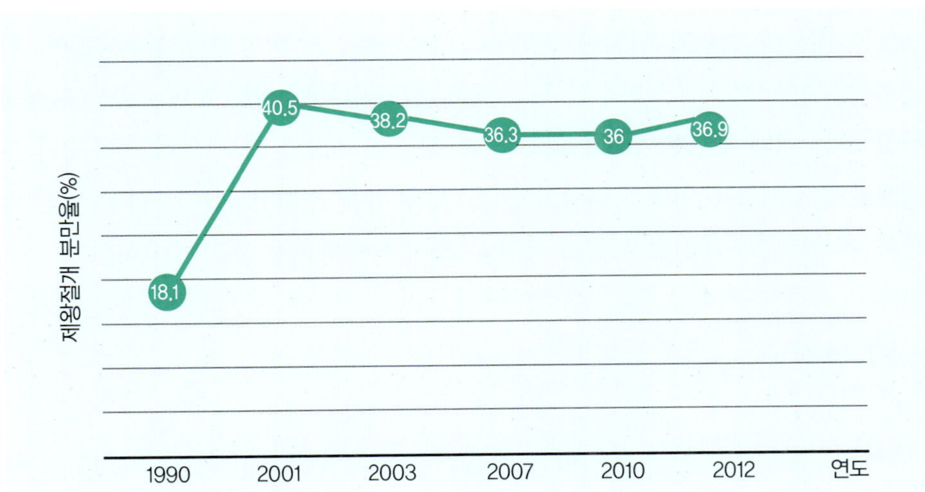

[그림 4-2] 한국 제왕절개 분만율

3 출산의 문제

대부분의 태아는 정상적으로 출산하지만 출산과 관련하여 어려움을 겪기도 한다. 출산의 문제로 유산, 난산, 조산과 미숙아, 산소 결핍증에 대해 살펴보고자 한다.

1) 유산

유산은 임신 20주 이내에 임신이 종결되는 것으로 전체 임신의 약 15~20% 정도 발생한다. 유산의 80% 이상이 주로 임신 12주 이내에 일어나며 이 가운데 50%는 태아의 염색체 이상이 원인이다. 이외에도 모체의 고령 임신, 흡연, 자궁이상, 내분비질환, 스트레스 등도 주요 원인이다(황지혜, 2014). 임신에 성공하지 못한 실패 경험은 임산부의 건강과 생명을 위협할 뿐 아니라 자존감과 정체성을 손상시키는 치명적 경험이다. 또한, 유산을 경험한 산모는 다음 임신 때 반복 유산되거나 조산할 위험이 크므로 조기에 예방하는 것이 중요하다.

2) 난산

난산은 태아가 산도를 통과하는 과정에서 구조적이거나 기능적인 이상이 생겨서 분만이 순조롭게 진행되지 않는 경우를 의미한다(정옥분, 2012). 난산의 원인은 진통이 지나치게 천천히 진행되어 임산부가 매우 지친 경우, 산모의 골반이나 질이 너무 협소한 경우, 산도가 기형인 경우, 태아의 위치가 잘못되어 머리보다 다리나 엉덩이가 먼저 나오는 경우, 태아의 머리가 너무 큰 경우, 태반이 자궁벽에서 너무 빨리 떨어진 경우, 양수가 너무 일찍 나오는 조기파수의 경우, 태반이 태아보다 자궁입구에 가까이 위치하여 자궁입구를 막고 있는 전치태반의 경우 등이다(유효순 · 원혜경 · 김정희, 2013; 정옥분, 2012). 난산은 산모와 태아의 생명을 위협하므로 제왕절개 수술 등과 같은 적절한 의학적 조처를 취해야 한다.

3) 조산과 미숙아

조산과 미숙아 출산도 심각한 문제이다. 임신 37주 이전에 출산하는 경우를 조산이라 한다. 우리나라 미숙아 출생률은 2003년 4.5%, 2011년 6.0%, 2013년 6.5%로 매년 증가하는 추세를 보이고 있다(박정언, 2015). 조산의 대부분은 태내발달 기간을 다 채우지 못했기 때문에 태아가 저체중일 가능성이 매우 크다. 또 38주를 채우고 출생한 경우에도 태아의 체중이 2.5kg 이하인 경우가 발생하는데, 이러한 체중 미달아를 미숙아라고 한다(조복희, 2006).

조산의 원인으로 산모의 영양부족이나 스트레스, 생식기관 발달 미숙, 임신성 고혈압이나 당뇨, 다태아 임신, 산모의 음주 및 흡연 등이 지적된다. 조산아와 미숙아는 사망의 위험이 클 뿐 아니라 감염 가능성이 크고 폐가 완전하게 발달되지 않아 스스로 호흡하기가 힘들다. 또한, 피부에 지방층이 생기지 않은 채로 출산되기 때문에 체온 조절이 어렵다. 따라서 조숙아와 미숙아는 온도와 습도가 적절히 조절되고 산소가 공급되는 조산아 보육기(incubator)에서 양육되어야 한다. 최근에는 의학기술의 발달로 병원에 신생아 집중치료실(neonatal intensive care unit: NICU)이 설치되어 전문가의 집중치료와 보호를 받아서 미숙아의 생존율이 크게 높아졌다. 이에 따라 1.5kg 미만 극소 저체중 미숙아의 생존율이 많이 향상되었다(문혁준 외, 2014; 정옥분, 2012).

4) 산소결핍증

출산 과정에서 태아의 생명이나 발달에 치명적인 손상을 입힐 수 있는 문제중의 하나가 산소결핍증(anoxia)이다. 산소결핍증의 원인을 살펴보면, 첫째, 분만할 때 태아의 발이나 엉덩이가 머리보다 먼저 나오는 경우로 탯줄이 꼬이거나 조여져서 산소공급이 어렵게 된다. 둘째, 태반이 자궁벽에서 너무 일찍 떨어져서 태아에게 산소공급이 차단된다. 셋째, 산모의 통증을 덜어주기 위해 투여된 진정제나 마취제가 탯줄을 통해 태아에게 전달되어 호흡기관을 자극하면 산소결핍증이 발생한다(정옥분, 2012). 넷째, 분만 시간이 긴 경우에도 산소결핍증에 걸릴 확률이 높다.

산소결핍 상황이 오래 지속되면 태아는 사망하거나 뇌손상을 입게 되어 운동기능의 결함, 지적 장애를 갖게 된다.

4 안전한 출산을 위한 준비

건강한 신생아의 탄생을 위해서는 출산 전/후 과정에 대한 철저한 준비가 필요하다.

안전한 출산을 위한 준비를 살펴보면 다음과 같다. 먼저, 임산부는 출산에 대한 막연한 불안감이나 걱정을 하기보다 진통에서부터 출산까지 전 과정에 대한 지식을 정확하게 파악함으로써 자신감을 가지고 마음의 준비를 할 수 있다. 자신에게 알맞은 통증 완화법이나 분만법을 담당의사와 상의한 후 결정하여 분만에 대비해 능동적으로 연습한다. 병원이나 보건소, 지역사회에서 운영하는 출산 준비교실이나 국가에서 운영하는 출산관련 포털(예: 임신육아종합포털 아이사랑)을 활용하면 효과적으로 연습할 수 있다.

출산준비 과정에 남편과 다른 가족구성원을 함께 참여시킨다. 남편과 가족이 따뜻하게 보살펴주고 도와주면 임산부가 정신적인 안정을 얻을 수 있다. 이러한 동참경험을 통해 남편은 아버지로서 자녀에 애착을 하고 책임감을 가지고 양육에 적극 참여하게 된다(안명옥, 2002).

또한, 필요한 정기검진을 받아서 태아와 산모의 건강상태를 점검하고 순산을 위해 어떤 준비를 해야 하는지, 출산이 임박했을 때 어떻게 해야 하는지 자세하게 알아본다. 언제라도 병원에 갈 수 있도록 출산준비물(예: 산모 입원용품, 신생아용품-퇴원할 때 입힐 옷, 우유병, 속싸개, 겉싸개 등)을 따로 가방에 챙겨둔다.

점차 출산일이 가까워지면 분비물이 증가하고 소변을 자주 보고 허리나 다리가 당기는 등의 신체적 변화가 생기고 정서적으로 불안해지기 쉽다. 몸을 청결하게 유지하고 가벼운 산책을 하거나 아기 앨범, 출생 카드를 만들면서 안정을 찾도록 노력한다.

출산 후에는 산모의 건강 회복을 위해 적극적인 건강관리가 필요하다. 특히, 출산 후 우울증을 경계해야 한다. 산모의 85% 정도가 출산 후 2~3일 이내에 초조, 불안, 불면증, 급격한 감정 변화 등을 경험하는데 대부분의 경우 자연스럽게 없어진다. 그러나 좀 더 심각한 산후우울증으로 진행되는 경우도 있다(윤지향, 2011). 산후우울증은 산모가 출산 후에 경험하는 우울장애로 우리나라 산모의 10~20% 정도에서 발생빈도를 보인다(유정미, 2008). 산후우울증의 증상은 기력상실, 죄의식, 무가치감, 자살충동 등으로 나타난다. 배우자, 친정가족, 시댁가족, 친구의 지지가 부족할수록 산후우울증 위험이 증가하므로 산모에 대한 가족, 친지의 따뜻한 지지와 관심이 중요하다(윤지향, 2011).

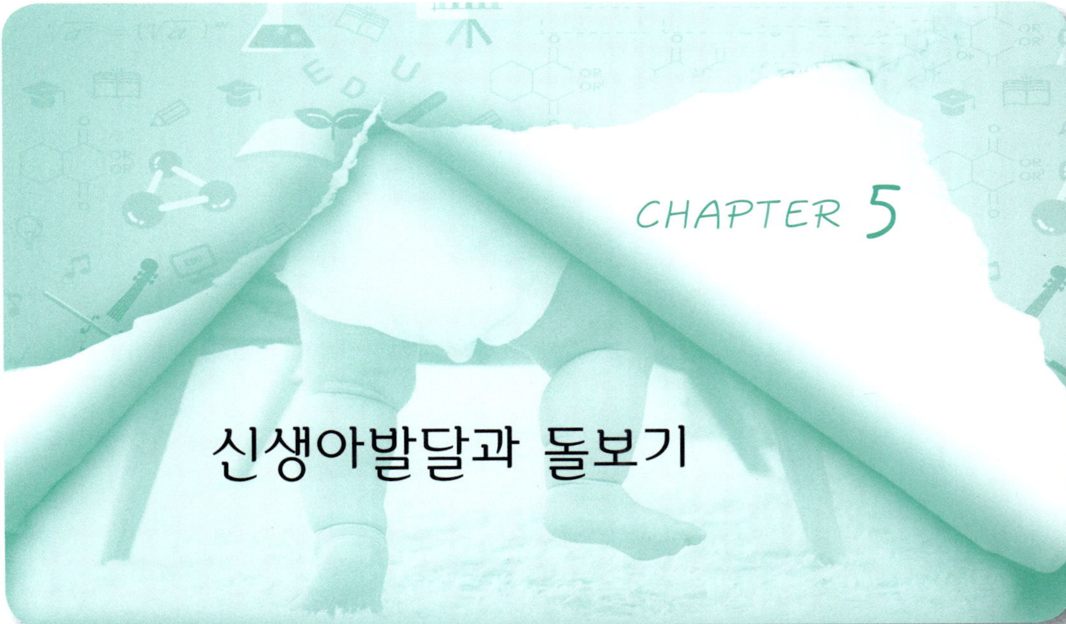

CHAPTER 5

신생아발달과 돌보기

신생아는 출생 후 약 2~4주까지의 아기를 일컫는다. 신생아는 어머니 자궁에서 나와서 커다란 환경적 변화를 경험하면서 외부 세계에 적응하고 독립적인 존재로 성장해 가는 데 필요한 능력을 키운다.

5장에서는 신생아의 발달 특징을 신체적 · 생리적 특징, 반사운동 능력, 감각능력으로 나누어 살펴보고, 신생아 건강 및 행동 평가방법을 알아보며, 신생아 돌보는 방법을 소개하고자 한다.

1 신생아발달

신생아의 발달을 신체·생리적 특징, 반사운동 능력, 감각기능으로 나누어 살펴보고자 한다.

1) 신체·생리적 특징

(1) 신체적 특징

갓 태어난 신생아의 피부색은 붉으며 주름이 많고 몸 전체가 끈적끈적한 태지(vernix caseosa)와 솜털로 덮여 있으나, 며칠이 지나면 피부는 건조해지고 솜털도 없어진다.

우리나라 신생아의 평균 신장은 남아 50.1cm, 여아 49.4cm, 체중은 남아 3.4kg, 여아 3.3kg이다(질병관리본부·대한소아과학회·소아청소년 신체발육 표준치 제정위원회, 2007). 대부분의 신생아는 생후 3~4일 동안 체중의 약 5~10% 정도가 감소한다. 이것을 생리적 체중 감소라고 하는데, 출생 후 신생아의 몸 표면에서 수분이 빠지고 대소변이 배출되기 때문에 나타나는 일시적 현상이다. 7~10일이 지나면 다시 출생 시의 몸무게를 유지하게 된다.

신생아는 머리 부분이 상당히 커서 머리가 키의 4분의 1 정도나 되며 머리둘레(약 34cm)가 가슴둘레(약 33cm)보다 크다. 또 신생아의 머리 모양은 출산 시 좁은 산도를 빠져나오느라 보기 흉하게 일그러지거나 길쭉한 모양일 수도 있으나 점차 정상적으로 회복된다.

(2) 생리적 특징

신생아의 호흡, 혈액순환, 체온, 소화와 배설, 그리고 수면의 특징은 다음과 같다(박성연, 2006; 이영 외, 2015; 조성연 외, 2005).

① 호흡

신생아의 호흡은 첫 울음으로 시작된다. 신생아의 호흡은 불규칙적이고 성인이 호흡하는 횟수의 두 배 이상으로 빠르며 복식호흡을 많이 한다. 신생아는 1분당 30~60회의 호흡을 한다.

② 혈액순환

태내기 동안에는 탯줄을 통해 혈액이 순환되지만 출생 후에는 모체로부터 완전히 독립되어 신생아의 순환계가 신체 각 부분으로 혈액을 순환시킨다. 신생아의 심장조절 기능이 아직 미숙하기 때문에 심장박동이 빠르고 불규칙하다. 맥박은 1분당 120~160회 정도이다.

③ 체온

임신 중 태아의 체온은 36.5℃로 일정하다. 그러나 출생 시 신생아는 새로운 환경을 접하면서 일시적으로 체온이 떨어지나 8시간 후에는 다시 정상으로 회복된다. 신생아의 체온은 성인보다 높은 37℃이다. 그 밖에 신생아는 땀샘이 잘 발달되지 않아 외계 온도의 영향을 받기 쉽고, 성인에 비해 체중에 대한 신체 표면적이 커서 피부에서 열이 많이 발산되므로 온도에 민감하게 반응한다.

④ 소화

신생아는 출생 직후부터 빨기 반사와 삼키기 반사 행동을 할 수 있을 뿐 아니라 소화를 위한 효소도 생성한다. 그러나 위가 수직 형태로 되어 있어서 한 번에 많이 먹지 못하고 토하기를 잘한다. 신생아는 2~3시간 간격으로 하루에 7~8회 정도 자주 먹으며 1회의 수유량은 30~60cc이다.

⑤ 배설

신생아는 출생 후 8~24시간 이내에 처음으로 대변을 배설하는데, 이것을 태변이라고 한다. 태변은 태내에서 형성된 노폐물이 배설된 것으로 끈적끈적하고 냄새가 없으며 암갈색 또는 암녹색을 띤다. 신생아의 대변은 수유방법에 따라 다르다. 즉, 모유수유를 하는 신생아는 노란색의 부드러운 변을 1일에 3~4회 배변하며 인공 수유아는 엷은 노란색의 단단한 변을 1일에 1~2회 배변한다. 한편, 신생아는 출생 후 24시간 이내에 30~40g의 소변을 배설하며 생후 2일부터 하루에 10~20회 정도로 소변을 본다.

⑥ 수면

신생아는 하루 중 대부분을 잠을 자며 지낸다. 하루에 16~20시간 정도 잠을 잔다. 보통 3~4시간을 자고 나서 조금 깨어 있다가 다시 잠자기를 반복하는데 점차 1회 수면 시간이 길어진다. 신생아의 경우, REM(rapid eye movement) 수면이라 불리는 불규칙한 수면 상태가 전체 수면 시간의 50% 정도를 차지한다. REM 수면이란 활동성 수면 또는 선잠이라고 하는데, 눈꺼풀 아래의 눈동자가 빠르게 움직이며 몸을 움직이는 상태로, 신생아는 REM 수면 상태에서 신경계 성장에 필요한 자극을 받게 된다(문혁준 외, 2014; 이영 외, 2015). REM 수면 비율은 점차 성장하면서 줄어들어 성인이 되면 20%로 감소한다.

2) 반사운동 능력

반사운동(reflex)이란 신생아가 어떤 특수한 자극에 대해 반사적, 비자발적으로 나타내는 반응을 의미한다. 신생아는 대뇌피질의 억제 작용이 발달되지 않아서 자발적인 운동은 거의 하지 못하고 반사적 운동만 한다. 신생아의 신경조직이 발달되면 반사운동은 사라지거나 의식적인 행동으로 대치된다. 신생아의 반사운동을 구체적으로 살펴보면 다음과 같다(최경숙, 2006; Gallahue & Ozmun, 2006).

(1) 모로 반사(Moro reflex)

Moro가 발견한 반사운동으로, 신생아의 위치가 갑자기 바뀌거나 큰 소리나 강한 빛을 갑자기 받게 될 때 신생아가 놀라면서 팔다리를 쭉 뻗었다가 다시 누구를 껴안는 것처럼 구부려 오므리는 반응을 말한다. 이 반사운동은 생후 2~4개월이 되면 사라지기 시작한다. 중추신경계의 심각한 장애가 있는 경우에는 모로 반사가 약하거나 나타나지 않는다.

(2) 잡기 반사(grasping reflex)

신생아의 손바닥에 무엇인가가 닿으면 손을 오므려서 꽉 잡는 현상을 잡기 반사 또는 파악(把握) 반사라 한다. 잡는 힘이 매우 강해서 막대기에 1~2분간 매달릴 수 있다. 생후 3~4개월 이후에는 사라지기 시작하고 4~5개월에는 의도적인 잡기행동으로 바뀐다.

(3) 바빈스키 반사(Babinski reflex)

신생아의 발바닥을 가볍게 어루만지면 발가락을 발등 쪽으로 부채처럼 쫙 펴는 반사운동이다. Babinski가 발견했으며 보통 생후 6개월 이후에 서서히 없어진다. 바빈스키 반사는 척추 하부조직에 결함이 있는 경우 나타나지 않는다.

(4) 걷기 반사(stepping reflex)

신생아의 겨드랑이를 두 손으로 잡아주고 발을 바닥에 닿게 세우면 무릎을 구부리고 두 발을 번갈아 움직이는 걷기 반사운동을 한다. 이 반사운동은 생후 2~3개월경에는 없어진다.

(5) 젖 찾기 반사(rooting reflex)

신생아의 입 주변을 자극하면 자극물을 향해 고개와 입을 돌리는데 이것을 젖 찾기 반사운동이라 한다. 신생아가 배가 고플수록 또 입에 가까운 부분을 자극할수록 더 민감하게 반응한다. 생후 3~4개월 이후에는 사라진다.

(6) 빨기 반사(sucking reflex)

신생아가 입에 닿는 무엇이나 빨려고 하는 것을 빨기 반사라 한다. 생후 3~4개월 이후에는 무의식적이고 반사적이 아닌 자신의 의지에 따라 빨기 행동을 한다.

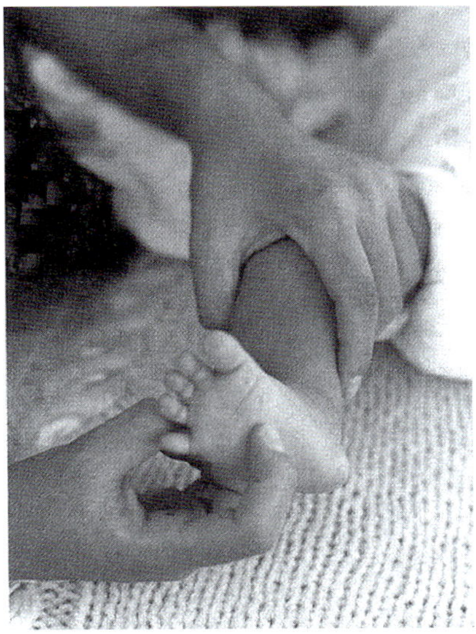

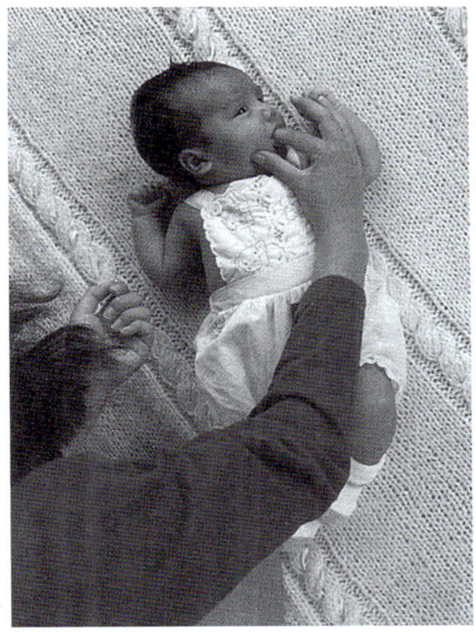

출처: Hetherington, et al.(2006: 126).

[사진 5-1] 바빈스키 반사

[사진 5-2] 빨기 반사

3) 감각기능

신생아는 출생 시 이미 시각, 청각, 미각, 후각, 촉각 등의 감각 능력을 가지고 태어나며 여러 가지 외부 자극에 대해 민감하게 반응하기 시작한다. 신생아의 감각능력을 간략하게 소개하면 다음과 같다(문혁준 외, 2014; 박성연, 2006; Snow, 1998; Santrock, 2005).

(1) 시각

출생 직후 신생아의 시각은 미성숙하여 물체에 초점을 맞추지 못하고 시선을 고정시키지 못한다. 그러나 출생 후 2일이 되면 눈에 빛을 비출 때 동공이 작아지는 동공 반응을 잘할 수 있다. 또 빛이 강할 때 눈꺼풀을 닫는 눈꺼풀 반사를 할 수 있으며 1~2주가 지나면 물체에 시선을 고정시킬 수 있게 된다. 또한, 신생아는 사람의 얼굴 모습을 선호하며 4주경에는 움직이는 물체를 따라가는 추적운동을 할 수 있다. 출생 초기에는 두 눈의 협응이 잘 이루어지지 않아 사팔뜨기 같으나 생후 1개월 이후에는 사시 현상이 사라진다. 그 밖에 신생아는 색에 민감하다. 붉은색, 초록색, 노란색, 파란색을 구별할 수 있으며 붉은색 물체보다는 초록색과 파란색 물체를 더 오래 응시한다.

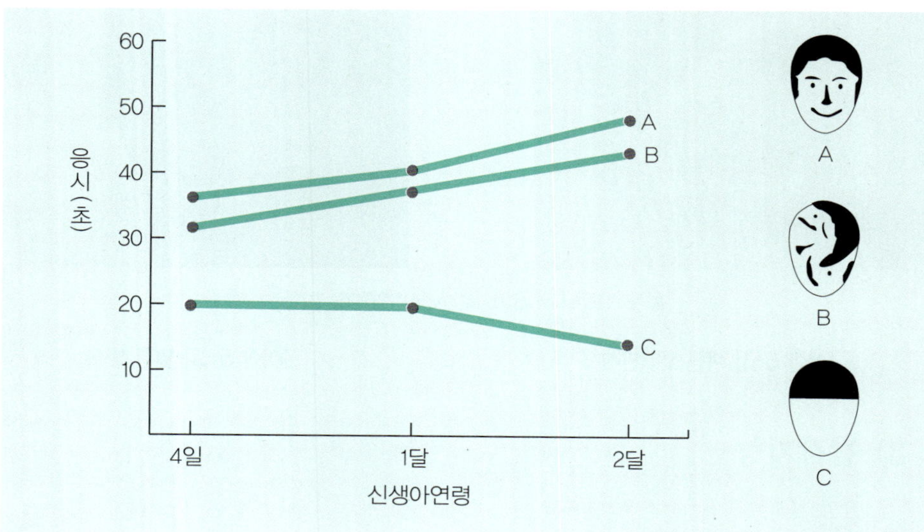

출처: Shaffer(2002: 189).

[그림 5-1] 신생아의 형태 선호도

사람 얼굴(A), 눈·코·입이 섞여 있는 얼굴(B), 눈, 코, 입이 전혀 없는 얼굴(C)을 제시하면 신생아는 사람 얼굴(A)을 가장 오래 응시하고 눈·코·입이 전혀 없는 얼굴(C)에 가장 짧게 응시한다.

(2) 청각

신생아의 청각능력은 태어나기 전부터 발달되어 있다. 즉, 임신 7개월쯤에는 청각 기능이 거의 완성되어 외계의 소리에 반응할 수 있게 된다.

출생 직후에는 귓속에 양수 등의 점액이 차 있기 때문에 소리에 반응하지 못하나 2~4일이 지나면 소리에 대해 반응하기 시작하여 소리가 들리는 방향으로 머리를 돌리는 등 소리의 위치를 알아낼 수 있다. 또한, 신생아는 소리구별 능력이 있으며 일반적으로 소음보다는 음악 소리를 더 선호하고 사람의 음성에 더 반응적이다. 그 밖에 남자의 음성보다 여자 음성을, 여자 음성 중에서도 엄마 음성에 더 귀를 기울이는 것으로 밝혀졌다. 그리고 태내에서 들었던 소리에 더 민감한 반응을 보인다.

(3) 미각

신생아는 생후 2주일 정도가 경과하면 기본적으로 단맛, 쓴맛, 신맛, 짠맛을 구별할 수 있으며 이를 얼굴 표정이나 심장박동, 빠는 동작으로 나타낸다. 즉, 신생아에게 설탕물을 주면 심장박동이 빨라지고 미소를 지으면서 강하고 빠르게 오래 빨아 먹는다. 그러나 신맛의 주스를 주면 얼굴을 찡그리고 빨기를 중단하거나 뱉어내는 반응을 보이고 쓴맛일 때는 머리를 흔들며 우는 반응을 한다. 신생아는 단맛을 가장 선호하는데, 이러한 단맛 선호는 태내기 때부터 발달된다고 한다. 생후 2, 3개월경에는 맛에 대한 기호가 생길 정도로 미각이 발달한다.

(4) 후각

기본적인 후각기관의 발달은 태내기 동안 이루어지므로 신생아의 후각능력도 어느 정도 발달되어 있다고 볼 수 있다. 신생아는 강하고 불쾌한 자극, 예를 들어, 암모니아, 초산 냄새에는 얼굴을 찡그리고 고개를 돌리는 거부반응을 보이며 맥박과 호흡이 빨라진다. 그러나 단 냄새에 대해서는 호의적인 반응을 보여서 냄새가 나는 쪽으로 머리를 돌리며 맥박과 호흡은 느려진다. 또 신생아는 젖 냄새와 다른 냄새를 구별할 수 있으며, 특히 엄마 냄새에 민감하여 엄마 냄새와 다른 여성의 냄새를 구별할 수 있다.

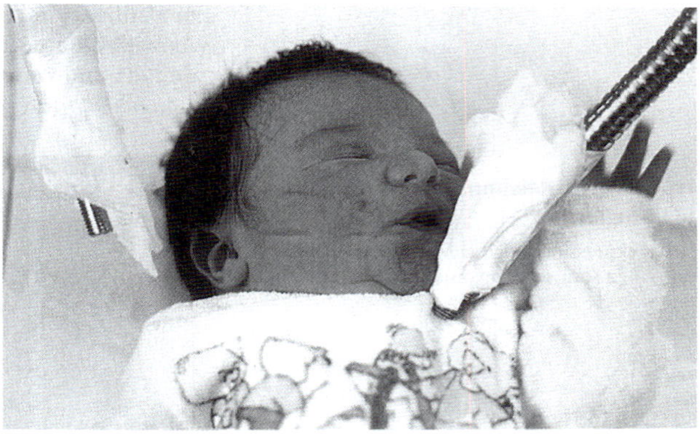

출처: Santrock(2005: 189).

[사진 5-3] 신생아의 후각 실험

(5) 촉각

촉각은 이미 태내기 동안에 많이 발달되어 있으며 신생아의 발달에 매우 중요한 역할을 한다. 특히, 피부접촉은 신생아를 진정시키는 효과가 있다. 신생아를 안아 주거나 등을 토닥거리는 등의 피부접촉을 통해 부모와 자녀간의 애착이 형성되며 신생아가 정서적으로 안정감을 얻을 수 있다. 또한, 피부접촉을 통해 신생아의 면역체계도 강화된다.

촉각에는 통각과 온도감각이 포함된다. 생후 1일 된 신생아도 강한 자극에는 반응을 보여 주사기 바늘로 찌르면 통증을 느끼는 듯 운다. 고통스러운 자극에 대한 반응은 급속히 증가하여 미세한 고통에 대해서도 민감하게 반응한다.

한편, 신생아는 온도 변화에도 민감하게 반응하여 실내 온도가 내려가면 신체운동을 더 활발히 한다. 또 우유가 너무 차갑거나 뜨거우면 호흡과 맥박이 불규칙해지고 울음을 터트린다.

2 신생아의 건강 및 행동 평가

신생아가 태어난 순간부터 건강하게 적응하고 있는지를 선별(screening)할 수 있는 몇 가지 방법이 있다. 본절에서는 아프가(Apgar) 척도, 브래즐톤의 신생아 행동평가척도(Brazelton Neonatal Behavior Assessment Scale: BNBAS)를 살펴보도록 하겠다(정옥분, 2004; Snow, 1998).

1) 아프가 척도

Apgar 박사가 개발한 이 척도는 출생 직후 신생아의 건강 여부를 측정하기 위해 출생 후 1분 그리고 5분 후에 반복하여 검사를 한다. 검사내용은 피부색(appearance), 맥박(pulse), 반사민감성(grimace), 근육상태(activity), 호흡(respiration) 등 5개 하위 검사로 구성되어 있다. 각 하위 검사마다 0~2점씩 배점하여 총점의 범위는 0~10점이며 점수가 높을수록 신생아의 건강상태가 좋은 것으로 해석한다. 아프가 검사 결과, 7점 이상이면 정상으로 간주하고 4점 미만이면 즉각적인 처치를 요하는 위험 상태로 진단한다.

〈표 5-1〉 아프가 점수 기준

상태	0점	1점	2점
피부색	푸른색, 창백함	몸체는 분홍빛, 손과 발은 푸른색	전체적으로 분홍빛
맥박	없음	1분당 100회 이하	1분당 100회 이상
반사민감성	무반응	얼굴을 찡그림	울음
근육상태	축 늘어짐	팔, 다리를 약간 구부림	활동적 움직임
호흡	없음	느리고 불규칙	힘찬 울음

2) 신생아 행동평가 척도

소아과 의사 Brazelton이 개발한 검사도구이다. 신생아 행동평가 척도는 신생아의 주위 환경에 대한 반응을 측정하는 신경학적, 행동적 평가방법으로 출생 후 3~7일경에 실시한다. 이 척도는 신생아가 방울 소리가 나는 쪽으로 얼굴을 돌리거나 검사자의 얼굴을 주시하는가, 신생아를 달래려는 검사자의 노력에 반응하는가 등의 총 30가지 검사를 통해서 신생아의 감각운동적 기능, 상태조절 기능, 반응능력, 사람과 환경에 대한 상호작용적 행동을 평가한다.

3 신생아 돌보기

1) 수유

갓 태어난 신생아는 대부분 모유(母乳)나 인공유(人工乳)를 먹으면서 성장한다. 다음에 신생아의 수유에 관해 상세히 살펴보고자 한다.

(1) 초유

출산 후 1~2일에 나오는 젖을 초유(初乳)라 하는데, 누르스름하고 묽으며 약간 끈적끈적하다. 초유에는 단백질과 비타민 A가 많이 함유되어 있을 뿐 아니라 질병에 대한 면역성분을 다량 함유하고 있어서 가급적 먹이는 것이 좋다. 또한, 초유는 신생아의 태변 배설을 촉진시켜 결과적으로 황달을 예방하는 데 도움을 준다(정미라 외, 2012).

(2) 모유수유와 인공수유

신생아에게는 모유를 먹이는 방법과 조제분유 등으로 인공수유를 하는 방법이 있다. 그러나 많은 학자들은 출산 후 산모의 건강문제, 직장문제로 모유수유가 어려운 경우를 제외하고는 적어도 6개월간 모유수유를 권장하고 있다. 그 이유는 모유수유가 인공수유에 비해 다음과 같은 장점을 가지고 있기 때문이다.

첫째, 모유의 성분은 신생아의 빠른 성장과 발달을 도모하는 데 가장 이상적이다. 모유에는 비타민 A, 지방, 단백질 등 신생아에게 필요한 영양분이 골고루 들어 있으며, 특히 모유의 단백질은 소화성이 뛰어나다.

둘째, 모유는 장내 박테리아의 증식을 도와주는 인자와 여러 가지 면역성분이 함유되어 있어 인공수유보다 알레르기 증상(예: 아토피)과 소화기 질병, 그리고 호흡기 질병(예: 감기, 기관지염, 폐렴, 알레르기)의 발병률을 낮추며 사망률도 낮춘다(정미라 외, 2012).

셋째, 모유수유를 통해 어머니와 신생아가 긴밀한 심리적 유대감을 형성할 수 있다. 어머니의 따뜻한 가슴에 안겨서 모유수유를 하는 동안 어머니와 신생아 사이에 빈번한 피부 접촉, 눈 접촉을 하고 어머니의 심장박동 소리를 들으며 심리적으로 안정감을 느끼고 서로에 대한 애정을 키우게 된다.

넷째, 모유수유는 준비하기에 간편할 뿐 아니라 경제적인 이점이 있다. 모유는 언제나 적절한 온도와 농도를 유지하고 아기가 원할 때 즉시 수유할 수 있기 때문에 편리하다. 또한, 인공수유할 때처럼 조제분유의 구입 비용이 들지 않으므로 경제적이다.

다섯째, 모유수유는 자궁의 수축을 촉진시켜 산모의 자궁을 원상태로 회복시키는 기간을 단축시키며 배란이 억제되어 수유기간에는 자연 피임이 된다. 그 밖에 유방암 예방에도 효과적이라고 한다(정옥분, 2012; 조경자 · 이현숙, 2010).

〈표 5-2〉 모유수유의 장점

신생아	단기	• 신생아의 성장을 도모하는 영양분 함유
		• 소화기, 호흡기 질병의 발병률을 낮추고, 알레르기 증상완화
		• 철분 흡수 촉진
		• 골밀도 강화
	장기	• 인공수유아보다 IQ 높음
		• 읽기 이해력 우수
		• 소아암, 알레르기 증상, 소아당뇨 발병 가능성 낮음
		• 사춘기 골밀도 높음
어머니		• 신생아와 심리적 유대감 형성
		• 간편한 준비
		• 자궁 및 체중의 원상태 회복 촉진
		• 배란 억제

출처: Hetherington et al.(2006: 189).

(3) 수유방법

수유 시간과 수유 자세, 위생 관리 등 수유하는 방법과 수유 시 유의사항에 대해 살펴보면 다음과 같다(김일옥 · 최경순, 2004; 보건복지부, 2013; 조경자 · 이현숙, 2010).

① 수유 시간

수유시간을 정해놓고 엄격하게 지키려고 애쓰기보다는 신생아의 개인적 요구나 신체조건을 고려하여 융통성 있게 수유하는 것이 바람직하다. 수유 간격은 신생아의 소화력, 모유의 양, 수유 후 신생아의 활동 여부 등에 따라 영향을 받게 되므로 개인차를 무시하고 일정한 시간을 정해 놓고 수유하는 것은 옳지 않다. 월령별 수유 횟수와 수유량은 다음 표와 같다.

〈표 5-3〉 월령별 수유 횟수 및 1회 수유량

월령	수유 횟수(1일)	수유량(1회)	비고
1주~1개월 이하	대략 3시간 간격	120~140ml	
1~3개월	5~6회	140~180ml	
4~5개월	이유식 시작 후 4~5회	180~210ml	이때부터 취침 전 수유하지 않아도 됨
6~8개월	3~4회	210~240ml	
9~12개월	2~3회	210~240ml	

출처: 식약처·어린이 급식관리지원센터(2015: 7).

② 수유 자세

수유를 할 때 어머니와 신생아 사이에 충분한 피부접촉이 이루어지도록 노력한다. 즉, 어머니는 신생아가 안정되고 만족스러운 상황에서 젖을 먹을 수 있도록 기쁜 마음으로 신생아를 가슴에 안고 수유하는 것이 좋다. 또한, 신생아와 시선을 주고받으며 쓰다듬어 주거나 부드럽게 이야기를 하면서 수유함으로써 신생아가 심리적 만족감을 얻으면서 공복감을 채울 수 있도록 한다. 특히, 인공수유의 경우, 1회 수유 시간이 7~10분 정도로 모유수유의 15~20분보다 훨씬 짧을 뿐 아니라 신생아와의 피부접촉이 부족할 수 있으므로 유의해야 한다.

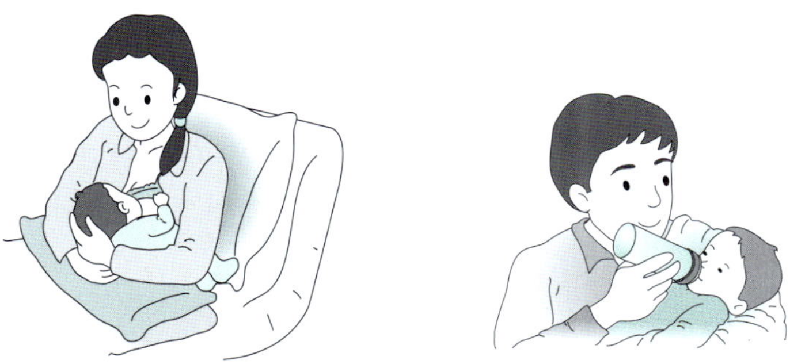

[그림 5-2] 수유하는 모습

③ 모유수유

모유수유를 하는 경우, 이쪽저쪽 유방을 번갈아 조금씩 빨게 하는 것보다 한쪽의 모유를 다 먹인 후에 다른 쪽 모유를 먹이는 것이 좋다. 처음 나오는 젖과 나중에 나오는 젖의 성분이 다를 뿐 아니라 한 번 고인 젖을 다 먹어야 빨리 생성되기 때문이다. 또한, 모유수유를 하는 어머니는 열량을 더 섭취하고 여러 가지 영양분, 예를 들어, 단백질, 철분, 칼슘, 비타민을 골고루 섭취하도록 한다. 한편, 어머니가 약물, 알코올, 카페인 등을 복용하거나 흡연을 하면 모유를 통해 아기에게 전달될 수 있으므로 주의해야 한다. 그 밖에 극심한 공포, 불안, 흥분 등으로 인해 모유의 분비가 억제될 수 있으므로 모유 분비를 촉진시키기 위해 항상 정서적으로 안정된 생활을 해야 한다.

④ 인공수유

인공수유를 하는 경우에는 위생관리를 철저히 하고, 조제분유의 농도와 온도를 적절히 맞추도록 유의해야 한다. 즉, 분유를 탈 때는 끓인 물을 사용하고 우유병, 젖꼭지 등의 소독을 철저히 한다. 우유 농도를 적절히 맞추어 신생아의 소화기관에 부담을 주거나 영양실조가 되지 않도록 한다. 또한, 조제분유는 약간 따뜻한 온도가 적절하며 우유를 어른 손목 안쪽에 떨어뜨려서 따뜻한 정도면 된다.

⑤ 트림시키기

수유가 끝난 후에는 트림을 시킴으로써 수유 중에 신생아가 들이마신 공기를 제거해야 한다. 트림을 시키려면 신생아의 등을 받쳐서 세워 안고 등을 부드럽게 토닥거리면 된다.

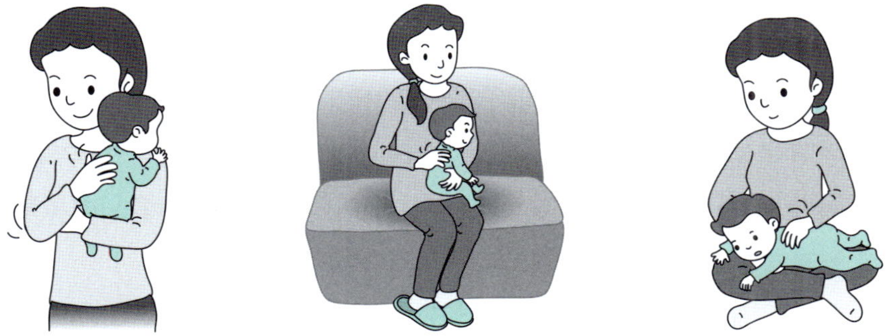

[그림 5-3] 트림시키는 방법

2) 기저귀 갈기

소변은 성분이 산성이므로 신생아의 피부를 자극하고 피부발진을 일으킬 수 있다. 기저귀를 찬 부위는 세균이나 효모균의 서식처가 되기 때문에 기저귀를 갈아야 할 시간을 잘 맞추어서 갈아준다. 신생아의 엉덩이와 외음부의 피부는 항상 청결하고 건조하게 유지되도록 기저귀를 간 후에는 엉덩이와 외음부를 씻긴다. 특히, 피부가 접히는 곳을 유의해서 닦는다. 닦은 후에는 아기용 보습제를 발라준다. 파우더는 신생아의 호흡기로 흡입될 수 있으므로 사용하지 않는 것이 좋다. 신생아가 대변을 보았을 경우, 젖은 종이타월로 깨끗이 닦고 기저귀를 갈아준다. 이때 여아는 요도에 변이 들어가지 않도록 앞쪽에서 뒤쪽으로 닦아주어야 한다(김일옥 · 최경순, 2004; 보건복지부, 2013).

기저귀를 가는 동안 신생아에게 부드럽게 이야기하면서 긴밀한 상호작용을 함으로써 기저귀 갈기가 기분 좋은 경험으로 인식되도록 한다.

3) 목욕시키기

신생아의 배꼽이 아물기 전까지는 목욕을 시킬 때 배꼽에 물이 들어가지 않도록 주의해야 한다. 목욕시키는 시간은 저녁에 잠을 자기 전이나 수유하기 전이 적합하다. 목욕물의 온도는 38~39℃로 어른의 팔꿈치를 물에 넣었을 때 따뜻하게 느껴지는 정도가 알맞다.

목욕은 우유를 먹고 1시간 정도 지났을 때가 가장 적절하다. 목욕 시간이 길면 신생아가 지칠 수 있으므로 약 10분 이내로 한다. 목욕하는 시간이 신생아의 마음을 안정시키는 즐거운 시간이 되도록 아기에게 다정하게 이야기를 해주거나 부드럽게 닦아주는 것이 좋다. 또한, 목욕 중에 신생아의 눈에 비누가 들어가거나 코와 귀에 물이 들어가지 않도록 주의한다. 목욕 후에는 보습제를 발라주고 감기가 들지 않도록 체온조절에 신경을 써야 한다(조경자 · 이현숙, 2010).

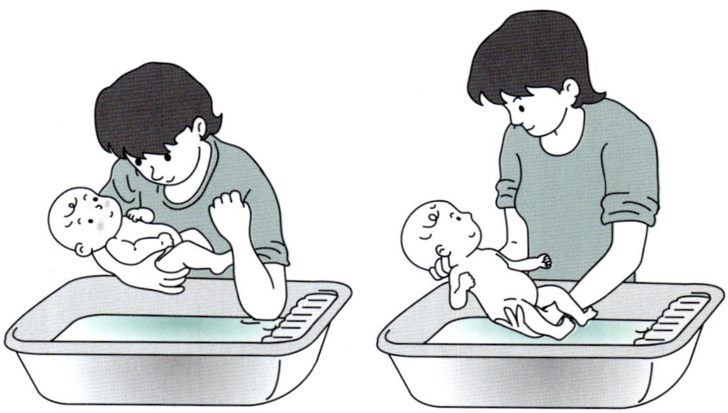

[그림 5-4] 신생아 목욕 시키기

4) 의복

신생아는 신진대사 활동이 왕성하여 땀이 많이 나고 외부의 기온이나, 신체적, 생리적 변화에 민감하므로 신중하게 의복을 선택해야 한다. 신생아의 의복은 흡수력이 좋은 면직물로 만든 것이 좋다. 또 입히고 벗기기 쉬워야 한다. 특히, 색깔이 엷은 옷이 좋은데 신생아의 안색을 정확하게 관찰하는 데 도움이 되기 때문이다. 또 신생아의 의복은 디자인이 복잡하거나 장식이 많은 것은 부적절하며 활동이 자유롭도록 크기가 넉넉한 것이 좋으며 소매도 길어서 손톱으로 얼굴을 할퀴지 않도록 한다(보건복지부, 2013).

CHAPTER 6

신체운동발달과 교육

인간의 발달이 총체적으로 일어난다고 하지만 모든 발달의 기본은 신체운동발달이다. 영유아기 동안 신체운동발달이 이루어지지 않으면 전인적 발달을 기대하기 어렵다. 신체가 정상적으로 발육하고 소근육과 대근육 등의 운동능력이 기능적으로 발달하며 기본적인 생리적 욕구가 충족되어야 건강한 삶을 유지할 수 있다.

6장에서는 영아기, 유아기의 신체운동발달 특성, 뇌와 신경계발달, 건강 및 안전을 살펴보고 영유아의 신체운동 발달을 도모하기 위한 지도방법을 구체적으로 소개하고자 한다.

1 영아기 신체운동발달

영아기 동안의 가장 놀라운 변화는 몸을 조절하지 못하는 무기력한 존재에서 스스로 이동하거나 움직일 수 있는 독립된 존재로 발달한다는 사실이다. 이 시기의 신체적 성장, 운동능력, 생리적 기능에 대해 살펴보면 다음과 같다.

1) 신체 성장

영아기는 일생 중 신체발달이 가장 빠른 시기로 신체의 모든 부분이 급속한 성장을 보인다. 신장과 체중의 증가뿐 아니라 신체의 비율이 변화하게 된다. 또한, 두뇌와 뼈, 그리고 근육이 발달하고 치아가 나기 시작한다.

(1) 신체 크기 변화

영아기 동안 신체는 빠르게 성장하며, 이러한 신체적 성장이 모든 발달의 기초가 된다.

영아기 키와 체중의 변화를 살펴보면, 키의 성장은 몸무게 증가에 비해 속도가 느리다. 영아의 키는 1년 후 출생 시 키(49.4~50.1cm)의 1.5배가 되며, 2년이 되면 성인 평균 신장의 약 1/2로 성장한다. 체중은 출생 시 3.3~3.4kg이었으나 3개월이 되면 출생 시의 2배 정도로 증가되고, 1년이 되면 출생 시의 3배가 된다. 2세에는 성인 체중의 1/5~1/6로 성장한다(질병관리본부 · 대한소아과학회 · 소아청소년 신체발육 표준치 제정위원회, 2007).

우리나라 영아의 신장과 체중을 개월별로 살펴보면 다음과 같다.

〈표 6-1〉 한국 영아의 신장 및 체중

	남아		여아	
	신장(cm)	체중(kg)	신장(cm)	체중(kg)
출생	50.12	3.41	49.35	3.29
1~2개월	57.70	5.68	56.65	5.37
2~3개월	60.90	6.45	59.76	6.08
3~4개월	63.47	7.04	62.28	6.64
4~5개월	65.65	7.54	64.42	7.10
5~6개월	67.56	7.97	66.31	7.51
6~7개월	69.27	8.36	68.01	7.88
7~8개월	70.83	8.71	69.56	8.21
8~9개월	72.26	9.04	70.99	8.52
9~10개월	73.60	9.34	72.33	8.81
10~11개월	74.85	9.63	73.58	9.09
11~12개월	76.03	9.90	74.76	9.35
12~15개월	78.22	10.41	76.96	9.84
15~18개월	81.15	11.10	79.91	10.51
18~21개월	83.77	11.74	82.55	11.13
21~24개월	86.15	12.33	84.97	11.70
24~30개월	89.38	13.14	88.21	12.50

출처: 질병관리본부 · 대한소아과학회 · 소아청소년 신체발육 표준치 제정위원회(2007: 124).

(2) 두뇌의 발달

출생 시 신생아의 두뇌 무게는 성인의 약 1/4 정도(350g)이나 생후 약 6개월이 되면 성인 두뇌 무게의 약 50%(700g), 2세 무렵에는 약 75%(1,000g), 5세경에는 약 90%에 이르게 된다. 머리 둘레의 크기도 이 시기 동안 가장 빠르게 성장한다. 출생 시 34cm이던 머리 둘레가 12개월에는 46cm, 2세에는 48cm 정도로 증가하게 된다. 따라서 영아기를 두뇌 성장 급등기(brain growth spurt)라고 한다(최경숙, 2006).

그러나 신생아의 머리뼈 중 6개의 천문(fontanelle: 숫구멍)은 아직 경골화되지 않은 연한 조직이다. 두개골 뒷부분의 소천문은 생후 3~4개월 정도에 봉합되고 두개골 앞부분의 대천문은 생후 14~18개월에 모두 닫힌다(Snow, 1998).

(3) 뼈와 근육의 발달

영아의 뼈는 성인의 뼈보다 크기가 작고 수도 적으며 유연하다. 영아의 뼈는 유연하기 때문에 크게 손상을 입는 경우가 거의 없고 회복도 빠르다. 영아기부터 부드러운 뼈가 단단해지는 경화(ossification)현상이 일어나며 청년기가 될 때까지 꾸준히 지속된다.

한편, 근육섬유의 수는 성인과 같으나 근육의 크기는 키나 몸무게에 비례하여 증가한다. 출생 후 1년까지는 근육을 자발적으로 움직이는 기능(voluntary muscles)이 완전히 발달되지 않은 상태이기 때문에 영아가 신체를 많이 움직이는 활동을 한 경우에는 피곤을 빨리 느낀다(정옥분, 2004; 조성연 외, 2005).

(4) 유치의 발달

치아에는 유치와 영구치가 있다. 유치는 모두 20개이고 영구치는 32개이다. 태아기부터 턱 속에 형성되어 있는 유치는 일반적으로 출생 후 6개월경에 나타나기 시작한다. 그러나 유치가 나오는 시기는 개인차가 있어 출생 시 이미 유치가 나와 있는 경우도 있고 12개월이 지나서야 유치가 나오는 경우도 있다.

일반적으로 처음 나오는 치아는 아래 앞니 2개이다. 가끔 순서가 바뀌어 송곳니가 먼저 나오는 경우도 있으나 심각한 이상이 있는 것은 아니다. 생후 24~30개월이 되면, 유치 20개가 모두 나오게 된다. 유치는 크기가 작고 조직이 연할 뿐 아니라 뿌리도 얕아서 충치가 되기 쉽다(김일옥 · 최경순, 2004; 이영 외, 2015; 정옥분, 2004).

2) 생리적 기능

영아는 독립적인 생존을 위해 스스로 자신의 생리적 기능을 조절해야 한다. 영아기에 발달되는 생리적 기능을 수면, 영양, 배설로 나누어 살펴보면 다음과 같다.

(1) 수면

태어나서 신생아기까지는 하루 일과 중 잠자는 시간의 비중이 상당히 높으나 생후 6~8주 정도가 되면서 수면 시간이 줄어들기 시작한다. 6개월 정도가 되면 밤새 깨지 않고 계속 잠을 자며, 낮 동안의 활동 시간이 증가함에 따라 낮잠의 횟수도 줄어든다. 일반적으로 출생 후 1세까지는 낮잠을 포함하여 하루 16시간 이상, 2~3세는 12~15시간의 수면이 필요하다(유효순 외, 2014).

한편, 신생아 때 50%이었던 REM(rapid eye movement) 수면은 3개월이 되면서 40%로 감소하고 24개월경에는 30%로 줄어든다. 전체 수면 시간 중 점차 non-REM이 증가하면서 영아는 호흡과 맥박이 규칙적이고 몸의 움직임이 줄어드는 조용하고 깊은 잠을 취하게 된다(Berger, 2003).

(2) 영양

영아의 성장 발육이 빨라지고 활동이 왕성해짐에 따라 더 많은 칼로리와 여러 영양소의 섭취를 필요로 한다. 또한, 유치가 나고 모유나 음식에 대한 생리적·심리적 욕구가 생기게 되므로 이때부터 이유를 시작해야 한다.

이유(weaning)란 젖을 떼는 것으로, 영양원이 모유나 우유 이외의 음식으로 바뀌어가는 것을 뜻한다. 이유 시기는 영아에 따라 개인차가 크지만 세계보건기구(WHO)와 국제아동구호기금(UNICEF)에서는 체중이 출생 시 2배가 될 때 또는 체중이 7kg 정도가 될 때가 바람직하다고 권고하고 있다. 이러한 권장 사항과 일반적인 영아의 성장에 근거하여 볼 때, 이유는 보통 생후 4개월경 유동식으로 시작하며 영아의 발육과 건강 상태를 고려하여 계획적으로 실시해야 한다(삼성복지재단, 2005).

(3) 배설

일반적으로 영아는 잠에서 깨어났을 때 또는 수유를 시작하기 직전이나 수유 도중에 배설을 한다. 대변의 경우, 생후 8주가 되면 하루에 두 번 정도 배설하고 6개월 이후에는 한 번 배설한다. 소변의 경우, 생후 12개월까지는 보통 2시간 간격으로 배설하나 연령이 증가할수록 소변의 배설 간격이 길어진다. 그에 따라 소변을 배설하는 횟수는 줄어들며 소변의 양이 많아진다.

영아 초기의 배설은 방광이나 직장이 가득 차면 괄약근이 자동적으로 열리면서 이루어진다. 이것은 대소변 통제에 필요한 신경과 근육이 성숙되지 않았기 때문이다. 배변 훈련은 수의적으로 괄약근이 통제되는 시기에 시작할 수 있는데, 대변은 13개월, 소변은 20개월부터 가능해진다(조성연 외, 2005).

3) 손의 조작능력

영아는 눈앞에 보이는 사물을 잡으려 하거나 손에 잡히는 사물을 쥐고 흔드는 등 손을 많이 움직인다. 생후 2~3개월까지 이러한 손의 움직임은 반사적인 행동으로 나타난다. 그 이후에는 눈과 손의 협응력이 발달되면서 사물을 향해 손을 뻗어 잡고 조작하는 행동이 점차적으로 가능해진다.

4~5개월경에는 블록과 같은 사물을 어설프게 잡는다. 이때에는 엄지손가락을 쓰지 않고 나머지 손가락과 손바닥을 사용하여 사물을 잡는다. 6~7개월에는 한 손에서 다른 손으로 사물을 옮겨 쥐기도 한다. 손가락의 협응이 이루어지는 11~12개월에는 손가락과 엄지를 이용하여 작은 물건을 잡을 수 있다(Hetherington, et al., 2006).

영아가 능숙하게 사물을 잡을 수 있게 되면 여러 가지 방법으로 사물을 조작하기 시작한다. 8~11개월에는 사물을 떨어뜨리거나 던지고 사물이 떨어지면서 나는 소리를 들으려 한다. 12개월에는 끼워져 있는 장난감을 잡아 빼려 하고 18개월에는 2~3개의 블록을 쌓는다. 생후 24개월이 되면 스스로 숟가락으로 밥을 먹을 수 있게 된다.

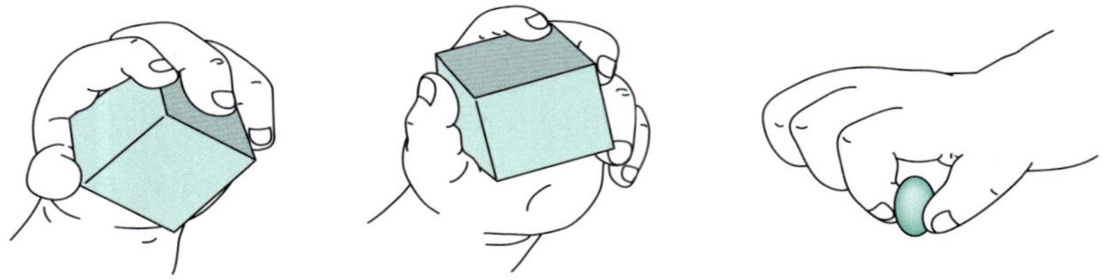

[그림 6-1] 손의 조작능력

4) 보행의 발달

영아는 걸어 다닐 수 있게 되면서 서서히 독립적인 존재로 성장해 간다. 영아의 보행능력은 머리 들기와 뒤집기, 앉기, 기기, 일어서기가 순서적으로 진행되면서 걷기가 가능해진다(박성연, 2006; Gallahue & Ozmun, 2006).

(1) 머리와 몸통의 통제

생후 3주가 되면, 양옆으로 머리를 돌릴 수 있으며 엎드린 상태에서 방향을 돌릴 수 있을 만큼 머리를 들 수 있다. 3개월경이 되면 팔을 짚고 머리와 가슴을 들 수 있으며, 4개월에는 몸통을 옆과 뒤로 돌릴 수 있게 된다. 5, 6개월에 이르면 영아는 빛을 따라 머리를 돌릴 수 있으며 뒤집기도 가능해진다.

(2) 앉기

영아가 몸통을 통제할 수 있게 되면 앉는다. 4개월경에는 받쳐주면 앉고 5개월경에는 지지대 없이 잠시 앉아 있을 수 있다. 6~7개월이 되면 혼자서도 잘 앉아 있는다.

(3) 기기

생후 7개월경에 기는 행동이 나타난다. 대부분의 영아는 머리와 가슴은 들고 배는 바닥에 댄 상태로 손과 팔꿈치에 의지하여 발을 끌거나 밀면서 앞뒤로 이동한다. 때로는 엎드려 기는 대신 앉은 자세로 엉덩이와 발을 이용하여 기기도 한다.

(4) 잡고 일어서기와 걷기

생후 8~9개월이 되면, 몸을 의지할 수 있는 가구를 잡고 일어나기 시작한다. 가구를 잡고 일어선 후, 손으로 가구를 잡고 발을 떼면서 방안을 돌아다닌다. 12개월경에는 스스로 첫발을 떼게 되는데, 몸의 균형을 잡기 위해 양 손을 어깨 높이로 올린 채 무릎을 구부린 상태로 발을 벌리고 걷는다.

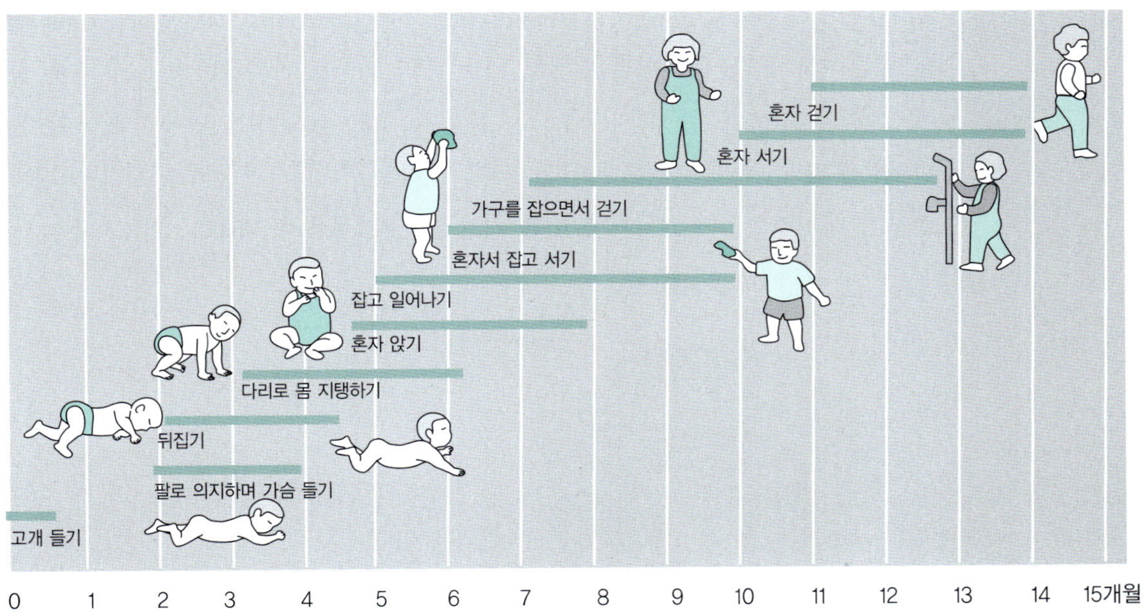

출처: Santrock(2005: 171).

[그림 6-2] 보행의 발달

2 뇌와 신경체계발달

뇌발달은 영아기에 급속도로 이루어진다. 본절에서는 뇌의 구조, 신경체계의 발달을 소개하고자 한다.

1) 뇌의 구조

뇌는 인간이 환경에 적응하거나 대응하도록 모든 생리기제 및 신체 기관을 조절하고 지원, 통제하는 역할을 하여 생명체의 활동을 가능하게 해 주는 중요한 기관이다(배소연, 2014). 뇌를 위에서 바란 본 모습은 좌반구와 우반구로 나뉘어 있으며 이 두 개의 반구는 각기 다른 기능을 담당하는 대뇌피질(cerebral cortex), 소뇌(cerebellum), 뇌간(brainstem), 시상(thalamus), 해마(hippocampus)로 이루어져 있다. 대뇌피질은 전체 뇌 무게의 80%를 차지하며 사고, 추론 등 복잡한 인지능력을 관장한다. 소뇌는 운동기능과 자세교정을 담당하고, 뇌간은 반사운동과 신체기능을 통제한다. 또한, 해마는 기억을 관장하고 시상은 감각정보가 대뇌피질에 전달되도록 하는 기능을 한다(정옥분, 2012).

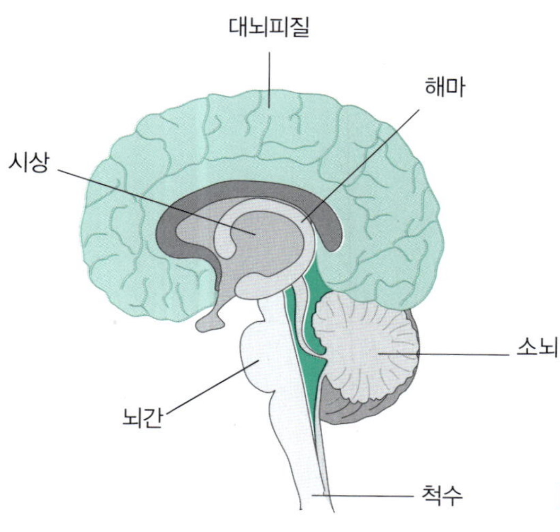

[그림 6-3] 뇌의 구조(옆면)

뇌의 여러 부분 중 가장 고등 정신 기능을 담당하는 대뇌피질은 다시 네 영역으로 구분된다. 즉, 대뇌피질은 전두엽(frontal lobe), 측두엽(parietal lobe), 후두엽(temporal lobe), 두정엽(occipital lobe)으로 이루어져 있다. 전두엽은 사고와 운동 기능을 관장하고 측두엽은 청각, 언어발달, 기억력을 관장한다. 후두엽은 시각을 통제하고 두정엽은 공간지각, 신체감각을 관장한다(박성연, 2006).

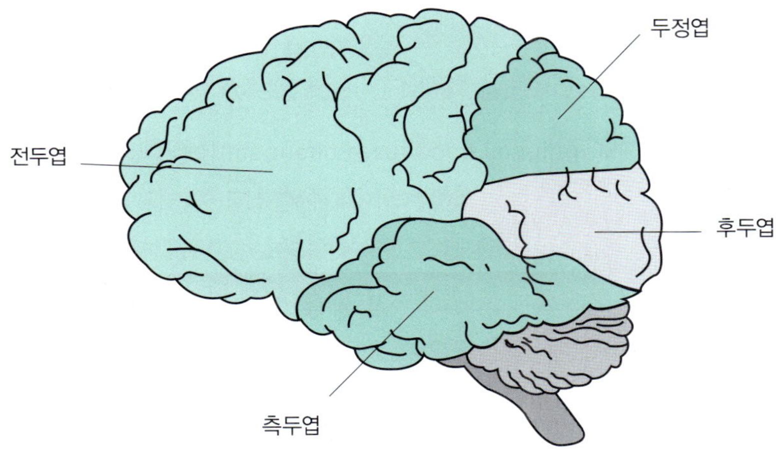

[그림 6-4] 대뇌피질의 네 영역

2) 신경체계의 발달

인간의 뇌발달 과정에서 가장 중요한 것은 정보를 저장하고 전달해 주는 신경체계의 발달이다. 신경체계의 기본 단위는 뉴런(neuron), 즉, 신경세포이다. 신경세포는 세포체(cell body), 수상돌기(dendrites), 축색돌기(axon), 말초신경섬유(terminal fibers)로 구성되어 있다. 세포체는 신경세포의 몸체이며 수상돌기는 감각을 수용하는 역할을 하고, 축색돌기는 정보를 전달하는 역할을 한다. 말초신경섬유는 축색돌기 끝에 붙어 있는 신경섬유로, 축색돌기를 통해 전달되는 정보를 다른 신경세포의 수상돌기에 연결하는 역할을 한다(정옥분, 2004; Bee, 1995).

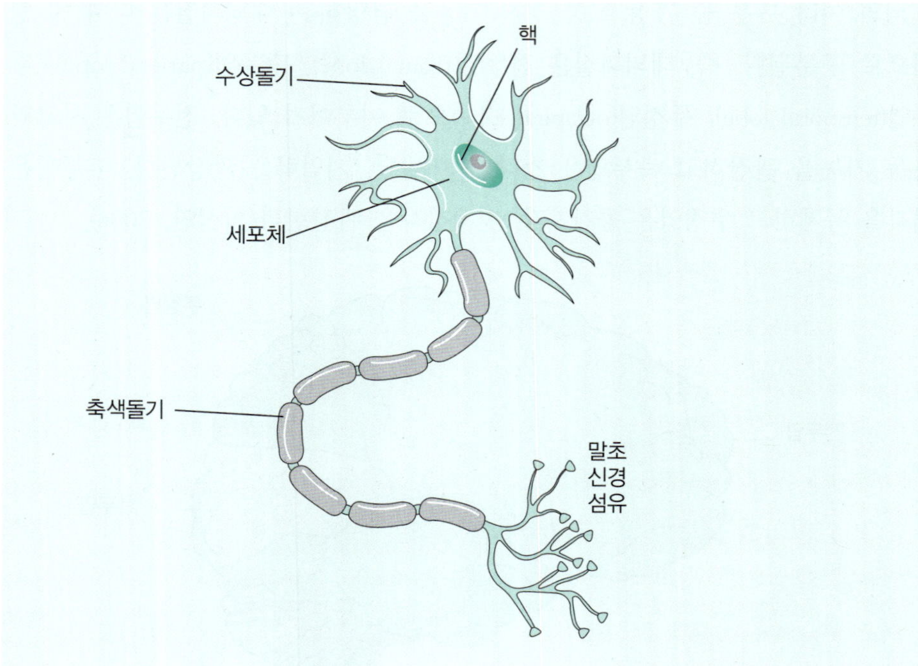

출처: 유효순 · 원혜경 · 김정희(2013: 153).

[그림 6-5] 신경세포(뉴런)의 구조

신경세포는 수정 후 18~22일경부터 발달하기 시작하여 태내 5~6개월경에는 신경세포 증식이 거의 완료된다. 인간은 약 1,000~2,000억 개 정도의 신경세포를 가지고 태어나는데, 이후에는 더 이상 새로운 신경세포가 만들어지지 않는다. 오히려 성장하면서 신경세포의 수는 점차 줄어든다. 이러한 현상을 '과잉 생성 후 선택적 소멸과정'으로 설명할 수 있다. 즉, 출생 전후에 가장 많은 신경세포를 가지고 있다가 불필요한 것을 버리면서 뇌의 구조와 기능을 다듬어 가는 것이다(최경숙, 2006). Kolb와 Whishaw(2001)는 뇌가 만들어지는 현상을 찰흙 덩어리의 조각 과정으로 비유하였다. 뇌는 커다란 머리 형상이 완성될 때까지 작은 덩어리에 흙을 계속 덧붙여가는 방식으로 만들어지는 것이 아니라 큰 찰흙 덩어리를 가지고 원하는 형상이 나올 때까지 불필요한 부분을 떼어내고 깎아내는 방식으로 만들어진다(김태련 외, 2004, 재인용).

출생 이후 신경세포는 증가하지 않지만 여러 생리학적 변화를 통해 뇌 발달이 이루어진다. 이를 간략히 설명하면 다음과 같다(배소연, 2014).

(1) 시냅스 형성

출생 시 신경세포는 서로 연결되어 있지 않다. 그러나 출생 이후 여러 경험을 하면서 신경세포 간에 연결이 이루어진다. 신경세포들 간의 연결을 시냅스(synapse)라 한다. 시냅스의 형성은 평생 계속되는데, 출생 후 1년 동안 급속히 증가한다.

시냅스는 실제로 사용되어질 것보다 거의 2배 정도 많이 만들어진다. 시냅스가 일단 형성되더라도 사용되지 않는 시냅스 연결은 다른 경로로 대체되거나 소멸되고, 사용되는 시냅스 연결은 더욱 강화되어 생존하게 된다(Casey, Durston, & Fossella, 2001). 예를 들어, 출생 시에는 모든 언어의 음소 변별능력을 가지고 있지만 그 가운데 모국어 처리 시냅스는 더욱 정교해지는 반면, 자극받지 못하는 외국어 처리 시냅스는 사라진다는 것이다. 시냅스의 소멸은 신경체계를 보다 기능화하기 위한 과정이다. 즉, 자극받지 못하거나 사용하지 않는 시냅스를 없앰으로써 기능을 정교화하고 세분화해 나간다(김태련 외, 2004).

(2) 신경회로 구축

시냅스들이 모여서 특정 기능을 담당하는 신경회로(neural circuits)를 구축한다. 신경회로가 구축될 때는 시각이나 청각 등 감각을 담당하거나 기초적인 정보를 분석하는 신경회로가 먼저 만들어지고 이를 토대로 하여 고차원적인 인지능력이나 복잡한 정보처리 기능을 담당하는 신경회로가 발달한다. 예를 들어, 색, 모양 등 기본 정보를 분석하는 신경회로는 얼굴표정과 같이 복잡한 분석을 담당하는 신경회로보다 먼저 만들어진다.

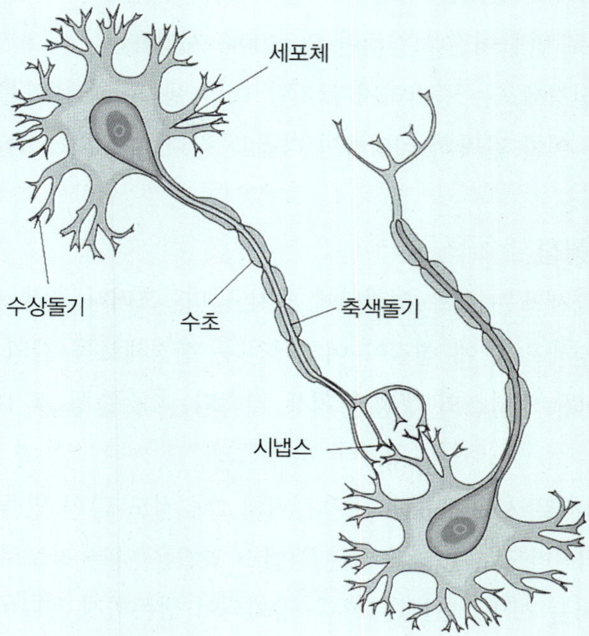

출처: Shaffer(2002: 148).

[그림 6-6] 시냅스와 수초화

(3) 수초화

시냅스가 발달할 무렵이 되면 수초화(myelination)도 이루어지기 시작한다. 수초화란 신경세포의 축색돌기 둘레에 일종의 보호덮개인 수초(myeline)가 형성되는 것이다. 수초화가 이루어짐으로써 뇌에서 지시하는 정보가 신체의 각 부위로 빠르고 정확하게 전달되며 신경세포간의 정보 전달을 돕는다. 수초화는 임신 4개월부터 출생 후 1년 사이에 시작되어 2세 때 최고조에 달하고 그 이후에도 느린 속도로 계속된다(최경숙, 2006).

(4) 가지치기: 필요 없는 시냅스나 신경회로의 소멸

3세 이후부터 청소년기까지 영유아기에 만들어졌던 시냅스와 신경회로 가운데 자주 사용되지 않는 것들은 소멸된다. 이를 가지치기(pruning)라고 한다. 다시 말해, 지나치게 발달한 시냅스와 신경회로는 오히려 정보 전달의 효율성을 저해하므로 자주 사용하는 연결망은 강화하고 잘 사용하지 않는 것은 가지치기를 하는 것이다. 가지치기를 통해 뇌가 더 효율적이고 활동적인 기능을 할 수 있게 된다. 아울러 가지치기와 관련하여 뇌발달의 가소성(plasticity)에 주목해야 한다. 즉, 뇌발달이 지속적인 경험에 의해 변화될 수 있음을 의미하므로 이런 변화가 가장 활발하게 일어나는 영유아기에 적절한 경험을 제공하는 것이 매우 중요함을 알 수 있다.

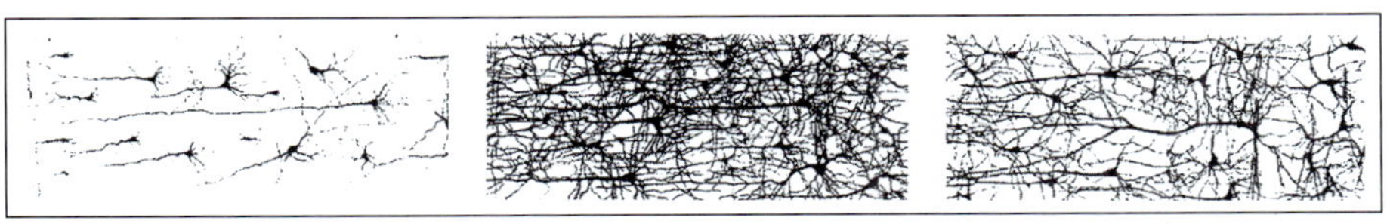

출처: 정미라 외(2013: 12).

[그림 6-7] 가지치기

3) 뇌발달의 영향요인

뇌발달은 유전과 환경의 상호작용에 의해 일어난다. 뇌발달에 영향을 미치는 요인에 관해 간략히 살펴보면 다음과 같다(배소연, 2014).

(1) 유전

유전요인은 뇌신경세포의 기본적인 특성이나 시냅스를 형성하는 과정, 신경회로의 구축 등에 영향을 미친다.

(2) 영양

두뇌 성장에 필요한 다양한 영양소를 충분히 섭취해야 뇌발달이 촉진된다. 특히, 뇌발달에 직접적으로 영향을 미치는 철분, 지방, 단백질을 영유아기에 충분히 공급하는 것이 중요하다. 단백질 결핍증인 쇠약증(marasmus)으로 사망한 영유아는 같은 연령의 정상아보다 뇌 세포의 수가 적은 것으로 밝혀졌다. 단백질뿐 아니라 철분 결핍도 영유아의 두뇌반응 속도를 늦추는 원인이 된다(박혜진, 2005; Roncagliolo et al., 1998).

(3) 경험

다양한 경험은 두뇌발달에 필수적이다. 다양한 경험을 반복하면 뇌가 더 많은 자극을 받게 되고, 그 결과로 자극과 관련된 시냅스와 신경회로가 더 많이 형성되며 수초 형성이 촉진되므로 뇌발달이 활발하게 이루어진다. 더욱이 뇌발달의 가소성을 고려할 때 영유아기의 풍부한 경험이 적절한 시기에 제공되는 것이 매우 중요함을 알 수 있다.

(4) 스트레스

스트레스도 뇌발달에 영향을 미치는 중요한 요인이다. 사람은 스트레스를 받으면 스스로를 보호하기 위해 스트레스 제어체계가 작동한다. 심장박동이 증가하고 혈압이 상승하며 아드레날린(adrenaline)과 코티솔(cortisol)이라는 호르몬 분비가 증가한다. 특히, 스트레스 상태가 오래 지속되어 코티솔이 과다 분비되면 이미 구축된 시냅스와 신경회로들을 파괴하거나 변형시켜 뇌발달 및 기능의 문제를 야기시킨다.

(5) 부모 및 양육자와의 상호작용

영유아가 부모나 양육자와 어떤 상호작용을 하는가도 뇌발달에 영향을 미치는 중요한 요인이다. 영유아가 부모와 상호 지지적이고 반응적인 관계를 맺으면 뇌발달에 필요한 신체적, 정서적, 언어적, 인지적 경험을 다양하고 충분하게 할 수 있으므로 뇌발달이 촉진된다. 또한, 양육자와 우호적이고 긴밀한 상호작용을 함으로써 신뢰감을 갖게 되고 정서적으로 안정되어 뇌발달이 촉진된다.

3 유아기 신체운동발달

유아기가 되면 신체적 성장과 기초적인 운동능력을 갖추게 되어 주변 환경을 탐색하고 자신의 운동능력을 시험해 보고자 바쁘게 움직인다. 이러한 활발한 행동을 통해 호기심을 충족시킬 뿐 아니라 신체조절 능력을 더욱 발달시키게 된다. 유아기의 신체성장 및 운동발달 과정을 살펴보면 다음과 같다.

1) 신체 성장

(1) 신체 크기의 변화

유아기는 영아기에 비해 키와 몸무게의 성장 속도가 점차 완만해진다. 3세아의 키(남아 96.70cm, 여아 95.56cm)는 연평균 약 5~7cm씩 증가하여 5세경에는 출생 시 키의 2배, 6세 때에는 성인 키의 65% 정도로 성장한다. 몸무게의 경우, 매년 2~3kg 정도씩 증가하여 5세경에는 출생 시 몸무게의 5배, 6세에는 성인 몸무게의 30% 정도로 성장한다. 몸무게는 키보다 불규칙한 성장을 보이며 개인차가 크다.

우리나라 3~7세아의 신장과 체중은 다음과 같다.

〈표 6-2〉 한국 유아의 신장 및 체중

	남아		여아	
	신장(cm)	체중(kg)	신장(cm)	체중(kg)
3~3.5세	96.70	14.92	95.56	14.32
3.5~4세	100.30	15.91	99.20	15.28
4~4.5세	103.80	16.97	102.73	16.30
4.5~5세	107.20	18.07	106.74	17.35
5~5.5세	110.47	19.22	109.40	18.44
5.5~6세	113.62	20.39	112.51	19.57

출처: 질병관리본부·대한소아과학회·소아청소년 신체발육 표준치 제정위원회(2007: 124).

한편, 출생 시 머리의 크기는 키의 약 1/4 정도로 4등신이었으나 유아기 동안 팔다리가 급속히 성장하면서 머리의 비율이 낮아지고 성인의 신체 비율과 비슷해진다(Shaffer, 2002).

(2) 뼈 및 근육의 발달

2세 이후 연골은 더 빠르게 경골화된다. 뼈가 단단해짐에 따라 외관도 튼튼해지고 내부기관도 보호된다. 또한, 골격의 발달은 운동발달과 몸의 균형에도 중요하게 작용한다(조성연 외, 2005). 연령이 증가하면서, 안쪽으로 굽은 유아의 다리는 곧게 펴지고 무릎과 팔의 자세가 바르게 된다.

6세가 되면, 불룩 나왔던 배가 들어가고 살이 빠지고 근육이 단단해진다. 그러나 아직 어깨와 골반 근육이 발달되지 않아서 남성적, 여성적 체격 특성은 나타나지 않는다.

2) 운동발달

유아기는 대 · 소근육이 발달하고 신체의 균형, 각 부분의 협응력 등 기초적인 운동능력이 발달하는 시기이다. 이러한 운동능력의 향상은 유아의 자아 인식을 발달시키는 데 결정적인 역할을 한다. 몸 움직임을 통해 자신의 신체적 이미지를 형성해 나간다. 자기 신체에 대해 어떠한 개념을 갖느냐에 따라 자신의 능력을 인식하고 자신감을 갖게 되므로 이 시기의 정상적인 운동발달은 매우 중요하다.

또한 유아기에는 새로운 운동 기술을 획득할 뿐 아니라 미숙하였던 운동기능을 반복하여 더욱 숙련시킨다. 3세 이후 달리기, 공 던지기, 자전거 타기 등의 대근육 운동발달은 더욱 가속화된다. 가위 사용하기, 옷 입고 벗기, 그리기와 쓰기 등의 소근육 운동발달은 4, 5세에 활발히 일어난다. 유아기 운동발달을 대·소근육 운동발달로 나누어서 살펴보면 다음과 같다.

(1) 대근육 운동발달

3, 4세가 되면 활동범위가 상당히 넓어지며 걸어 다니기보다는 달리거나 뛰어다닌다. 달리거나 뛰는 것 자체에 흥미를 느낀다. 처음에는 똑바로 잘 달리지 못하나 4, 5세가 지나면서 어느 정도 속도를 내어서 달릴 수 있고, 6세 이후에는 보다 더 안정된 자세로 잘 달린다.

한편, 유아는 공 던지기를 좋아한다. 처음에는 주로 어깨와 팔꿈치를 움직여 공을 던지나 4세가 되면 팔목을 사용하여 앞으로 공을 던질 수 있다. 5세에는 균형 잡힌 자세로 옆으로 던지기가 가능하며 6세에 이르면 던지는 동작이 유연하고 정확해진다(Gallahue & Ozmun, 2006).

유아의 운동능력이 발달되면서 놀이활동도 다양해진다. 미끄럼틀을 탈 수 있고 그네를 타기도 한다. 그 외에 철봉에 매달리거나 정글짐을 기어 오르내리는 등 기구를 이용하는 놀이를 즐기게 된다. 놀이기구 중 이동 가능한 자전거는 특히, 이 시기의 유아가 선호하는 놀이기구이다. 3세경에는 세발자전거의 페달을 돌릴 수 있으며, 5, 6세경이 되면 두발자전거도 탈 수 있다(Seefeldt & Barbara, 2006).

(2) 소근육 운동발달

손으로 사물을 조작하는 소근육 운동능력은 놀이를 통해 자연스럽게 발달한다. 종이 접기나 자르기는 영유아가 즐기는 행동 중 하나로, 3세가 되면 한 번이나 두 번 정도의 종이 접기를 할 수 있다. 또한, 혼자 가위를 사용하여 종이를 자르기도 한다. 종이 위에 그려진 선대로 따라 자르는 것은 3세 말이 되어야 가능하다.

[사진 6-1] 종이 접기와 가위로 자르기

한편, 숟가락 · 젓가락 사용하기, 옷 입기 등 기본 생활습관과 관련된 신체조절 능력은 반복적인 연습으로 점차 능숙해진다. 3세아는 엄지손가락과 집게손가락으로 숟가락을 잡으며, 포크로 음식물을 먹을 수 있다. 젓가락은 4세부터 사용할 수 있는데, 처음에는 젓가락을 서투르게 사용하지만 6세 이후에는 능숙해진다.

옷을 입기 위해서는 벗을 때보다 더 발달된 운동 기술을 필요로 한다. 3세가 되면, 혼자 양말을 벗고 단추를 뺄 수는 있다. 그러나 옷 입기는 아직 서툴러 양말이나 셔츠를 거꾸로 입는 것이 보통이다. 4세경에는 팬티를 혼자 입을 수 있고 모자를 혼자 쓸 수도 있다. 이 시기에는 단추를 끼울 수 있으며 간단한 옷을 입을 수 있다. 개인차가 있기는 하지만 5, 6세경에는 어떤 옷이든 입고 벗을 수 있으며, 혼자서 신발을 신고 끈도 맬 수 있다(조성연 외, 2005).

4 건강 및 안전

영유아기는 신체활동이 급속히 증가하는 시기로, 각종 질병과 안전사고에 노출될 가능성이 커진다. 영유아의 건강 및 안전을 질병, 안전사고로 나누어 살펴보고자 한다.

1) 질병

신생아는 모체로부터 면역체를 받아 태어나고 또 모유수유를 통해서도 질병에 대한 저항력을 갖는다. 그러나 이러한 면역 기능이 점차 소실되면서 영유아기에는 여러 가지 질병에 걸리기 쉽다. 특히, 바이러스에 의한 질병은 가정이나 기관에서 갑자기 발병할 가능성이 높다. 영유아에게 자주 발병될 수 있는 질병은 다음과 같다(정미라 외, 2012).

(1) 감기

감기는 영유아에게 특히 많이 발병되는데, 호흡에 의해 감염될 수 있으며 감기 든 영유아와 신체적 접촉을 통해서도 감염될 수 있다. 특히, 신체 저항력이 약해졌거나 호흡기 알레르기가 있는 경우, 영양이 부족한 상태에서 더욱 쉽게 발병된다.

(2) 식중독

식중독은 여러 가지 살모넬라균이 주된 원인이다. 상하거나 오염된 음식을 먹은 후 6~48시간 후 갑자기 발생하여 두드러기, 구역질, 설사, 복통 등이 나타난다. 고열이 나며 1~2일 동안 계속된다.

(3) 수두

수두는 전염력이 강한 질병으로, 바이러스에 의해 발병되며 직접 접촉 또는 공기 전염으로 감염된다. 초기에는 발열, 권태감, 식욕부진 등이 나타나며 하루가 지나면 가슴부터 발진이 시작되어 입 안을 포함한 온몸으로 퍼지게 된다.

(4) 일본 뇌염

일본 뇌염 바이러스 보균 모기에 의해 감염되는 질병이다. 개인에 따라 머리가 조금 아프다든지 미열이 나는 증상을 보이다가 저절로 완치되는 경우도 있다. 그러나 고열과 함께 목이 아프고 소화장애, 구토증상이 나타나면 응급처치를 받아야 한다. 모기가 왕성하게 활동하는 시기에 발병되므로 깨끗한 환경을 유지하고 영유아가 모기에 물리지 않게 해야 한다.

(5) 볼거리

볼거리는 바이러스에 의해 발생하며 공기 감염으로 전염된다. 1~2일 동안 타액선이 붓는데, 이때 발열, 두통, 식욕부진, 구토, 근육통 등이 나타난다.

수두와 볼거리 등의 전염병은 예방접종으로 면역이 가능하다. 예방접종은 출생 직후부터 실시해야 하며, 백신 종류에 따라 추가접종도 해야 한다.

영유아기 동안 접종해야 할 백신은 다음과 같다(정미라 외, 2012; 질병관리본부, 2015).

〈표 6-3〉 예방 접종의 시기와 백신 종류

접종 시기	백신 종류
0~1주	B형 간염
0~4주	BCG
1개월	B형 간염
2개월	B형 간염, DTap(백일해, 디프테리아, 파상풍), 폴리오(소아마비 백신), 폐렴구균(PCV)
4개월	DTap, 폴리오, 폐렴구균(PCV)
6개월	B형 간염, DTap, 폴리오, 폐렴구균(PCV), 인플루엔자
12~15개월	MMR(홍역, 유행성 이하선염, 풍진, 수두, 인플루엔자
12~36개월	일본 뇌염
18개월	DTap
4~6세	DTap, 폴리오, MMR
6세	일본 뇌염

출처: 정미라 외(2012: 184).

2) 안전사고

영유아들은 위험한 상황을 잘 인식하지 못하고 신체조절 능력이 미숙하기 때문에 우발적인 사고를 잘 일으키게 된다. 또한, 호기심, 모험심, 모방심, 영웅심 등 영유아의 심리적 요인과 성인의 부주의한 감독으로 사고는 더욱 빈번해진다. 만 14세 이하 어린이의 안전사고 실태를 조사한 한국소비자원(2012)에 따르면, 영유아의 안전사고는 연령별로 만 1세아의 발생빈도가 가장 높았고(20.7%), 만 6세 이하가 77.6%로, 영유아의 안전사고가 가장 빈번한 것으로 밝혀졌다. 안전사고의 발생은 가정(60.7%)에서 가장 많이 일어났으며 사고 유형별로는 충돌·충격이 가장 많았다.

영유아기에 발생빈도가 높은 안전사고의 유형을 살펴보면 다음과 같다(한국소비자원, 2012).

(1) 추락사고와 질식사고

놀이를 하다가 빈번하게 일어나는 사고는 추락사고와 질식사고다. 영유아가 실외에서 뛰기놀이를 하다가 급히 위치를 바꾸거나 높은 놀이기구에 올라가다 떨어져 사고가 발생한다. 또한, 크기가 작은 놀잇감이나 부속품을 삼켜서 질식하는 경우도 많다. 그 밖에 숨바꼭질을 하다가 또는 호기심으로 버려진 냉장고나 자동차 안에 들어가 질식하는 경우도 있다

(2) 교통사고

영유아기는 성인에 비해 시야가 좁고 청력도 뒤떨어질 뿐 아니라 자기중심적으로 생각하는 특성이 있기 때문에 사고의 위험성을 예측하지 못한다. 자전거를 타고 있거나 도로 위에서 놀고 있는 영유아는 운전자가 위험 상황을 빨리 인식하여 자동차를 멈출 것이라고 생각하여 적절한 대처를 하지 못한다.

(3) 화상

가정에서 부주의로 발생되는 사고는 화상이다. 가스레인지의 불에 손을 대는 경우, 뜨거운 물을 엎지르는 경우, 콘센트에 뾰족한 쇠붙이를 넣는 경우, 뜨거운 다리미를 만지는 경우 등 일상생활 속에서 중화상을 입을 수 있는 상황은 다양하다.

(4) 약물사고

약물사고는 가정에서 많이 발생한다. 영유아기는 호기심이 왕성하고 무엇이든 새로운 것을 탐색하기 좋아하는 시기이다. 이런 시기에 부모의 부주의로 집안에 의약품을 방치하면 영유아가 호기심에서 약을 입에 넣거나 마심으로써 사

고가 발행한다. 때로는 안전하게 보관되지 않은 살충제, 세탁용 세제, 표백제, 매니큐어 용품 등에 의한 사고도 일어난다.

5 신체운동발달을 위한 지도방안

건강하게 성장하기 위해서는 적절히 먹고 잘 배설하고 편안히 잠을 자는 등 일차적인 생리적 욕구가 충족되어야 한다. 또한 영유아가 규칙적인 생체리듬에 따라 건강한 생활습관을 형성하도록 지도해야 한다. 뿐만 아니라, 영유아기에 발생될 수 있는 각종 사고에 대비한 안전 지도와 신체운동발달을 촉진시킬 수 있는 운동놀이 지도를 병행해야 한다.

1) 건강 생활습관 지도

생활습관의 형성이 중요한 의미를 갖는 것은 건강한 삶이 이러한 습관에서 비롯되기 때문이다. 영유아기에 형성되는 생활습관은 성인이 된 이후에도 지속되므로 더욱 중요하다고 볼 수 있다. 영유아기에 형성되어야 할 건강한 생활습관은 먹기, 잠자기, 배설하기, 이 닦기 등에 관련된 것이다.

(1) 식습관 지도

영유아기는 신체활동이 급격히 증가하는 시기로 단위 체중당 필요로 하는 영양소와 열량이 성인에 비해 높다. 성인의 경우, 이미 성숙한 신체를 유지하고 근육운동과 정신활동에 소요되는 영양만 필요로 하지만 성장과정에 있는 영유아들의 경우, 신체를 구성하고 운동능력을 발달시키는 데 소요되는 영양분이 부가적으로 더 필요하기 때문이다. 따라서 신체운동발달을 최대한 촉진시키기 위해서는 무엇보다도 충분하고 균형 있는 영양 공급이 이루어져야 한다.

그러나 어린 영유아들은 치아의 발달 특성상 음식물을 씹는 능력이 성인에 비해 현저히 뒤떨어지며, 위의 섭취 용량이 제한되어 있고 소화능력도 미숙하므로 한꺼번에 많은 음식을 먹을 수 없다. 섭식행동도 자주 변해서 평소에 잘 먹던 음식을 어느 날 갑자기 거부하거나, 식품의 기호나 식욕이 자주 바뀌고, 좋아하는 음식만을 고집한다(정미라 외, 2012). 흔히 이와 같은 섭식행동을 편식이라 한다. 편식지도와 최근에 문제가 되고 있는 소아비만에 대해 살펴보면 다음과 같다.

① 편식의 원인 및 지도

- 원인: 특정 음식을 억지로 먹은 경험, 체한 경험, 목에 가시가 걸린 경험 등이 편식의 원인으로 작용한다. 또한, 부모의 식습관에 따라 부모가 편식하는 음식을 똑같이 편식할 수 있으며 이유 시기에 단맛에만 길들여진 경우에도 새로운 맛에 대해 부정적인 행동을 보이게 된다.

- 지도: 영유아가 편식을 하면, 부모나 교사는 음식을 강제적으로 먹게 하거나 화를 낸다. 이러한 성인의 강압적인 태도는 오히려 영유아의 식습관에 부정적인 영향을 미칠 수 있으므로 인내심을 갖고 천천히 지도해야 한다(김일옥 · 최경순, 2004).

  영유아들이 새로운 음식을 받아들이도록 하기 위해서는 한 번에 한 가지씩 새로운 음식을 소개한다. 영유아에게 탐색할 수 있는 시간을 먼저 주며 처음에 줄 때는 조금만 준다. 또한, 새로운 음식을 먹지 않겠다는 영유아를 야단치지 말고 며칠 후에 다시 시도해 본다. 그래도 거부하는 경우, 음식의 조리법을 변화시킨다. 그 밖에 영유아와 함께 음식을 만들어서 먹게 하는 것도 좋은 지도방법이다.

② 소아비만 지도

최근에는 음식물의 과잉섭취로 인한 소아비만이 심각해지고 있다. 비만은 고혈압, 당뇨, 심장병의 원인이 될 뿐 아니라 심리적 문제를 발생시킨다. 비만아는 또래에게서 소외되기 쉽고, 자기 스스로 부정적인 자아개념을 갖게 되어 대인관계 형성에 어려움을 겪기도 한다(정미라 외, 2012).

비만의 원인은 우선 유전적 요인에서 찾을 수 있으나 가정의 식습관이 더 큰 원인이 될 수 있다. 즉, 부모가 초콜릿, 과자, 콜라, 아이스크림 등 당분이 많이 들어간 음식을 선호하는 경우, 자녀 또한 단 음식물에 길들여지기 쉽고 따라서 비만이 되기 쉽다. 이외에도 습관적으로 과식을 하거나 컴퓨터, TV나 책 보기 등 칼로리 소모량이 적은 활동을 즐기는 영유아는 비만이 될 확률이 높다(김용성, 2001; 유효순, 2007).

(2) 수면 지도

충분한 수면은 영유아의 건강을 유지하고 질병의 감염을 막을 수 있는 기본 조건이다. 영유아는 성장하면서 점차 수면 시간이 줄어들고 주로 밤에 자며 낮에는 깨어 있다. 부모나 교사는 영유아의 개별적인 특성을 고려하여 어려서부터 적절한 수면 습관을 들이도록 지도해야 한다. 특히, 활동량이 많고 성장속도가 빠른 영유아기에는 밤잠 이외에 낮잠도 필요하다. 낮잠은 일상생활에서 쌓인 피로를 풀고 정서적 안정감을 얻으며 활기찬 활동을 하기 위해 꼭 필요하다. 대개 2세 정도가 되면 낮잠이 줄어드나 5~6세까지는 1시간 정도 낮잠을 자게 하는 것이 좋다.

수면 지도에서 유의해야 할 사항은 다음과 같다(보건복지부, 2013; 중앙보육정보센터, 2008).

- 실내조명, 온도와 소음 등을 조절하여 쉽게 잠들 수 있는 환경을 마련해

주는 것이 중요하다. 실내온도는 22~23℃가 적절하다.

- 잠자기 전에 잠옷을 입히고 좋아하는 인형이나 이불을 가지고 잘 준비를 하게 한다. 양육자가 곁에서 낮은 목소리로 책을 읽어주거나 자장가를 불러주거나 조용한 음악을 들려주면 도움이 된다.
- 영유아 개인별로 선호하는 수면자세가 있으나 엎드려 재우면 질식의 위험이 있으므로 안전을 위해 등을 바닥에 대고 누워 자도록 한다.
- 생후 12개월 미만의 영아에게는 수면 중에 갑자기 사망하는 영아돌연사 증후군(sudden infant death syndrome: SIDS)의 발병 가능성이 있으므로 영아가 잠자는 동안 세심하게 살펴보아야 한다.

(3) 배변 지도

18~24개월경 방광과 항문의 괄약근을 조절할 수 있는 능력이 생기면 배변 지도가 가능해진다. 대소변을 조절하는 능력에는 개인차가 있다. 일반적으로 남아보다는 여아가 배변 습관이 빠르게 형성되며, 또한 괄약근의 성숙 정도에 따라서도 배변 훈련 시기가 달라진다.

배변 훈련을 하기 위한 실제적인 방안을 소개하면 다음과 같다(보건복지부, 2013; 삼성복지재단, 2005; 유효순 외, 2014).

- 적절한 배변 훈련 시기를 정하여 서두르지 말고 일관성 있게 실시한다.
- 배변 훈련에 적합한 변기를 선택하며, 영유아에게 변기의 용도를 설명해 주고 인형 등을 활용하여 친밀감을 느끼게 한다.
- 영유아의 표정이나 행동을 통해 배변의사가 파악되면 변기에 앉히는 연습을 시작한다. 규칙적으로 대소변 가리는 연습을 한다.
- 영아의 곁에 있다가 용변을 보고 난 후에는 용변 본 것을 보여 주며 칭찬을 해 준다.
- 변기에 앉은 후 5분 정도가 지나도 용변을 보지 않으면 변기에서 내려오게

한다. 무리한 배변 훈련은 역효과를 낼 수 있다.

- 배변 후에는 손을 씻도록 지도한다. 부모나 교사가 올바르게 손 씻는 방법을 알려주고 지속적으로 반복시켜 손 씻는 습관을 들이도록 지도한다.

(4) 치아 관리

영유아기에 형성된 치아 관리 습관은 평생 건강한 치아를 유지하는 데 중요한 영향을 미친다. 특히, 영아기에는 치아가 다 발육되지 않기 때문에 구강 위생 관리에 소홀할 수 있다. 구강관리를 잘하지 않으면 호흡기질환과 소화기질환에 걸리기 쉬우므로 수유나 음식을 먹인 후에 치아를 청결하게 해주어야 한다. 이가 나기 전에는 영아의 잇몸을 부드러운 거즈로 닦아 준다. 이가 2~4개 나기 시작하면 영아용 칫솔을 사용하기 시작한다.

또한, 첫 번째 어금니가 난 후부터는 유아용 칫솔을 사용하는 것이 좋다. 처음에는 부모가 칫솔 사용하는 방법을 알려주고 점차 유아 스스로 해 보도록 지도한다. 규칙적으로 이 닦는 습관을 들이도록 식사 후와 취침 전에 이와 혓바닥을 닦도록 지도한다. 유아가 혼자서 칫솔질을 하더라도 유아의 손이 미치지 않은 부분은 부모나 교사가 도와주어야 한다(보건복지부, 2013; 유효순 외, 2014; 정미라 외, 2012).

2) 안전 지도

영유아의 안전사고는 개인과 가정에 신체적, 정신적 문제뿐 아니라 경제적 문제를 초래한다. 사고에 의한 상해가 치유될 수 있다 하더라도 장기간의 치료나 요양이 필요한 경우가 발생할 수 있기 때문이다. 따라서 양육자 스스로 안전에 대한 올바른 인식을 갖추고 영유아기에 빈번하게 발생되는 안전사고의 원인을 파악하여 사고 요인을 사전에 제거해 주어야 한다. 또한, 영유아가 스스로 사고나 위험한 상황을 인지하고 그러한 상황에서 적절하게 대처할 수 있는 능력을 갖추고 습관화할 수 있도록 지도해야 한다.

영유아기에 필요한 안전교육을 가정 및 기관에서의 안전지도, 교통안전지도, 유괴 · 미아 사고 등 사고 유형별로 살펴보면 다음과 같다(교육과학기술부, 2012).

(1) 가정 및 기관에서의 안전 지도

영유아의 안전사고는 집안이나 어린이집, 유치원에서 빈번하게 발생한다. 성인에게는 위험하지 않다 하더라도 영유아에게 치명적인 사고를 유발시킬 수 있는 요소는 곳곳에 있다.

영유아의 안전을 위해 양육자가 숙지해야 할 내용은 다음과 같다.

- 가정이나 기관의 시설물, 놀잇감이나 놀이기구를 안전하게 사용하도록 반복적으로 지도한다. 예를 들어, 계단을 오르내릴 때는 반드시 난간을 잡고 한 칸씩 오르내리게 하며, 놀잇감을 용도에 맞게 안전하게 사용하도록 지도한다.
- 가스레인지나 전기레인지, 난방기 주변의 감독을 철저히 한다. 또한, 드라이어, 다리미, 전동 공구 등 위험한 제품은 영유아의 손이 닿지 않는 곳에 보관하고 위험성을 알려준다.
- 해로운 음식과 먹을 수 없는 약품에 대해 설명해 주고 아무거나 먹지 말고 부모나 교사가 주는 것만 먹도록 지도한다.

(2) 교통안전 지도

교통안전 교육을 통해 영유아가 사고의 위험성을 인식하고 대처할 수 있는 능력을 길러 주며, 교통 관련 지식을 익히게 하여 교통안전에 대해 올바른 태도를 형성하게 한다.

영유아에게 교통안전을 지도하기 위한 방안을 소개하면 다음과 같다(유효순

· 원혜경 · 김정희, 2013).

- 길가나 도로에 혼자서 나가지 않도록 지도한다.
- 횡단보도를 건너는 방법에 대해 실제 체험을 통해 지도하면 효과적이다. 우선 교통 신호의 의미를 이해시키고 횡단보도 앞에서 일단 멈추어 서서 녹색 신호가 되기까지 기다려야 한다는 사실을 주지시킨다. 영유아에게는 반복 학습이 도움되므로 지속적으로 지도하고, 정한 약속을 지켰을 때는 칭찬해 준다.
- 자동차에 타면 제일 먼저 안전띠를 매도록 지도한다.
- 버스나 차를 타고 내릴 때는 차가 완전히 멈춘 후에 타고 내리도록 반복하여 지도한다. 또한, 주차장이나 자동차 뒤에서 놀지 않도록 지도한다.
- 성인이 교통질서를 잘 지키는 모델이 되어야 한다. 성인은 교통질서를 지키지 않으면서 영유아에게만 요구하면 교육적 효과가 없다.

(3) 유괴 · 미아 사고의 예방

부모의 실수나 유괴범에 의해 영유아를 잃어버리는 사고가 발생할 수 있다. 이러한 사고를 예방하기 위해서는 우선 양육자가 영유아를 잘 보호해야 하고 영유아에게는 유사시 어떻게 행동해야 할지에 대해 미리 가르쳐주어야 한다.

영유아에게 유괴나 미아 사건이 왜 발생하고 그 위험이 무엇인지에 대해 이야기해 준다. 우리의 주변에는 믿을 수 있는 사람들이 많으나 때로는 의심을 해보아야 할 사람이 있음을 알려주고, 위험한 상황을 인식할 수 있게 지도해야 한다. 그러나 영유아가 무조건 다른 사람을 피하거나 불안감을 갖게 해서는 안 된다(교육과학기술부, 2012).

유괴, 미아 사고를 방지하기 위한 구체적인 지도방안을 제시하면 다음과 같다.

- 영유아에게 낯선 사람이 길을 물으면 말로만 알려주고 따라가지 않도록 하며, 낯선 사람의 차는 절대로 타지 않도록 한다.
- 길을 잃었을 때 안전하게 행동하는 방법에 대해 이야기를 나눈다. 또한 게임 등을 통해 자신의 이름, 연락처 등을 알게 함으로써 길을 잃었을 경우, 유용하게 활용하도록 한다.
- 위급한 상황에서 주변의 도움을 요청하는 방법에 대해 설명해 주고 그림책이나 놀이를 통해 자연스럽게 대처방법을 익히도록 지도한다.

3) 신체운동 지도

영유아는 움직이는 것 자체를 즐기고 신체가 유연하여 새로운 기술을 잘 받아들인다. 또 모험심이 많아서 새로운 동작을 시도해 보려는 열의가 대단하다. 그러나 영유아는 신체운동 능력이 미성숙하여 활동이 제한적이고 안전사고에 대한 지식이나 대처능력이 부족하다. 따라서 보다 안전하고 다양한 운동을 할 수 있도록 안내해 주어야 한다. 신체운동 지도방법을 소개하면 다음과 같다(이숙재, 2011).

- 영유아는 주의집중 시간이 짧고 신체발달과 운동능력의 수준이 개별적으로 다르기 때문에 이를 고려하여 단계적으로 지도한다. 예를 들어, 평균대 위를 걷거나 정글짐을 올라가려 할 때 영유아가 공포심을 갖지 않도록 낮은 높이부터 시작해야 하며 처음에는 손을 잡아 주는 등의 도움을 주면서 점차 난이도를 높이도록 한다.
- 영유아의 연령, 발달 수준에 적합한 운동용품을 제공한다. 1, 2세아에게는 다양한 크기의 가벼운 공, 밀고 당기는 놀잇감, 흔들말, 3세아에게는 미끄럼틀, 그네, 4, 5세에게는 세발자전거, 훌라후프, 공과 농구골대, 게임도구 등을 제공한다.

- 영유아를 세밀히 관찰하여 적절한 질문이나 제안을 하거나 도움을 주어서 운동경험을 더욱 확장시킨다.
- 영유아가 운동경험을 통해 경쟁보다는 서로 협동하는 마음을 갖도록 지도한다. 게임에서도 승패 결과보다는 게임의 규칙을 잘 지키게 한다.
- 영유아의 안전을 위하여 규칙을 지키도록 지도한다. 예를 들어, 기어오름대에 올라갔을 때 친구를 잡아당기거나 미는 장난을 하지 말 것, 높은 곳에서 함부로 뛰어내리지 말 것 등을 지키도록 한다.

[사진 6-2] 훌라후프에 공 넣기

[사진 6-3] 사방 치기

CHAPTER 7

인지발달과 교육

인지발달이란 지각된 감각적 자료를 해석하고 이것을 기억해 두었다가 필요할 때 재생시켜 자신과 환경에 대한 지식을 획득해 가는 발달 과정이다. 전통적으로 인지를 인간 정신의 지적인 과정과 산물로 한정하여 설명하려는 경향이 있으나 현대에 와서는 조직화된 기억, 즉 정보처리 능력을 인지영역에 포함시킨다.

인간은 태어날 때 반사행동만이 가능하다. 처음에는 반사행동을 통하여 사고하기 시작하지만 유아기가 되면 내적인 조작 수준에 이르게 된다. 물론 아직은 정신적인 조작능력이 제한적이어서 비논리적으로 사고하는 특성을 보인다.

7장에서는 영유아기에 나타나는 여러 가지 인지능력, 지각, 기억, 사고, 지능에 대해 알아보고자 한다. 또한, 최근 심각해지고 있는 조기사교육의 문제점을 고찰하면서 진정으로 영유아를 위한 인지교육이 어떤 것인지 제안해 보고자 한다.

1 영아기 인지발달

영아는 자신의 감각과 지각을 기초로 주변환경의 정보를 지각하고, 선택적으로 획득한 정보를 조직하면서 인지적으로 발달한다. 이 시기에 일어나는 지각발달, 감각운동적 사고, 대상영속성 그리고 영아의 기억발달에 대해 살펴보면 다음과 같다.

1) 지각발달

지각(perception)은 외부 자극을 인지하는 과정으로, 감각기관을 통해 자극이 입력되면 이미 저장하고 있는 지식을 기초로 감각기관에 들어온 자극에 의미를 부여하게 되는데, 이러한 심리적인 과정을 지각이라 한다. 즉, 지각이란 단순히 외부에서 들어오는 자극을 있는 그대로 받아들이는 것이 아니라 의식적으로 대상을 인식하도록 하는 복잡한 일련의 정신 과정인 것이다(홍순정, 1999).

인간이 정보를 얻는 과정에서, 대부분의 정보는 시각을 통해 획득되기 때문에 시지각 발달은 상당히 중요한 역할을 한다. 영아가 사물이나 사람을 명확하게 인식하기 위해서는 지각적 항상성을 발달시켜야 하며, 시각적으로 주의를 기울일 수 있어야 한다. 또한, 깊이 지각을 발달시킴으로써 사물을 3차원적으로 파악할 수 있어야 한다. 지각적 항상성과 시각적 주의 그리고 깊이 지각에 대해 살펴보면 다음과 같다.

(1) 지각적 항상성

지각적 항상성(perceptual constancy)이란 감각기관에 수용되는 사물의 물리적 속성이 변화하더라도 그 사물은 변하지 않은 채로 존속한다고 인식하는 현상이다. 지각적 항상성에는 형태 항상성(shape constancy)과 크기 항상성(size constancy)이 있다(조성연 외, 2005; Santrock, 2005).

① 형태 항상성

형태 항상성은 물체를 다른 각도에서 보아도 그 물체의 형태가 변하지 않는다고 지각하는 능력이다. 예를 들어, 문이 완전히 열렸을 때와 반쯤 열렸을 때, 닫혔을 때 망막에 비치는 상은 모두 다르지만 문의 원래 모양에는 변화가 없다는 것을 아는 것이다. 이러한 형태 항상성은 타고난 지각능력이지만, 4세경이 되어야 성인처럼 정확해진다.

② 크기 항상성

크기 항상성이란 관찰자와 물체 간의 거리가 달라져도 물체의 크기를 일정하게 지각하는 능력이다. 예를 들어, 물체를 멀리서 보면 물체의 크기는 작아 보이고 가까이서 보면 물체는 커 보이지만 물체의 크기가 작아졌다 커졌다 하는 것이 아니고 물체의 크기는 변함이 없다는 것을 아는 것이다. 크기 항상성은 형태 항상성에 비해 늦게 나타나는데, 생후 4~6개월 이후에 나타난다.

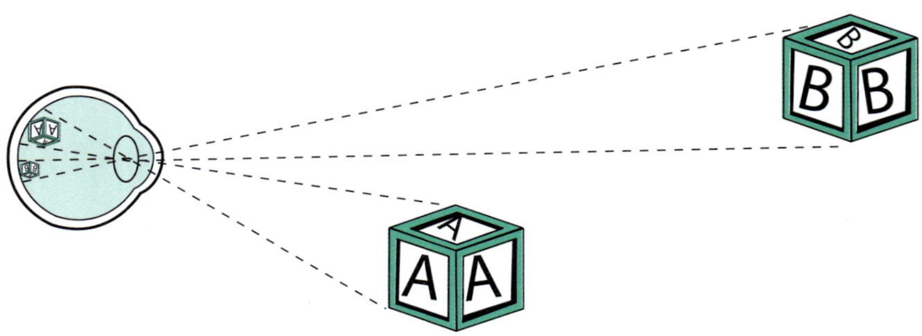

출처: Hetherington, et al.(2006: 151).

[그림 7-1] 크기 항상성

(2) 시각적 주의

영아는 색이 있는 물체나 움직이는 사물이 시야에 들어오면 능동적, 선택적으로 주의를 기울인다. 영아는 주의를 기울인 자극만을 명확하게 지각할 수 있다. 따라서 사물에 대한 주의력은 지각의 가장 기본적인 요소라 할 수 있겠다(홍순정, 1999).

신생아는 목표물이 시각적 장(visual field)의 중심부에 들어오면 그것을 탐색하기 시작한다. 단순한 선으로 된 형태를 시각적으로 탐색할 때, 1개월 된 영아는 단일 특징만을 매우 제한적으로 조사하나 2개월이 되면 보다 광범위하게 탐색하게 된다. 인간의 얼굴과 같이 눈, 코, 입 등 내부 특징이 있는 복잡한 자극들도 이와 유사하게 탐색된다. 1개월 된 영아는 얼굴 내부에 있는 어떤 특징은 무시하고 외부 경계선인 머리 선이나 턱 선에만 눈을 고정시킨다. 2개월이 되면, 얼굴 내부의 눈이나 입 등 내부 특징들에 주의를 기울인다(Santrock, 2005).

(3) 깊이 지각

깊이 지각(perception of depth)이란 평면적 표면을 가진 망막이 입체적 구조를 가진 대상물의 거리나 깊이를 인지하는 능력이다. Gibson과 Walk(1960)는 시각으로만 깊이를 느낄 수 있도록 시각적 절벽(visual cliff) 장치를 고안하여 영아의 깊이 지각을 연구하였다. 6~14개월 된 영아를 시각적 절벽 가운데에 놓고 반대편에서 엄마가 부르도록 한 결과, 6개월 된 영아들은 시각적 절벽에 다다르자 기기를 멈추고 우는 반응을 나타내었다. 이는 6개월 된 영아에게 깊이 지각이 있음을 증명해 주는 결과라 하겠다. 이와 같은 시각적 절벽 실험은 영아의 기어다니는 행동이 전제되므로 깊이 지각이 어느 시점에 나타나는지에 대해서는 분명히 알 수 없다. 이에 Campos와 Langer 그리고 Kcrowitz(1970)는 2~4개월 된 영아를 대상으로 시각적 절벽 실험을 함으로써 6개월 이전에 깊이 지각이 나타나는지를 밝히고자 하였다. 영아를 시각적 절벽에 엎어 놓고 심장 박동의 변화를 관찰한 결과, 심장박동에 변화가 있음을 알 수 있었다. 그러나 이

실험도 영아가 깊이를 지각하여 두려움을 느끼는 것인지 아니면 단순히 시각적 차이를 느껴서 흥미를 보이는 것인지에 대한 판단을 내리기는 어렵다(Santrock, 2005, 재인용).

분명한 사실은 영아가 마음대로 이동하는 경험을 하면서 공간에 대한 이해를 더 잘 발달시킨다는 것이다. 영아가 스스로 움직임에 따라 주변에 있는 물체의 위치나 깊이 등을 몸으로 체험하게 되는데, 이와 같은 직접적인 운동 경험을 통해 영아의 깊이 지각능력이 더 발달된다고 볼 수 있다.

출처: Santrock(2005: 183).

[사진 7-1] 깊이 지각실험

2) 감각운동적 사고

영아는 스스로 행동하고 감각경험을 하면서 인지능력을 발달시킨다. Piaget 이론에서는 이러한 영아기의 인지발달을 감각운동 발달단계(sensorimotor stage)로 명명했으며, 이 단계를 다시 하위 6단계로 세분화하여 인지발달을 설명한다. 이를 간략히 소개하면 다음과 같다(이영 외, 2015; 정옥분, 2012).

(1) 1단계 : 반사기(reflexes)

1단계는 출생 직후부터 1개월까지의 시기로, 신생아는 반사적으로 행동한다. 예를 들어, 신생아 입에 엄마 젖이나 우유병 젖꼭지를 넣으면 빨기 반사가 나타난다. 이때 신생아는 빨기가 음식물을 제공한다는 것을 학습하며 이런 학습경험이 인지적 삶의 기초가 된다. 신생아가 배고플 시간에 젖꼭지 대신 딸랑이와 같은 사물을 물려주면 신생아는 반사적으로 빨다가 빨기를 멈춘다. 신생아는 자신의 입에 들어왔던 것, 즉 이전의 경험을 기초로 '사고'하기 시작하며 자신이 생각한 것을 행동에 반영한다.

(2) 2단계 : 1차 순환반응(primary circular reactions)

2단계는 생후 1개월에서 4개월까지의 시기로, 영아의 관심이 자신의 신체에 국한되기 때문에 1차 순환반응이라고 한다. 즉, 이 시기 영아가 우연히 어떤 행동을 했을 때 흥미로운 결과가 얻어지면 또다시 그 행동을 반복하는데, 이런 행동이 반복되어 발생하므로 순환반응이라 불린다. 예를 들어, 우연히 손가락을 입으로 빨게 된 영아는 손가락을 빠는 촉감과 빨 때 나는 소리를 즐기기 위해 이 행동을 반복적으로 계속 하고자 한다.

(3) 3단계 : 2차 순환반응(secondary circular reactions)

이 시기는 4~8개월로, 순환반응이 환경에 있는 사물과 관련되기 때문에 '2차'라 불린다. 예를 들어, 침대에 누워 있는 영아가 우연히 손을 내젓다가 침대 위에 있는 모빌이 흔들렸다면, 영아는 자신의 팔이 움직였을 때 모빌이 움직였다는 것을 알고, 또다시 팔을 움직여 모빌을 흔든다.

(4) 4단계 : 2차 순환반응 협응(coordination secondary circular reactions)

Piaget에 의하면 영아는 8~12개월이 되면 의도적으로 목적을 가지고 행동한다. 1차와 2차 순환반응에서는 처음의 행동이 우연히 발생되었다. 입으로 젖꼭지를 빨고, 혀로 입술의 촉감을 느끼고, 모빌이 움직이는 등 모든 사건은 우연히 일어났고, 영아는 그러한 사건을 만들기 위해 또다시 반복하였다. 그러나 이 시기에는 목표를 달성하기 위한 수단으로 자기가 할 수 있는 여러 가지 레퍼토리 중 몇 가지 행동을 선택한다. 예를 들어, 방해물을 치워야 상자를 잡을 수 있는 경우, 영아는 이전에 획득한 치우는 도식과 잡는 도식을 연합하여 방해물을 제거하고 상자를 잡는다. 즉, 영아는 목표를 성취하기 위해 두 가지 행동을 연합해야 한다고 생각하는 것이다.

(5) 5단계: 3차 순환반응(tertiary circular reactions)

5단계는 12~18개월로, 이 단계에서도 사건은 반복되어 일어나지만 영아는 그 상황에서 새로운 것을 능동적으로 찾으려 한다. 즉, 행동의 결과를 살피기 위해서 의도적으로 자신의 행동을 다양하게 변화시킬 수 있다. 영아는 자신의 목표 성취를 위한 '다양한 방법의 시도'에 흥미를 갖는다. 예를 들어, 목욕을 하던 중에 우연히 손으로 물을 튀기게 되었는데, 다음에는 손의 높이를 다르게 하면서 물 튀기기를 즐긴다. 이러한 시도 과정에서 영아는 외부 세계에 적용해 볼 수 있는 새로운 방법을 발견하며 성인의 가르침 없이 스스로 자신의 도식을 발달시켜 나간다.

(6) 6단계: 정신적 연합(mental combinations)

마지막 단계는 18~24개월로, 이 단계의 영아는 시행착오 과정을 통해 문제를 해결하는 것이 아니라 머릿속으로 상상하거나 표상함으로써 문제를 해결한다. 영아는 예측하고 판단하며 바람직한 결과를 가져 올 수 있는 행동을 선택한다. 영아는 직접 해 보지 않고서도 사고하는 것이 가능하기 때문에 좀 더 내면적으로 사고한 후에 행동을 하게 된다. 예를 들어, 퍼즐을 하는 영아는 색깔과 모양 등 각각의 조각을 잘 관찰하고 그 퍼즐 조각이 놓여야 할 위치를 결정한다.

3) 대상영속성

대상영속성(object permanence)은 영아가 물리적 세계를 이해하는 데 필요한 기본적인 개념으로, 대상이 지각되지 않을 때에도 그 대상이 여전히 존재한다는 것을 아는 것이다(유효순, 2007; 정옥분, 2003). 예를 들어, 이불 밑에 숨겨 놓은 딸랑이가 영아의 눈에 보이지 않는다 하더라도 딸랑이가 그 이불 밑에 그대로 있다는 사실을 아는 것을 말한다.

대상영속성은 감각운동기 동안 탐색활동을 통해 학습된다. 감각운동기 동안 대상영속성이 발달하는 과정은 다음과 같다(Santrock, 2005).

(1) 1단계(0~1개월)

이 단계에서는 대상영속성의 개념이 전혀 없다. 영아의 눈앞에서 장난감을 흔들다가 장난감을 다른 곳으로 치우면 영아는 장난감을 찾으려 하지 않고 다른 행동을 한다.

(2) 2단계(1~4개월)

대상영속성의 개념이 나타나려는 징후가 보인다. 자신의 눈앞에 있던 장난감이 사라지면, 장난감이 사라진 지점을 잠시 동안 응시한다. 그러나 장난감을 찾기보다는 곧 다른 행동을 한다.

(3) 3단계(4~8개월)

눈앞에 있던 장난감이 사라지면 지금 자신 앞에는 없으나 어딘가에 있을 것이라는 사실을 조금 이해한다. 예를 들어, 이불 밑에 숨겨진 장난감의 일부분이 밖으로 나와 있는 경우에는 영아가 이불 밑에서 장난감을 꺼낸다. 그러나 장난감이 사라지는 과정과 숨겨진 장소를 보았음에도 불구하고 장난감이 완전하게 이불로 덮여 보이지 않는 경우 장난감을 찾으려 하지 않는다.

(4) 4단계(8~12개월)

자신의 눈앞에서 장난감이 사라지면 적극적으로 찾으려 하고, 완전히 숨겨지더라도 숨겨진 장소에서 장난감을 찾을 수 있다. 그러나 숨겼던 장소에서 장난감을 찾은 이후, 계속 장소를 옮기며 장난감을 숨기면 처음 장난감을 찾았던 장소에서만 장난감을 찾으려 한다.

(5) 5단계(12~18개월)

숨기는 위치를 여러 번 옮겨도 마지막으로 숨겨진 장소에서 장난감을 찾을 수 있다. 이러한 현상은 영아가 장난감이 이동되는 경로를 잘 지켜보고 있을 때에만 가능하다. 그러나 장난감이 이동되는 경로는 보지 못한 경우, 영아는 장난감이 어디로 옮겨졌는지 경로를 추측할 수 없기 때문에 장난감을 찾지 못한다.

(6) 6단계(18~24개월)

대상영속성의 개념이 완전하게 발달한다. 이 시기의 영아는 보이지 않는 연속적 이동이라도 숨겨진 장소에서 장난감을 찾아낸다.

〈표 7-1〉 감각운동적 사고와 대상영속성의 발달

단계(개월)	감각운동적 사고발달	대상영속성 발달
반사기 (출생~1개월)	• 반사적으로 행동 • 반사행동을 기초로 사고	• 대상영속성의 개념이 전혀 없음
1차 순환 반응 (1~4개월)	• 처음에 했던 행동을 반복함으로써 흥미로운 결과를 얻으려 시도 • 자신의 신체만이 관련	• 대상영속성 개념이 나타나려는 징후가 보임 • 장난감이 사라진 지점을 잠시 응시하나 찾지는 않음
2차 순환반응 (4~8개월)	• 주위 환경에서 흥미로운 사건을 찾아 반복 • 우연적 행동	• 눈앞에서 사라진 장난감이 어딘가에 있을 것이라는 사실을 조금 이해함 • 부분적으로 가려진 친숙한 장난감을 찾음

단계(개월)	감각운동적 사고발달	대상영속성 발달
2차 순환반응 협응 (8~12개월)	• 목표 달성을 위한 의도적인 행동 • 몇 가지 도식을 연합	• 숨겨진 경로를 보는 경우, 숨겨진 장소에서 장난감을 찾음 • 장소를 계속 옮기며 장난감을 숨기는 경우, 제일 처음 찾았던 장소에서만 찾으려 함
3차 순환반응 (12~18개월)	• 의도적으로 자신의 행동을 변화 • 다양한 방법의 시도에 흥미	• 숨긴 위치를 여러 번 옮겨도 마지막 숨긴 장소에서 장난감을 찾음 • 이동되는 경로를 보지 못하면 장난감을 찾지 못함
정신적 연합 (18~24개월)	• 통찰에 의한 문제해결	• 대상영속성 개념이 완전하게 발달 • 보이지 않는 연속적인 이동이라도 숨겨진 장소에서 장난감을 찾음

4) 기억발달

영아기에는 초보적이지만 자신의 경험을 기초로 기억하는 능력이 발달한다. 영아기의 습관화와 재인기억, 지연모방과 회상기억에 대해 살펴보면 다음과 같다.

(1) 습관화와 재인기억

영아는 시각, 청각, 촉각 등 감각 기관을 통해 들어오는 반복된 자극에 대해 습관화(habituation)된다. 습관화는 영아가 이전 자극을 기억하고 있는지를 알려주는 지표가 된다. 습관화는 어떤 자극이 여러 번 반복하여 제시되면, 그 자극에 대한 반응(지향반응, 관심, 주의력, 심장박동 등)의 강도가 감소하는 것을 의미한다. 그러나 영아는 새로운 자극이 제시되면 다시 관심을 보이는데, 이를 탈습관화(dishabituation)라 한다(박성연, 2006; 정옥분, 2004; Santrock, 2005).

이와 같은 습관화와 탈습관화 실험을 통해 영아의 재인기억을 알아볼 수 있다. 재인(recognition)이란 현재 지각하고 있는 것이 과거의 지각 내용과 동일하거나 유사하다는 것을 인식하는 것으로, 초보적인 기억능력이라고 할 수 있다

(장영희, 2000). 6개월 된 영아에게 얼굴 사진을 몇 분 동안 보여주고 일정 시간 후 제시했던 사진과 함께 새로운 사진을 보여주면, 영아는 새로운 사진에 더 오랫동안 시선을 고정시킨다(Fagan, 1974). 이러한 행동은 익숙한 것보다 새로운 자극을 더 오래 쳐다본 것으로, 이것은 영아가 이전에 제시했던 것을 기억하고 있다는 것을 시사해 준다.

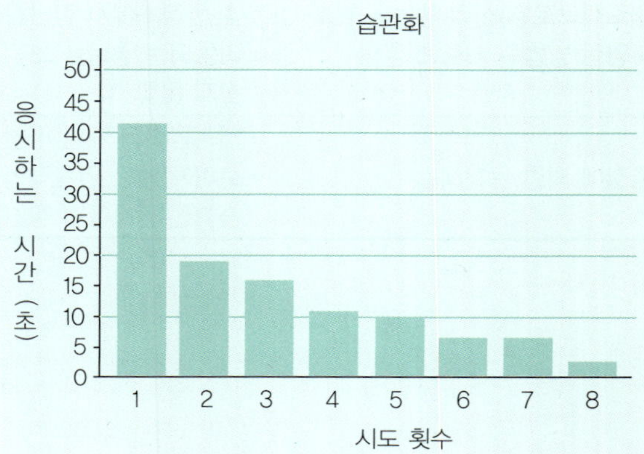

[그림 7-2] 시도 횟수에 따른 응시 시간의 변화

새로운 사물을 반복해서 보여주면 사물에 익숙해져서 사물을 응시하는 시간이 짧아진다.

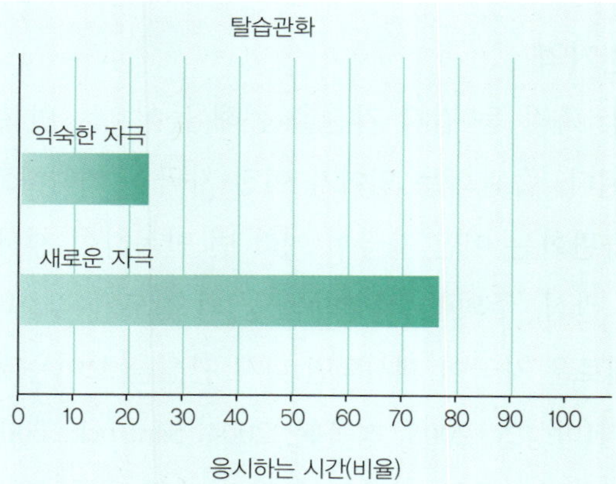

[그림 7-3] 익숙한 자극과 새로운 자극에 대한 반응비교

익숙한 자극과 새로운 자극에 대한 응시 시간을 비교해 보면 비율적으로 새로운 자극에 더 오래 응시한다.

출처: Santrock(2005: 181).

(2) 지연모방과 회상기억

영아는 18개월 이후에 표상능력이 발달하면서 경험한 것을 일정한 시간이 지난 후에 상세히 재생할 수 있는 지연모방(deferred imitation)을 할 수 있게 된다. Piaget는 자신의 딸이 친척 집에서 한 남자아이가 문을 두드리며 장난감을 집어던지는 행동을 보고는 다음 날 그 남자아이와 똑같은 행동을 하는 것을 보았는데, 이를 지연모방이라 설명하였다(정옥분, 2004). 이러한 행동은 어제의 경험을 내적으로 표상하고 있다가 시간이 경과된 후에 모방하는 것으로, 이는 영아가 회상능력이 있음을 보여주는 결과라 할 수 있다.

회상(recall)이란 기억을 통하여 현재 존재하지 않는 것을 자발적으로 재생성하는 것을 의미한다(조성연 외, 2005). 회상기억은 영아기 초에 일찍 발달하기 시작한다. 7개월 된 영아는 늘 놓인 위치에 장난감이 없으면 조금 당황하는 표정을 보이는데, 이것은 영아가 그 장소에 있던 물건을 기억하고 있다는 것을 증명하는 것이다(Mandler, 1992). 13개월 된 영아는 인형을 욕조에 넣고 스펀지에 비누칠을 해서 인형을 씻기고 수건으로 인형의 몸을 닦는 일련의 행동을 재연한다(Bauer & Mandler, 1992). 이러한 연구결과를 통하여 영아의 회상능력이 일찍부터 발달한다는 것을 알 수 있다.

2 유아기 인지발달

유아기로 접어들면서 인지발달 영역에는 많은 변화가 일어난다. 유아기에 나타나는 사고의 특징, 기억 능력, 지능발달에 대해 살펴보면 다음과 같다.

1) 유아기 사고의 특징

유아기는 상징을 사용하는 능력이 급격히 증가하여 인지발달에 상당한 진전을 이루는 시기이다. 그러나 아직 정신적 조작능력이 제한적이어서 비논리적인 사고를 한다.

유아기는 Piaget의 인지발달 단계 중 전조작기에 해당되는데, 이 시기 동안 나타나는 사고의 특징은 상징의 발달, 자기중심적 사고, 직관적 사고, 물활론적 사고 등으로 설명할 수 있다(조성연 외, 2005; 정옥분, 2012).

(1) 상징의 발달

2세경부터 발달하기 시작한 상징 사용능력은 유아기 동안 더욱 발달한다. 상징의 발달은 이 시기 유아가 즐기는 상징놀이를 통해 이루어진다. 상징놀이는 유아가 정신적 표상으로 만들어낸 사물이나 대상을 가지고 노는 놀이이다. 예를 들어, 막대기를 총이라고 하면서 총 쏘는 시늉을 하거나 돌, 모래를 음식이라고 하면서 먹는 흉내를 내는 놀이이다. 초기에는 비언어적인 상징행동이 많이 나타나지만 언어능력이 발달되는 3세 이후에는 언어적 상징행동이 많이 나타난다.

(2) 자기중심적 사고

유아가 세상의 모든 사물을 자신의 입장에서만 판단하고 다른 사람의 입장에서 생각하지 못하는 것을 자기중심적 사고라 한다. 유아기에는 다른 사람들도 자기와 같이 생각한다고 믿기 때문에 타인의 관점이나 감정을 이해하지 못하는 것이다. 예를 들어, 어떤 유아가 어머니에게 선물할 때, 자기가 좋아하는 인형이나 꽃핀을 선물했다면 이 시기 자기중심적 사고의 전형적인 결과라 할 수 있다.

(3) 직관적 사고

유아기에는 논리적으로 사고하지 못하고 직관적으로 판단하는 특징이 있다. 이 시기에는 사물이나 사건의 여러 측면에 주의를 기울이지 못하고 겉으로 보이는 사물의 특징을 근거로 사고하려는 경향이 있는데, 보존 개념, 서열화, 분류 등에서 직관적 사고의 특징이 잘 나타난다.

① 보존 개념

보존 개념(conservation)이란 사물의 모양이 변하여도 그 속성은 변하지 않는다는 개념이다. Piaget에 의하면 유아기에는 수, 길이, 양, 무게, 부피 등의 보존 개념이 발달되지 않는다. 예를 들어, 수 보존 실험에서 동일한 수의 구슬을 한 집단은 길게 늘어놓고 다른 집단은 한 곳에 모아놓으면 유아는 길게 늘어놓은 구슬이 더 많다고 생각한다. 이처럼 유아기에는 판단을 할 때 한 가지 차원에만 근거해서 보이는 대로 판단한다. 길이, 양, 무게, 부피 등의 실험에서도 이와 유사한 결과가 나타난다. 수의 보존 개념은 5~6세, 길이의 보존 개념은 6~7세, 무게, 액체, 질량, 면적의 보존 개념은 7~8세, 부피 보존 개념은 11~12세에 획득된다.

② 서열화

서열화(seriation)란 사물을 어떤 속성의 체계적 순서에 따라 배열하는 것을 의미한다. 즉, 사물과 사물의 어떤 차이를 인식하고 그 차이에 따라 사물을 정리할 수 있는 능력이다. 사물을 서열화하기 위해서는 사물 간의 반복적이고 연속적인 비교를 해야 하고 비교에 의한 배열을 하며, 방향성을 갖게 될 뿐 아니라 규칙이 반영된다. 예를 들어, 크기가 다른 막대기 3개를 순서에 따라 배열을 하면, 가장 큰 막대기, 중간 막대기, 가장 작은 막대기 순서로 놓이게 될 것이다. 이러한 배열에서 방향은 큰 것에서 작은 것으로, 규칙은 크기 순서대로 놓

보존과제	처음 제시	변형 제시
수	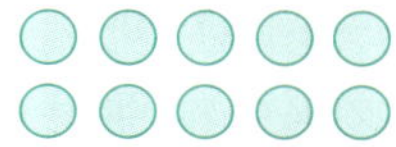 두 줄에 놓여진 동전의 수가 같다.	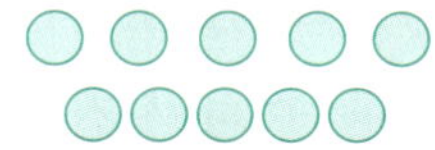 동전의 간격을 다르게 하면 두 줄의 동전 수는 다르다.
양	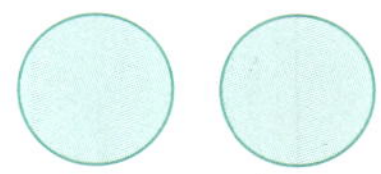 두 개의 찰흙의 양은 같다.	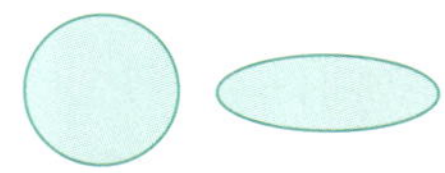 하나의 찰흙을 길게 늘어 놓으면 두 개의 찰흙의 양은 다르다
길이	 두 막대기의 길이는 같다.	 막대기를 옮겨 놓으면 길이가 다르다.
액체	 두 컵에 있는 물의 양은 같다.	 한 컵의 물을 긴 컵에 부으면 물의 양은 다르다.
면적	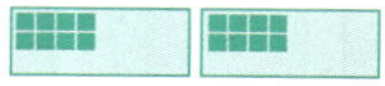 블록이 놓여진 면적은 같다.	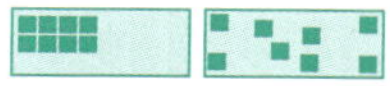 블록을 흩어 놓으면 두 면적은 다르다.
무게	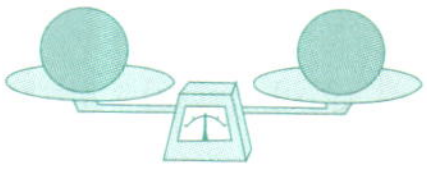 두 개의 찰흙 무게는 같다.	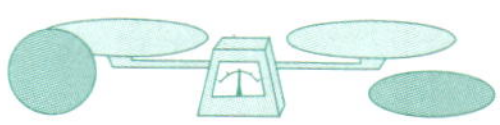 찰흙의 모양을 변형시키면 두개의 무게는 다르다.
부피	 같은 모양의 찰흙을 넣으면 올라오는 물의 높이는 같다.	 찰흙의 모양이 다르면 올라오는 물의 높이는 다르다.

출처: Hetherington et al.(2006: 336).

[그림 7-4] Piaget의 보존 개념 실험

은 것이 된다. 서열화는 연령이 증가함에 따라 발달된다. 4세아는 한 속성에 따라 2~3개를 비교하면서 순서대로 놓다가 나중에는 아무렇게나 나란히만 놓는 행동을 보인다. 5~6세가 되면, 여러 번의 시행착오를 거쳐 순서대로 놓게 되나 종종 1~2개를 빠뜨리고 배열하기도 한다. 6~7세아는 전체의 관계에서 문제를 해결하려는 시도를 보이며 체계적으로 배열을 한다.

③ 분류 개념

분류(classification)란 사물을 일정한 속성에 따라 구분하여 묶는 것이다. 분류능력은 매우 어릴 때부터 나타난다. 즉, 놀잇감을 가지고 놀면서 같은 것을 찾아 짝을 지어 보거나 자기 것과 친구 것을 구별하여 보는 등의 행동을 자주 하게 되는데, 이러한 행동은 초보적인 분류 행동이라 할 수 있다. 영유아는 점차 좀 더 능동적으로 물체의 속성을 탐색하게 되고 특정 준거에 따라 분류를 시도한다. 4세경에는 분류의 범주를 분명하게 설정하지 못하거나 분류하는 도중 분류의 준거를 바꾸는 경향이 있다. 5~6세경에는 모양, 색, 크기 등 한 가지 준거를 적용하여 분류한다. 이 시기 동안에는 모양에 의한 분류가 먼저 나타나고 색, 크기순으로 분류능력이 발달한다. 그러나 전체와 부분의 관계를 이해하는 능력은 아직 발달하지 못했기 때문에 바나나와 사과가 과일에 속한다는 유목 포함 관계를 완전히 이해하지는 못한다.

(4) 물활론적 사고

유아기에는 생명이 없는 대상이나 현상에 생명과 감정을 부여하는 물활론적 사고를 한다. 즉, 사물은 모두 살아 있으며 각자의 의지에 따라 움직인다고 생각한다. 예를 들어, 의자를 발로 차면 의자가 아파한다고 믿으며 인형을 때리면 인형이 아파한다고 생각하는 것이 물활론적 사고이다. 물활론적 사고는 유아기 초기의 현저한 특성인데, 4~5세가 되면 감소하기 시작한다.

2) 기억의 발달

유아가 일상생활에서 주변의 정보를 어떻게 받아들이고 얼마나 기억하며 어떻게 회상하여 문제를 해결하는가는 유아의 인지발달에 있어서 중요한 측면이다. 유아기 동안 정보를 처리하여 기억하는 능력이 증진되는데, 이에 관해 살펴보면 다음과 같다(유효순 외, 2014; 정옥분, 2004).

(1) 정보에 대한 주의집중

어떤 정보를 기억하기 위해서는 그 정보에 주의를 기울여야 한다. 그러나 유아기에는 주의집중 시간이 짧아서 흥미의 변화가 잦고 주의가 분산되어 단일대상에 주의를 오래 집중하기 어렵다(Ruff & Lawson, 1990). 예를 들어, 4~10세아에게 6개의 창문이 있는 두 집을 보여 주면서 두 집이 같은지를 질문하면, 4~5세아는 6개의 창문 중 1~2개의 창문만 비교해 보고 두 집이 같다고 대답을 하는 반면 6세아는 대응되는 6개의 창문을 차례로 비교해 보고 두 집이 다르다고 대답한다(Vurpillot, 1968). 이와 같이 연령이 증가함에 따라 영유아는 계획적이고 체계적으로 정보에 주의를 기울이고 탐색하려는 경향을 보인다.

(2) 정보의 저장: 기억 용량

정보는 감각기억, 단기기억, 장기기억의 세 가지 저장 창고에 기억된다. 감각기억은 감각기관에 들어온 정보를 약 2~3초 내외의 극히 짧은 시간 동안만 보유한다. 단기기억에서는 감각기억에 머무르고 있는 정보를 부호화하여 기억하는 작업이 이루어진다. 이 공간에서는 30초까지 정보를 보유한다. 장기기억의 용량은 무제한이기 때문에 어린 시절의 경험이나 특정한 상황에 관한 모든 내용을 저장한다(정옥분, 2004; 조복희, 2006).

감각기억과 장기기억 용량은 연령이 증가해도 거의 변화하지 않기 때문에 정보의 저장공간이 증가한다는 것은 단기기억 용량(memory capacity)의 증가를 의미한다(Bjorklund, 1995). 단기기억의 용량은 기억하는 항목의 수로 측정한다. 예를 들어, 전화번호와 같은 숫자를 불러 주고 30초 안에 기억해 보게 하여 몇 개의 숫자를 기억하는가로 측정한다. 이와 같은 기억의 폭(memory span)은 유아기에 급격히 증가한다. 2세에는 2개 정도 기억하지만 5세에 이르면 4, 5개 정도를 기억한다. 성인이 되어도 기억할 수 있는 항목의 수는 7~8개 정도이다(Dempster, 1981).

이와 같이 연령에 따라 기억의 용량이 증가하는 이유는 Case(1985)의 조작 효율성 가설(operating efficiency hypothesis)로 설명할 수 있다. 이 가설에 따르면, 연령이 증가하면서 정보를 더 효율적으로 빠르게 처리하기 때문에 두뇌에 자리 잡은 조작 공간이 덜 필요하게 되고 상대적으로 저장 공간이 늘어나게 된다. 즉, 어렸을 때는 문제를 풀려면 시간과 노력이 많이 들지만 나이가 들면서 자동적으로 기계적으로 처리되고, 따라서 기억할 수 있는 여지가 많이 생긴다는 것이다(정옥분, 2004, 재인용).

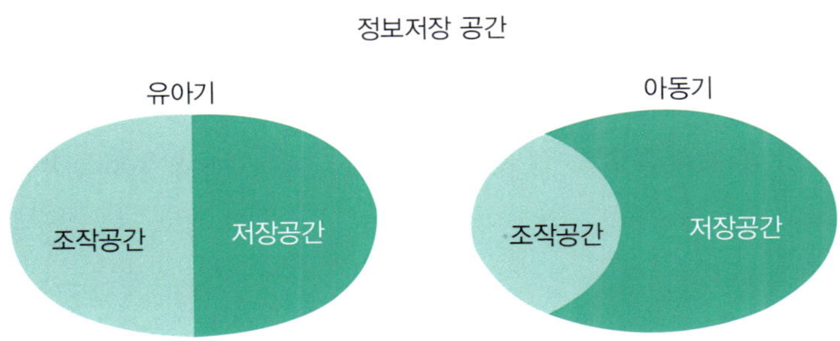

출처: Hetherington, et al.(2006: 385).

[그림 7-5] 조작공간과 저장공간의 비율

(3) 기억 전략

기억전략이란 정보를 저장하고 필요할 때 인출하기 쉽도록 해주는 의도적인 활동을 의미한다. 하나의 정보를 기억하기 위해서는 반복적으로 시연하여 암기하거나 관련 있는 것끼리 조직화하고, 도움이 될 수 있는 단서를 사용하여 기억된 정보를 인출해야 한다(박성연, 2006; 정옥분, 2004).

① 시연(rehearsal)

시연은 기억해야 할 정보를 여러 번 반복해서 연습하는 것을 일컫는다. 유아들이 노랫말을 기억하기 위해 노래를 여러 번 반복해서 부르며 외우는 것을 그 예로 들 수 있다. 단기기억에서 노래를 여러 번 연습할수록 장기기억으로 전환되기 쉽고 그 노랫말은 오랫동안 기억된다. 시연은 이른 시기에 나타나 3~4세 유아도 기억하기 위한 초보적인 연습 행동을 할 수 있다.

② 조직화(organization)

조직화는 기억하려는 정보를 서로 관련 있는 것끼리 범주화하여 기억의 효율성을 높이는 전략이다. 기억할 수 있는 정보의 양이 한정되어 있기 때문에 정보를 조직적으로 분류하여 유목화하면 많은 정보를 기억하게 된다.

조직화는 시연전략보다 늦게 나타난다. 그러나 친숙한 과제에서는 유아들도 초보적인 형태의 조직화 전략을 사용할 수 있다(DeLoache & Todd, 1988).

③ 인출(retrieval)

인출은 저장된 정보 중 필요한 정보를 인출하기 위한 기억 전략이다. 많은 정보를 저장하고 있다 하더라도 정확하게 필요한 정보를 인출하지 못하면 기억하기 위한 노력은 무용지물이 된다. 저장한 정보를 효율적으로 인출하기 위한 전략 중 하나는 단서를 활용하는 것이다. 5~7세아에게도 인출 단서를 제공해 주면 훨씬 더 기억을 잘한다.

3) 지능

인간의 지적인 발달 특성 중 지능의 개념적 정의와 요소, 지능발달에 대해 살펴보기로 하겠다.

(1) 지능의 정의 및 요소

지능(intelligence)이란 사전적 의미로 인간의 정신능력, 혹은 지적 능력을 뜻한다. 지능에 대한 정의는 매우 다양하여 일치된 정의를 찾기는 어렵다. 그 이유는 지능이 하나의 단일 요소로 이루어진 것이 아니라 여러 하위능력의 집합체로서 그 중 어떤 요소를 더 중요하게 여기느냐 또는 어떤 측면을 강조하느냐에 따라 학자마다 견해를 달리하기 때문이다(한국유아교육학회, 1996).

지능을 연구한 대표적인 학자로 Spearman, Thurston, Guilford, Sternberg 등이 있다. Spearman은 지능이 공통적 정신능력인 일반적 요인(general factor)과 각기 다른 과제에 필요한 능력인 특수한 요인(specific factor)으로 구성된다고 보았다(유효순 외, 2014, 재인용). Thurston은 다요인설을 주장하면서 지능의 7가지 하위 요인 즉, 언어 이해력, 언어 유창성, 공간 지각력, 추리력, 지각 속도, 수리능력 및 기억력 등을 소개하였다. Guilford는 Thurston의 다요인설보다 지능의 복잡한 특성을 더욱 강조하였다. Guilford는 지능의 구조를 사고의 종류나 조작, 내용, 지적 산물 등 세 가지 차원으로 분류하고, 이들 세 차원의 조합에서 도출되는 180개의 상호 독립적인 정신능력이 지능을 구성하고 있다고 주장하였다(유효순 외 2014, 재인용).

한편, Sternberg은 지능의 구성 요소로 구성적 지능, 경험적 지능, 상황적 지능 등을 들고 있다. 구성적 지능은 정보를 효율적으로 처리하는 능력으로 우리가 문제에 어떻게 접근하고 문제를 어떻게 해결하며 결과를 어떻게 평가하는가를 의미한다. 경험적 지능은 새로운 정보를 이미 알고 있는 정보와 비교하여 과거의 경험을 바탕으로 새로운 문제를 해결할 수 있는 능력을 말한다. 상황적 지능은 환경에 대처하는 능력이다. 이 지능은 실제적이고 현실적인 측면으로 실생활에 필요한 중요한 정보를 얻는 능력이다(정옥분, 2004, 재인용).

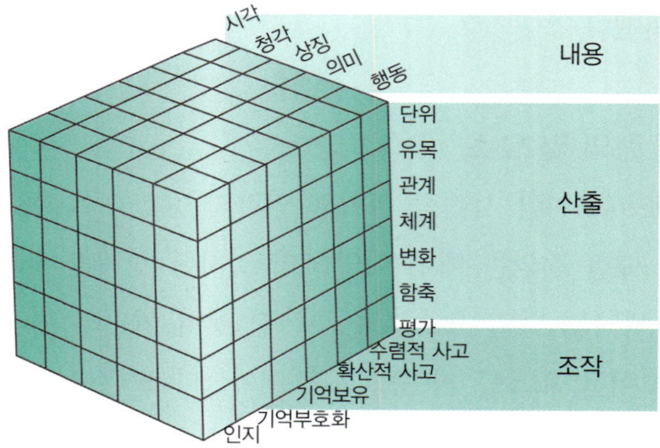

출처: 박성연(2006: 315, 재인용).

[그림 7-6] Guilford의 지능구조 모형

그 밖에, Gardner(1999)는 지능에 대해 좀 더 광범위한 다중지능이론을 제시하고 있는데, 그에 따르면 인간은 9가지 지능을 가지고 있다. 9가지 지능의 종류를 살펴보면 다음과 같다(최경숙, 2006, 재인용).

- **언어 지능**: 단어의 의미를 이해하는 능력, 새로운 개념을 이해하기 위해 단어를 사용하는 능력, 의미를 전달하기 위해 언어를 사용하는 능력
- **논리-수학 지능**: 사물, 행동, 개념 간의 관계를 이해하는 능력, 수학적 조작을 하는 능력
- **공간 지능**: 사물을 정확하게 지각하고 공간을 예측하는 능력
- **음악 지능**: 음의 고저, 멜로디, 리듬, 음색의 다양성을 이해하고 만들어내는 능력
- **신체운동 지능**: 신체를 다양한 방식으로 사용하는 능력

- 대인 간 지능: 다른 사람의 감정, 기분, 동기, 의도 등을 인식하는 능력
- 개인 내 지능: 자신의 정서를 이해하고 자신의 강점과 약점을 아는 능력
- 자연주의 지능: 자연 속의 유기체들의 체계와 관련 요인에 대한 민감성
- 영적 지능: 삶의 의미, 죽음과 인간 존재에 관한 문제를 인식하는 능력

이처럼 Gardner가 지능의 종류를 구분한 이유는 각기 다른 능력을 관장하는 두뇌의 부위가 다를 뿐 아니라, 각각의 특정능력은 서로 공유할 수 없는 능력으로 구성되어 있기 때문이다(조복희, 2006).

(2) 지능발달

지능은 연령에 따라 변화한다. 지능 검사를 통해 연령별로 나타난 발달의 경향을 보면, 대체로 생후 1세에서 15세까지는 거의 직선적으로 급격히 발달하며 그 이후에는 발달의 속도가 완만해지는 현상을 나타낸다(Dearborn & Rothney, 1963).

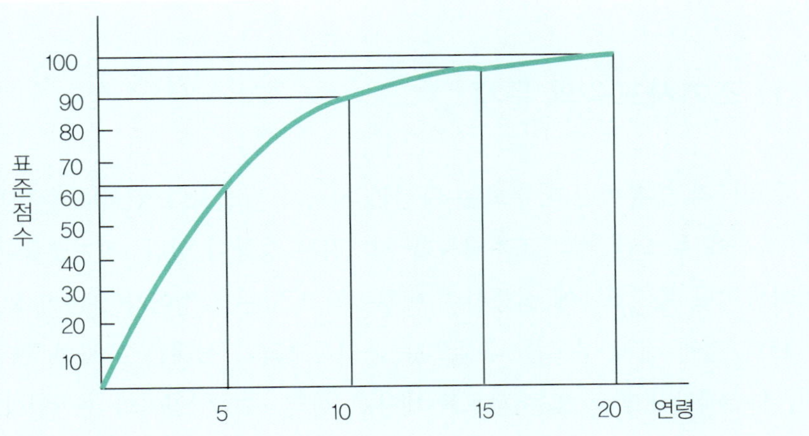

[그림 7-7] 지능발달 속도

Bloom(1964)은 지능발달의 결정적 시기를 주장하였다. 그는 17세의 지능을 100%로 볼 때, 출생~4세까지 약 50%, 4~8세까지 30%, 8~17세까지는 마지막 20%의 발달이 이루어진다고 보고하였다(유효순 외, 2014). 이와 같은 결과에 비추어 보면, 지능은 4세 이전에 급격한 발달을 보이나 8세 이후는 비교적 안정을 유지한다.

또한, Bloom은 어릴 때의 문화적 결손이 성장 후의 결손보다 지능발달에 훨씬 큰 영향을 미친다고 주장하였다. 즉, 지능이 생후 4년 동안에 가장 많이 발달하기 때문에 그 시기의 문화적 결손이 다른 시기보다 심각하다고 강조하였다(윤운성·정정옥, 1998, 재인용).

3 인지발달을 위한 지도방안

영유아의 인지발달을 촉진하기 위한 지도방안을 소개하면 다음과 같다.

1) 조기사교육의 문제

우리나라 영유아기 학부모는 자신의 자녀가 남들보다 뛰어나야 한다는 과도한 욕심에 무조건 빨리 조기교육을 시키려는 경향이 있다. 조기교육은 주로 인지학습이나 특기교육에 집중하여 이루어지고 있는 실정이다(우남희 외, 2005).

15년 전에 전국 부모를 대상으로 조기사교육의 실태를 조사한 연구에 의하면, 3~5세아가 받고 있는 사교육 내용은 한글, 수학, 영어의 순이었다. 더욱 심각한 것은 2세 이하 영아에게도 한글, 학습지, 수학, 영어, 예능교육을 실시하고 있었다(이기숙, 2001). 이러한 조기교육 과열 현상은 계속 과속화되어 2013년도 조사결과에 의하면 우리나라 전국 3~5세아의 86.7%가 사교육을 받고 있으며 가구당 사교육비는 평균 129,000원에 달했다. 또한, 우리나라 연간 영유아사교육비는 총 2조 7,000억 원으로 이는 국내총생산(GDP)의 0.2%를 차지하는 수준이다(서문희·양미선, 2013). 2세 이하 영아 부모의 41.9%도 사교육비를 지출한다고 소개한 연구도 있다(문혁준 외, 2014). 이와 같이 많은 수의 영유아가 조기교육을 받고 있는데, 조기사교육의 문제점은 없을까? 조기사교육의 효과에 관한 많은 연구결과와 학자들의 견해를 종합해 보면 강제된 조기사교육은 반(反)교육적이라고 할 수 있다. 조기사교육으로 인해 발생되는 여러 가지 부정적인 영향력을 살펴보면 다음과 같다(우남희 · 김유미 · 신은수, 2009; 문혁준 외, 2014; 신의진, 2002; 황혜정 외, 2003).

● 부적절한 학습 자극은 영유아의 뇌 손상을 초래한다.

뇌발달이 이른 시기에 이루어지기 때문에 이 시기에 많은 자극을 주어야 한다고 생각하기 쉽다. 그러나 인지적 자극이 영유아의 발달 수준과 상관없이 이른 시기에 과잉으로 공급되는 경우, 부작용이 발생될 수 있다. 즉, 아직 뇌 발달이 제대로 이루어지지 않은 시점에서 과도한 자극을 주면, 정신적 스트레스를 받게 되고 신경세포 간의 연결망에 과부하가 걸려 뇌손상이 올 수도 있다.

● 영유아를 수동적인 학습자로 만든다.

영유아는 능동적인 학습자로 자기 나름의 방식으로 주변을 탐색하고 학습하고자 한다. 그러나 자기 발달수준에 맞지 않는 인지적 자극이 끊임없이 주입되는 상황에서는 학습에 대한 흥미를 잃고 성인의 압력에 의해 이끌려 가는 수동적인 학습자가 될 수밖에 없다. 즉, 학습의 주체가 되어 자유롭고 개방된 마음으로 탐색과 배움을 즐기며 자신의 잠재력을 충분히 발달시키지 못한다.

● 지식전달 위주의 조기교육은 학습에 필수적인 주의집중력 발달을 저해한다.

인지학습 중심의 조기교육은 일방적으로 지적 자극만을 제공하는 선행학습에 치중하는 경우가 많다. 집중 시간이 짧은 영유아의 관심을 유도하기 위해 제작된 비디오나 학습지, 카드 등 여러 매체를 경험하면서 건성으로 반응하는 처리방식이 습관화되면 주의 산만한 영유아가 되기 쉽다. 진정한 배움의 즐거움을 모르고 이것저것에 관심을 보이면서 점차 집중력이 떨어지게 된다.

- 과도한 지적 자극으로 인해 의욕상실증에 빠질 수 있다.

영유아가 감당하기 어려운 과도한 지적 자극을 강요하는 경우, 자신감을 잃거나 수행에 대한 두려움을 느끼고 과제를 중도에 포기하게 된다. 이러한 부작용은 감정 조절을 어렵게 만들고, 차분히 문제를 해결하기보다는 공격적인 행동을 보이거나 반복되는 실패 경험으로 새로운 학습에 도전하는 의욕을 상실하게 된다.

2) 영유아기 인지학습의 원리

영유아기 인지학습은 다음과 같은 원리에 따라 이루어진다.

(1) 발달의 적합성

영유아기 학습은 발달에 적합해야 한다. 발달의 적합성(develop-mental appropriateness)에는 연령 적합성(age appropriateness)과 개인 적합성(individual appropriateness)의 개념이 포함된다(NAEYC, 1995).

- 영유아의 발달 수준, 흥미, 욕구 등 연령 적합성을 고려한다.

인간의 성장과 발달은 보편적이고 예측 가능한 순서에 따라 이루어지므로 영유아의 인지적 발달 수준에 적합하면서 영유아의 흥미, 욕구수준에 알맞은 교육적 경험과 자극을 제공해야 한다.

- 각 개인의 특성에 적합한 학습이 이루어지게 한다.

모든 영유아는 성격, 신체조건, 지적능력, 가족배경 등이 서로 다를 뿐 아니라 학습형태와 성장속도가 각기 다른 독특성을 지니고 있으므로 각 개인의 특성에 적합한 학습이 이루어져야 한다.

(2) 능동적 학습

영유아는 능동적인 학습자다. 타인에 의해 수동적으로 채워지는 존재가 아니라 자신의 신체와 모든 감각기관을 동원하여 만지고 보고 듣고 냄새 맡는 등 적극성을 갖는다. 이러한 적극적 활동을 통해 자신의 욕구와 호기심을 충족시키며 폭넓은 학습의 기회를 얻게 된다.

(3) 구체적 경험

영유아기 학습은 주로 구체적인 경험을 통해 이루어진다. 사물과의 직접 경험은 놀이를 통해 가능하다. 자발적인 놀이욕구에 의해 적극적으로 탐색하고 경험하며 주변의 인적, 물적 환경과 다양한 상호작용을 맺게 되므로 폭넓은 학습기회를 가질 수 있다. 또한, 놀이의 자유로운 분위기에서 융통성 있게 활동하면서 사고력이 촉진될 수 있을 뿐 아니라 반복적 놀이활동을 통해 경험이 심화되고 확대되어 학습효과를 높일 수 있다.

(4) 다양성과 통합성

영유아는 학습 내용과 환경이 다양하고 교과 영역이 통합적일 때 효과적인 학습을 한다. 학습 내용이나 환경이 단편적이면 흥미를 상실하여 자발적인 학습이 불가능해질 뿐 아니라 제한된 경험만을 하게 된다.

또한, 영유아에게 제공되는 학습 경험은 통합적이어야 한다. 예를 들어, 학습 경험이 산수, 음악, 미술, 체육 등의 교과별로 구분되는 것이 아니라 미술활동을 하면서 수 개념을 학습할 수 있고 신체 게임을 하면서 또래와의 사회적 관계를 긍정적으로 발달시킬 수 있다.

(5) 단계적 학습

영유아기 인지적 학습은 단계적으로 이루어질 때 효과적이다. 단계적 학습방법을 살펴보면 다음과 같다(Kostelnik, Soderman, & Whiren, 1993).

● 단순한 것에서 시작하여 점차 복잡한 것으로 학습한다.

영유아의 학습은 단순한 것에서부터 시작된다. 예를 들어, 처음에는 3, 4쪽짜리 퍼즐 맞추기를 하다가 점차 15~20쪽짜리 퍼즐 맞추기를 할 수 있다.

● 익숙한 것을 토대로 낯선 것을 익힌다.

영유아는 익숙한 것을 먼저 학습하고 이를 토대로 하여 새롭고 낯선 것을 학습한다.

● 구체적 학습에서 추상적 학습으로 진행한다.

영유아는 초기에는 실제 사물과의 접촉을 통해 구체적인 학습을 하다가 점차 언어나 숫자 등의 상징에 의한 추상적 학습으로 진전한다.

● 탐색적 학습에서 목표 지향적 학습으로 발전한다.

영유아는 주변세계에 많은 관심과 흥미를 갖고 탐색을 하면서 자기 발견(self discovery)의 학습기회를 갖는다. 탐색적인 학습에 익숙해지면 점차 의도된 목표 달성을 위한 학습을 할 수 있다.

3) 뇌기반 영유아 교육

뇌기반 교육은 최근에 개발된 새로운 교육 형태이다. 뇌기반 교육이란 뇌과학 연구에 근거하여 밝혀진 원리와 기존의 교수학습 전략을 교육에 적용하는 것을 의미한다. 뇌기반 교육은 기존의 뇌발달을 촉진시키려고 시도되었던 교육과는 본질적인 의미에서 차이가 있다. 즉, 기존의 뇌발달 교육에서는 인지발달이나 학업 수행능력만을 강조하였으나 뇌기반 교육에서는 총체적 사고, 정서와 학습의 관계, 주의집중과 정보처리 등을 강조한다. 또한, 주도적인 학습계획이나 수행능력과 과정을 중요시하여 교육의 효율성을 높이고자 한다(정미라 외, 2012).

뇌기반 교육의 원리를 구체적으로 살펴보면 지금까지 유아교육 이론이나 현장에서 주장해왔던 바람직한 유아교육 원리와 다르지 않음을 알 수 있다. 뇌기반 교육의 원리를 소개하면 다음과 같다(문원선, 2014; 정미라 외, 2012).

첫째, 뇌구조와 발달에는 개인차가 있으므로 학습은 개별적으로 이루어져야 한다.

둘째, 영유아가 주도적으로 의미 있는 경험을 할 때 뇌에서 도파민이 분비되어 입력 정보를 적극적으로 받아들이게 된다. 따라서 영유아에게 의미 있는 경험을 통한 학습이 효율적이다.

셋째, 뇌발달에 영유아의 정서는 중요한 요인으로 작용하므로 스트레스와 위협이 없는 안정적인 환경을 제공해야 한다.

넷째, 감각경험은 뇌발달의 기초가 되므로 촉각, 시각, 청각, 미각, 후각 등 오감을 활용한 학습이 이루어지게 한다.

다섯째, 영유아가 끊임없이 움직이고 탐색하는 경험은 뇌의 신경세포 연결을 활성화시키고 신경회로 형성에 도움을 준다. 그러므로 영유아의 자발적인 신체 움직임을 자극해야 한다.

여섯째, 뇌에 형성된 신경회로는 반복되는 경험을 통해 더욱 견고해진다. 따라서 비슷한 종류의 경험을 점진적으로 반복 구성하여야 한다.

일곱째, 뇌 기관은 서로 상호작용하며 정보를 처리하므로 학습은 통합적으로 이루어져야 한다.

여덟째, 뇌에는 거울신경세포(mirror neuron)가 있어서 사회적 학습을 담당한다. 즉, 거울신경세포는 다른 사람의 행동을 거울처럼 반영한다는 의미에서 붙여진 명칭으로 주변의 또래나 성인의 행동을 관찰하거나 모방할 때 활성화된다. 그러므로 영유아의 뇌발달을 위해서는 또래나 성인 모델을 관찰하거나 모방할 수 있는 다양한 사회적 상호작용의 기회가 제공되어야 한다.

이상의 뇌기반 교육원리를 영유아교육에 적용할 때 가장 부합되는 활동이 놀이다. 뇌기반 교육원리는 놀이지도 원리와 거의 동일한데, 뇌기반 교육의 사례로 조작놀이를 설명하면 다음과 같다.

> 조작놀이는 소근육을 사용하여 각종 퍼즐을 맞추거나 크기별로 형태를 맞추고, 분류하는 놀이이다: 조작놀이를 뇌기반 교육에 입각하여 지도하려면, 먼저 영유아가 문제를 주도적으로 해결해 갈 수 있도록 충분한 탐색 시간을 주고 오감각적 시행착오를 지지해 주어야 한다. 또한, 영유아의 개별적 경험을 연결하여 기쁨을 느끼도록 해야 한다. 그뿐 아니라 함께 놀아주는 성인이 놀이행동에 대한 다양한 모델을 보여주고, 비슷한 내용이지만 다른 방법으로 심화, 반복하여 놀아주어야 한다.

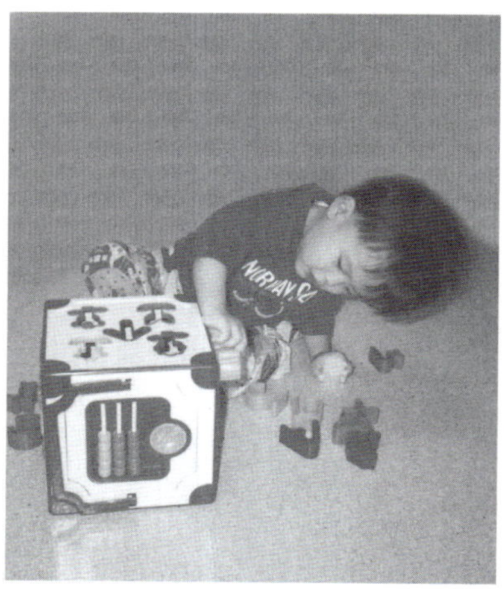

[사진 7-2] 2세 영아의 모양 끼우기

[사진 7-3] 5세 유아의 패턴 따라 끈 끼우기

CHAPTER 8 언어발달과 교육

언어는 인간생활의 필수적인 요소이다. 민족에 따라 각기 다른 언어가 사용되지만, 인간은 말이나 글자를 사용할 수 있는 언어능력이 원동력이 되어 사회생활을 유지하고 인간다운 삶을 영위할 수 있다. 특히, 현대 사회에서는 아이디어, 지식 및 정보의 교환이 개인의 사회적, 경제적, 심리적 복지에 미치는 영향이 매우 커지면서 언어의 역할이 더욱 확대되고 있다.

인간은 세상에 태어나서 울음으로 첫 의사표현을 하기 시작한 이래 영유아기 동안 눈부신 언어발달을 한다. 8장에서는 언어발달에 관한 이론과 영유아의 언어획득 과정을 소개하고 언어 지도방안을 설명하고자 한다.

1 언어발달 이론

영유아의 언어발달 과정을 설명하는 주요 이론은 환경과 유전의 상대적 영향력에 대한 관점에 따라 행동주의 이론, 생득주의 이론, 상호작용 이론 등 세 가지로 분류된다. 행동주의자들은 언어발달이 환경의 영향을 많이 받는다고 믿는 반면에 생득주의자들은 타고난 언어습득 능력에 의해 자연스럽게 언어발달이 이루어진다고 믿는다. 한편, 상호작용 이론가들은 언어습득이 영유아의 선천적인 능력과 환경의 상호작용에 의해 이뤄진다는 입장을 취한다. 각 이론에 대해 살펴보면 다음과 같다(이숙재·이봉선, 2009).

1) 행동주의 이론

행동주의 이론에서 언어는 다른 행동과 마찬가지로 자극과 반응의 연합으로, 강화, 모방에 의해 습득된다고 주장한다. 행동주의 이론의 대표적 학자인 Skinner(1957)는 영유아의 언어학습이 조작적 조건형성에 따른 강화 원리에 의해 이루어진다고 보았다. 예를 들어, 영유아가 생후 초기에 어떤 소리를 냈을 때 부모가 이에 관심을 가지고 반응하거나 칭찬하여 강화시키면 그 소리를 습득하게 된다는 것이다. 한편, 사회학습 이론가인 Bandura(1977)에 의하면 모방도 언어습득의 중요한 기제라고 주장한다. 즉, 영유아는 주변 사람들이 말하는 것을 듣고 그대로 모방하는 과정을 통해 언어를 학습한다는 것이다(이영 외, 2015, 재인용).

그러나 행동주의 이론가들이 주장하는 것처럼 강화나 모방을 언어획득의 주요 기제로 간주하기에는 불충분하다는 지적도 있다(주영희, 2001). 영유아가 습득하는 모든 언어가 성인 모델을 모방하거나 강화 받은 결과로만 보기 어려운 경우도 많기 때문이다. 예를 들어, 영유아는 주변에서 들어 본 적이 없는 단어나 문장을 말하는 경우가 많은데 ("아까 놀 거예요.") 이러한 표현은 언어발달이 모방으로 이루어진다고 주장하는 행동주의 이론으로 설명하기 어렵다. 또한, 영유아가 부모를 포함한 주변 인물로부터 받는 강화도 문법보다는 말의 내용에 초점이 맞춰지는 경우가 대부분이므로 부모의 강화에 의해 문법을 학습한다는 주장은 충분한 설명이 되지 못한다.

2) 생득주의 이론

생득주의 이론에서는 영유아가 언어습득 능력을 선천적으로 가지고 태어난다고 주장한다. Chomsky(1965)는 생득주의 이론의 대표적인 학자로, 인간은 LAD(language acquisition device)라고 하는 언어획득 기제를 가지고 태어난다고 주장하였다. Chomsky는 대다수의 영유아가 조직적인 언어훈련을 받지 않아도 모국어를 습득하고, 출생해서 4~5년 내에 언어능력이 놀라운 속도로 발달하며, 전에 들어 본 적이 없는 새로운 문장을 표현하는 것 등은 바로 언어획득 기제에 의한 것이라고 강조하였다(주영희, 2001, 재인용).

한편, McNeill(1966)은 언어획득 기제가 두 가지 요소로 구성되어 있다고 설명하였다. 즉, 언어획득 기제는 언어의 보편적 측면에 관한 언어적 정보(linguistic information)와 이 정보들을 분석하는 평가과정(evaluation procedure)으로 구성되어 있어서 영유아가 주변에서 어떤 말을 들으면 선천적으로 가지고 태어난 언어적 정보에 근거해서 그 언어를 분석하고 평가하여 세부적인 언어구조를 추론해냄으로써 언어발달을 이루게 된다(Tagatz, 1976, 재인용). 또 다른 생득주의 이론가인 Lenneberg(1967)도 인간이 언어를 사용하는 것은 인간 특유의 행위로 선천적으로 가지고 태어난 성향이라고 주장하였다. 그리고 인간의 언어획득에는 결정적 시기가 있어서 생후 2세부터 사춘기까지 언어발달이 이루어진다고 설명하였다. 또한, 그는 언어발달 단계와 운동발달 단계가 거의 동시에 진행된다는 점을 들어 언어획득의 선천성을 설명하였다(이승복, 1994, 재인용).

생득주의 이론은 언어발달의 단계와 시기가 보편적이고 언어획득이 생후 초기에 급속히 이루어지며 대부분의 영유아가 언어표현 능력보다 이해력이 더 우수하다는 점에서 볼 때 설득력을 갖는다.

그러나 생득주의 이론은 영유아가 단어의 의미를 어떻게 이해하며, 영유아에 따라 언어의 유창성이나 문법능력에서 왜 개인차가 나타나는지 이유를 설명하지 못하는 한계점을 가진다. 또한, 영유아의 언어발달에서 인지적, 환경적 요인을 배제하고 언어습득 과정을 지나치게 단순화해 버린 이상주의적 관점이라는 비판도 받고 있다(이승복, 1994; 주영희, 2001; Snow, 1998).

3) 상호작용 이론

상호작용 이론에서는 언어발달이 영유아의 선천적 능력과 환경의 상호작용에 의해 이루어진다는 입장을 취한다. 언어발달 과정을 인지발달과 연결지어 설명하는 Piaget, Vygotsky 등이 대표적인 학자이다.

Piaget(1959)는 영유아가 환경과 적극적으로 상호작용하면서 지식을 습득하게 되므로 언어획득 과정도 환경과 상호작용하는 영유아의 인지능력에 의해 결정된다고 주장하였다. 즉, 언어가 물체와 사건(event)을 표상하는 관례적인 수단이라면 영유아는 그것을 언어적으로 표상할 수 있기 전에 그것에 대한 지식을 가지고 있어야 한다는 것이다. 따라서 인지발달이 언어발달을 선행한다는 인지우선론(cognitive determinism)을 주장하였다(주영희, 2001, 재인용).

이와 달리 Vygotsky(1962)는 사고가 언어의 형태로 존재한다고 설명한다. Vygotsky에 의하면 생후 초기에는 사고와 언어가 각기 독립적으로 발달하지만 만 2세경에 사고와 언어가 결합되어 언어를 통한 사고가 가능하게 되면 인지발달이 언어에 의해 결정된다는 것이다. 또한, Vygotsky는 영유아의 언어발달에서 또래, 부모, 성인과의 사회적 상호작용이 큰 영향을 미친다고 주장하였다(주영희, 2001, 재인용).

이상에서 살펴본 바와 같이 Piaget의 언어발달에 대한 인지우선론은 영유아의 언어발달을 이해하는 데 많은 도움을 주고 있으나 언어발달과 인지발달 간의 인과 관계를 밝히는 증거를 충분히 제시하지 못한다. 뿐만 아니라 영유아가 말을 하고 이해하는 과정을 설명하지 못하는 한계점이 있다. 또한, 영유아의 인지발달이 언어의 영향을 많이 받으며 사회적 상호작용의 영향을 크게 받는다는 Vygotsky의 견해는 영유아 언어교육에 많은 시사점을 주고 있으나 언어의 실제적 습득 과정을 분명히 제시하지 못한다는 평가를 받고 있다(주영희, 2001).

2 영아기 언어발달

세상에 태어나서 울음으로 자신의 의사를 표현하기 시작한 이후 2세까지는 눈부신 언어발달을 이루는 시기이다. 영아기 언어발달을 울음과 소리내기, 옹알이, 한 단어 표현, 두 단어 표현 과정으로 설명하면 다음과 같다.

1) 울음과 소리내기

영아는 태어나면서 울음으로 최초의 발성을 한다. 울음은 의사전달의 수단으로 아기가 요구를 표시할 수 있는 유일한 방법이지만, 초기의 울음은 의미가 분화되지 않은 미분화된 울음이다. 따라서 울음소리로 배가 고파서 우는 것인지, 아파서 우는 것인지를 구별하기 어렵다. 그러나 생후 1개월이 지나면 아기가 배고픔과 졸림, 아픔을 울음의 강도, 고저 등으로 분화시켜 나타내므로 울음이 좀 더 정확한 의사전달 수단이 된다. 또한, 생후 6주부터는 울음 이외의 발성인 목 울려 소리내기(cooing)를 시작한다. 목 울려 소리내기는 아기가 기분이 좋을 때 목을 울려 낮게 내는 발성으로 주로 '아아아' '우우우' 소리를 낸다(이옥형,

2002; 주영희, 2001).

2) 옹알이

생후 2, 3개월이 되어 신경근육이 발달하면 소리내기가 옹알이(babbling)로 변한다. 즉, 성대로 공기를 내보내는 조절능력이 발달함에 따라 자신의 의도대로 '바바', '다다' 등의 자음과 모음을 구성하여 옹알거리게 된다. 옹알이는 생후 6~8개월에 절정에 이르렀다가 1년이 지나면 점차 감소한다.

옹알이는 이후의 언어발달에 큰 영향을 미치는데 이를 간략히 소개하면 다음과 같다(Hurlock, 1978).

① 옹알이는 발성 연습의 효과가 있다. 옹알이를 함으로써 복잡한 언어기술을 습득하는 데 필요한 음성기제의 조절력을 증진시킬 수 있다.

② 옹알이를 함으로써 다른 사람과의 의사소통 욕구가 자극된다. 영아는 옹알이를 하다가 다른 사람의 반응이 없으면 중단해 버린다. 반대로 옹알이를 할 때 주변의 성인이 얼굴을 마주 보며 반응해 주면 더 활발히 옹알이를 한다. 이런 경험을 통해 타인과 의사소통하려는 욕구가 촉진된다.

③ 옹알이를 하면서 자신이 사회 집단의 일원임을 느낄 수 있다. 영아가 옹알이를 할 때 주변 사람들이 반응해 줌으로써 집단의 일원임을 느낀 영아는 다양한 의사소통 방법을 사용하여 적극적인 교류를 시도하게 된다.

3) 한 단어 표현

생후 12개월 전후가 되면 한 단어 말을 하기 시작한다. 영아가 처음 말하는 단어는 대부분 일반 명사로 엄마, 아빠, 맘마, 까까, 멍멍 등 가족의 호칭이나 음식, 동물의 이름으로 약 6개의 단어를 표현할 수 있다(김명순·김의향·이유진,

2007; 장유경, 2004a).

영아의 한 단어 표현은 다양한 의미를 내포한다. 예를 들어, 영아가 '엄마'라는 단어를 말했을 때 이는 어머니를 부르는 의미일 뿐 아니라 '엄마, 이리와.' '엄마, 배고파.' '나는 엄마가 좋아.' 등의 다양한 의미로 사용될 수 있다(이영자, 1994).

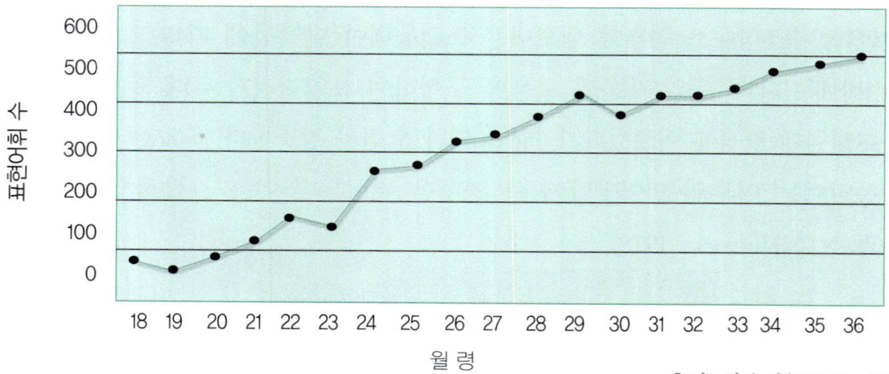

출처: 장유경(2004b: 96).

[그림 8-1] 생후 18~36개월 영아의 월령별 표현어휘 수

4) 두 단어 표현

영아가 생후 18개월에서 20개월 즈음해서 50개 이상의 단어를 말할 수 있게 되면 두 단어를 조합한 말을 하게 된다(주영희, 2001). 영아의 두 단어 표현을 주축문법(pivot grammar)으로 설명하는데, 주축문법이란 주축이 되는 단어를 중심으로 단어에 변화를 줌으로써 다양한 표현을 하는 것을 말한다. 즉, 이 시기 영아가 표현하는 두 단어는 주축어(pivot word)와 개방어(open word)로 구성된다. 여기서 주축어란 어휘의 수가 적고 중복되는 어휘가 많은 감탄사나 부르기 단어들이고, 개방어는 어휘 수가 다양하고 중복 사용되지 않는 이야기의 핵심이 되는 단어이다(이승복, 1994).

영아가 사용하는 두 단어 표현은 주로 명사와 명사(엄마 맘마), 명사와 동사(엄마 자), 형용사와 명사(예쁜 눈)의 형태로 구성된다(이옥형, 2002). 조사, 전치사 등은 생략되고 중요한 핵심적인 단어만 말하기 때문에 두 단어 표현을 전보식 언어(telegraphic speech)라고도 부른다.

〈표 8-1〉 주축문법적 단어조합의 예

주축어	개방어
엄마 아빠 애기야 언니야 또 아	쉬 이리와 우유 이거 이뻐 추워 무거

출처: 조명한(1982: 52).

3 유아기 언어발달

3~5세 유아기는 사용 어휘 수가 급속히 증가하며 문법에 대한 규칙을 이해하고 적용하여 정확한 문장을 사용하고 상대방과 의사소통을 할 수 있게 된다. 또한, 유아기에는 이러한 음성언어 이외에 읽기, 쓰기의 문자언어 발달도 이루어지기 시작한다. 유아기의 언어발달을 음성언어와 문자언어로 나누어서 소개하고자 한다.

1) 음성언어

(1) 어휘

유아기 동안 습득하는 어휘는 급속도로 늘어나서 생후 36개월경에는 어휘수가 500개(장유경, 2004b)에 이르고 이후 1년에 약 500~600개씩 어휘를 습득하여 6세 말경에는 약 3,000개의 어휘를 습득하게 된다. 어휘 습득이 증가하면서 문장에 사용하는 단어의 수도 증가하여 3~4세아는 3~4개의 단어로 문장을 구성하고, 4~5세는 4~5개의 단어, 5~6세는 6~7개의 단어로 이루어진 문장을 사용한다(조복희·정옥분·유가효, 1989).

이와 같이 어휘가 양적으로 증가하면서 단어의 의미에 대한 이해능력도 확장된다. 단어의 의미습득은 수평적, 수직적으로 일어난다. 수평적 어휘 확장(horizontal expansion)은 유아가 알고 있는 단어의 속성에 새로운 속성을 추가해서 이해하는 것을 의미한다. 예를 들어, 유아가 '개'라는 단어를 학습하면서 처음에는 자기 집에서 기르는 '개'만 알다가 점차 개는 다리가 네 개이고 털이 있다는 등 개의 여러 가지 속성을 알게 되어 단어의 의미를 확장해간다. 한편, 수직적 어휘 확장(vertical expansion) 은 유아가 어떤 단어의 속성을 학습하게 되면 이와 관련된 단어들을 하나의 의미 집합체로 이해하게 되는 것을 뜻한다. 예컨대 '개'의 속성을 알게 된 유아는 개를 포함하여 고양이, 염소, 말 등을 동물이라는 집합체로 이해하게 된다(Pflaum, 1974).

(2) 문법

유아가 3세쯤 되면 문법에 맞는 언어의 형태소를 배우기 시작하여 성인의 말과 거의 흡사한 말을 하게 된다. 형태소(morpheme)는 의미를 가지는 언어의 최소단위를 뜻하는데 단어는 하나 이상의 형태소로 이루어진다. 예를 들어, '비문법적'이라는 단어는 '비'라는 의미를 나타내는 형태소와 '문법'이라는 개념의 의미, 그리고 '적'이라는 형태소 등 세 개의 형태소로 구성된다(이승복, 1994). 이와 같이 형태소는 단어의 각 부분이 되어 고유한 기능을 수행하는데, 영유아가 형태소를 습득하는 시기는 형태소의 종류에 따라 다르다. 우리나라 영유아가 가장 먼저 습득하는 형태소는 호칭어미('엄마야'에서 '야'), 문장어미('내꺼야'에서 '야')로 이들 어미는 두 단어 표현 시기에 이미 출현한다. 또한, 공존격 조사(같이, 랑, 하고, 도)와 장소격 조사(에, 한테)도 비교적 일찍 획득되며 주격조사(가, 이)는 공존격 조사 출현 이후에 획득된다(조명한, 1982). 또한, 일반명사를 획득한 후에 대명사를 획득하며 대명사 가운데 인칭대명사는 일인칭('나'), 이인칭('너'), 삼인칭('그')의 순서로 획득한다(이순형, 2000).

영유아의 문법습득 과정에서는 과잉 일반화 현상이 나타나는 경우가 많다. 예를 들어, 주격조사를 주격의 명사 형태에 관계없이 일반화해서 사용하는 경향이 있어서 '삼촌'과 같이 받침이 있는 낱말에 주격 조사 '이' 대신에 '가'를 붙여 "삼촌가" 또는 "삼촌이가"라는 말을 하기도 한다(정옥분, 2012).

(3) 의사소통 능력

의사소통이란 말하는 사람과 듣는 사람이 음성 기호나 문자 기호를 사용하여 정보와 생각을 교환하는 과정으로 대화를 원활하게 이끄는 언어능력이라 할 수 있다(주영희, 2001). 영유아는 출생 초기에는 울음이나 몸짓 언어로 자신의 의사를 전달하다가 단어를 이해하고 표현하는 능력이 빠르게 발달하면서 점차 언어적 의사소통을 하게 된다. 3세가 되면 다른 사람과 나누는 대화의 사회적 양상을 조금씩 깨닫게 되고 5세경에는 절반 정도가 상대방과 주고받는(turn-taking) 대화를 계속하는 등 상대방을 배려하는 기본적인 대화 규칙을 알게 된다(이승복, 1994).

Piaget(1985)는 언어를 의사소통 기능에 따라 자기중심적 언어와 사회적 언어로 나누었다. 자기중심적 언어는 다른 사람의 의견이나 입장을 고려하지 않고 말하는 것으로 반복, 독백, 집단적 독백 등이 이에 속한다. 반복은 상대방에게 뜻을 전달하려는 의사 없이 어떤 발음을 되풀이하는 것을 말하고 독백은 말을 들어주는 상대의 유무에 관계없이 자신의 생각을 혼자 말하는 것이다. 집단적 독백은 다른 사람과 말을 하지만 대화를 하는 것이 아니라 혼자 독백을 하는 언어형식이다. 예를 들면 두 명의 유아가 놀이를 하는 중에 한 유아가 "어디에 굴을 만들까?"라고 말하자 상대 유아가 "내 예쁜 옷 좀 봐."라고 말하는 경우이다. 한편, 사회적 언어는 상대방의 감정, 생각 등을 고려하여 의사소통이 이루어지는 것을 의미한다. Piaget에 의하면 2세에서 7세의 전조작기 영유아는 자기중심적인 언어를 사용하며 구체적 조작기에 이르러야 사회적 언어로의 전환이 이루어진다고 한다.

2) 문자언어

영유아의 문자언어는 음성언어와 마찬가지로 출생 후부터 실제생활 경험을 통해 점진적으로 발달한다. 문자언어의 발달 과정을 읽기와 쓰기로 나누어 살펴보고자 한다.

(1) 읽기 발달

읽기란 일정한 규칙에 따라 문자로 기록되거나 인쇄된 상징을 해독하는 활동으로, 기록한 사람과 해독하는 사람 사이에서 문자를 통해 의사소통이 이루어지는 것을 의미한다(유효순 외, 2014).

일반적으로 취학 전까지 영유아는 읽기에 필요한 기본 능력을 습득한다. 즉, 말과 글의 관계를 알게 되고 그림책을 반복해서 보거나 주변의 음식점 표시, 과자이름을 보면서 글자의 의미와 기능에 대해 인식하게 된다. 유아가 3세가 되면 책을 잡고 페이지를 넘길 수 있으며 글자 유형을 구별하고 인쇄글자가 어떻게, 왜 사용되는가를 이해하기 시작한다. 4세쯤이 되면 주변에 있는 인쇄글자를 읽기 시작하고 글자와 글자 이름과 같은 인쇄글자의 그래픽 신호에 흥미를 가지며 5세가 되면 몇 가지 글자를 읽을 수 있다(이영자, 1994).

영유아의 읽기 발달에 대해 학자들은 영유아가 주변 환경에 있는 상징을 인식함으로써 읽기를 시작한다고 주장한다(Barbour, 1987). 예를 들어, 가게에 있는 물건 상표, 거리의 여러 가지 푯말이나 간판 등을 처음에는 상황을 통해 인식하게 되고 이런 경험이 쌓이면 인쇄 글자 자체만을 보고도 읽을 수 있게 된다는 것이다.

Mason(1980)도 이와 유사한 관점에서 영유아의 읽기습득 과정을 세 단계로 제시하였다. 첫 번째는 상황에 의해서 글자를 인식하는 단계이고, 두 번째는 글자와 글자의 이름을 짝 짓는 단계이며, 세 번째는 단어를 읽고 해독하는 단계이다.

주영희(2001)는 우리나라 영유아의 읽기 발달을 읽기 이전 단계, 과도적 단계, 혼자 읽기 단계로 나누고 각 단계에서 나타나는 읽기행동의 특징을 소개하였다. 이를 간략히 설명하면 다음과 같다.

① 읽기 이전 단계

주변에 있는 글자와 책에 관심을 보이며 글자와 책이 읽는 것임을 안다. 또한, 책 속의 그림을 보고 명칭(사자, 토끼) 붙이기를 좋아한다.

② 과도적 단계

주변에서 아는 글자를 찾아 읽으며 소리와 글자 간의 일대일 대응을 할 수 있다.

③ 혼자 읽기 단계

자신이 알고 있는 글자가 다른 상황에서 제시되어도 읽을 수 있으며 글자가 의미 구성의 기초임을 안다.

(2) 쓰기 발달

영유아의 쓰기 행동은 손에 크레파스나 연필과 같은 필기도구를 잡고 휘갈기듯이 끼적거리기를 하면서 시작된다. 쓰기 발달의 원리와 단계를 소개하면 다음과 같다.

① 쓰기 발달의 원리

3세 정도가 되면 끼적거리듯이 쓰는 동작이 분화하여 일정한 단계를 거쳐 점진적으로 발달한다. 쓰기 발달의 원리는 다음과 같다(이차숙, 2005).

- **자연적 발달 원리:** 쓰기는 의도적으로 가르치지 않아도 일상생활에서 접하는 글자를 보면서 자연스럽게 익힐 수 있다.
- **상호작용적 발달 원리:** 주변 환경과 상호작용을 하면서 쓰기발달이 이루어진다.
- **기능적 발달 원리:** 쓰기능력은 분절된 언어요소를 반복적으로 연습하는 방법보다는 의미 있는 언어를 실제로 사용하는 경험을 통해 더 잘 발달한다.
- **구성적 발달 원리:** 쓰기의 목적은 글을 읽는 사람에게 글의 의미를 이해시키는 것이다. 그러므로 쓰기 발달은 상황과 관련이 있으면서 일관성과 응집성 있는 문장을 산출할 수 있는 의미 구성의 경험을 통해 촉진된다.
- **통합적 발달 원리:** 쓰기발달은 말하기, 듣기, 읽기를 통합적으로 경험하여야 증진된다.
- **점진적 발달 원리:** 쓰기발달은 어느 시점에서 갑자기 이루어지는 것이 아니라 점진적으로 이루어진다. 즉, 생활 속에서 글자에 관심을 갖게 되고 서서히 글자 형태, 사용 규칙 등을 배워가면서 발달한다.

② 쓰기 발달 단계

쓰기 발달 단계에 대해서는 학자들의 연구결과에 따라 차이가 있다. Schickedanz (1990)에 의하면 생후 18, 19개월까지는 끼적거리는 단계, 23개월은 획이 나타나는 단계, 32개월에서 42개월은 글자형태가 나타나는 단계, 6½세는 표준적인 철자 표기가 가능한 단계로 발달한다고 한다. 또한, 이영자(1994)는 쓰기 단계를 6단계로 나누어, 첫 번째는 끼적거리는 시기, 두 번째는 우연히 글자모양이 만들어지는 단계, 세 번째는 의도적으로 한두 개의 글자모양을 만드는 단계, 네 번째는 글자형태가 나타나는 시기, 다섯 번째는 단어쓰기 단계, 여섯 번째는 문장쓰기 단계로 구분하였다. 학자들의 견해를 종합해 보면 영유아의 쓰기발달은 다음과 같은 단계로 이루어진다.

1단계: 끼적거리기 단계
2단계: 한두 개의 글자 모양이 우연히 나타나는 단계
3단계: 식별 가능한 글자가 나타나지만 획이 생략/첨가되거나 뒤바뀌는 단계
4단계: 글자 형태는 갖추었으나 획순, 모양이 바르지 않은 단계
5단계: 획순, 모양이 바르게 글자를 쓰는 단계
6단계: 단어 쓰기 단계
7단계: 문장 쓰기 단계

[사진 8-1] 끼적거리기

[사진 8-2] 한두 개의 자형이 우연히 나타남

4 언어발달을 위한 지도방안

언어 지도방안을 말하기, 듣기, 읽기, 쓰기로 나누어 살펴보고자 한다.

1) 말하기 지도

말은 의사소통의 매체이므로 말하는 사람과 듣는 사람의 상호 이해를 전제로 한다. 따라서 말하는 사람은 다른 사람이 이해할 수 있는 발음과 어휘, 문법 규칙을 적용한 언어를 구사해야 한다. 말하기 능력을 갖추도록 영유아를 지도할 때 도움이 되는 지침을 소개하면 다음과 같다(이숙재·이봉선, 2009).

- 영유아에게 다양한 이야깃거리를 제공하여 말하고 싶은 욕구를 갖게 자극한다.
  영유아는 자신의 경험을 말로 표현하는 것을 좋아한다. 영유아의 경험은 언어표현의 주요 동기가 되므로 이 동기를 자극하여 말하는 기회를 많이 갖게 한다. 즉, 영유아가 새로운 경험을 할 때마다 새로운 이야깃거리가 만들어지므로 여러 가지 흥미 있는 새로운 경험(예: 동물원 견학, 동극 관람)을 지속적으로 제공해야 한다.

- 영유아가 부담 없이 자유롭게 말할 수 있는 다양한 기회를 제공한다.
  말하기 능력은 영유아가 직접 말을 해보는 경험을 통해서만 길러질 수 있다(이차숙, 2005). 따라서 다양한 조건에서 말하는 경험을 하도록 일상적인 대화 경험뿐 아니라 여러 사람 앞에서 발표하는 경험, 여러 장소에서 말하는 경험, 여러 대상에게 말하는 경험을 하게 한다.

- 영유아의 개인적 발달 수준에 따라 점진적으로 지도한다.

말하기 지도는 직접적인 반복 연습보다는 영유아의 개인적인 발달 수준에 따라 자연스런 상황에서 언어적 상호작용을 하면서 점진적으로 지도하는 것이 효과적이다. 예를 들어, 영유아에게 "선생님이 말하는 대로 따라 해 보자."라고 강요하는 방법은 비효과적이다. 영유아가 개를 보고 "개 멍멍"이라고 말하는 상황에서 부모나 교사가 "그래, 개가 멍멍 짖는구나."라고 올바른 문장으로 언어적 상호작용을 해 줌으로써 영유아의 언어능력을 발달시킬 수 있다.

- 적절한 질문을 하여 영유아가 다양한 언어표현을 할 수 있게 한다.
  "예.", "아니요." 식의 답변을 요구하는 질문보다 자유롭게 응답할 수 있는 개방식 질문, 예를 들어, "왜 그렇게 생각하니?", "그 다음에 어떤 일이 생겼을까?" 등이 영유아의 표현력을 촉진한다.

- 성인이 훌륭한 언어 모델이 되어야 한다.
  교사나 부모는 언제나 정확한 발음, 적절한 음성 크기와 속도로 말을 하는 모델이 되어야 한다. 또한, 영유아가 이해할 수 있는 수준의 다양한 어휘를 사용하여 간결한 문장으로 말하는 모범을 보여야 한다.

- 다양한 말하기 상황에 적합한 예의를 지키도록 지도한다.
  필요한 상황에서 "감사합니다.", "미안합니다." 등을 적절하게 사용하는 습관을 들이도록 지도하고, 상대에 따라 존댓말을 하도록 지도한다.

2) 듣기 지도

영유아가 정상적인 청각기관을 가지고 있다 해도 듣기능력을 증진시키기 위해서는 많은 학습 기회가 필요하다. 듣기 지도를 할 때의 기본 원리는 다음과 같다.

- 영유아가 듣기의 필요성을 인식하도록 한다.

모든 학습의 효과는 학습자가 학습의 중요성을 어떻게 인식하느냐에 따라 크게 달라진다. 그러므로 영유아에게 듣기를 강요하는 것보다 잘 듣는 것이 학습이나 일상생활에 얼마나 필수적인가를 우선적으로 알게 하는 것이 중요하다.

- 개인차를 고려하여 듣기 지도를 한다.

영유아의 언어 이해수준이나 흥미는 각기 다르기 때문에 듣기 지도에 앞서 영유아의 개별적인 언어발달 수준과 흥미를 파악하여 이를 토대로 개별 지도하는 것이 효과적이다.

- 좋은 듣기 습관을 가지도록 지도한다.

남의 말을 들을 때는 주의를 집중해서 끝까지 듣도록 지도한다. 말하는 사람의 눈을 바라보거나 고개를 끄덕이는 등의 반응을 보이면서 듣는 태도를 익히도록 한다(이차숙, 2005).

- 영유아에게 적합한 동화를 들려준다.

영유아는 동화 듣기를 좋아한다. 동화를 듣고 감상하면서 듣기능력이 촉진된다. 영유아에게 동화를 들려주려면 먼저 영유아의 발달 수준과 흥미에 알맞은 동화를 선정하여야 한다. 0~2세용으로는 보고, 듣고, 만지는 감각적인 경험을 즐길 수 있도록 촉감책이나 소리 나는 책 등이 적합하다. 3~5세용으로는 모험적이고 상상적인 이야기, 동물이나 놀잇감이 의인화된 이야기, 영유아의 개념을 확장하고 강화시켜 주는 책이 적합하다(이상금 · 장영희, 2001).

동화책을 읽어줄 때는 책을 함께 보면서 영유아가 주의를 계속 유지하고 감상하도록 한다. 지나친 기교보다는 성인이 동화책에서 느낀 것을 자연스럽게 전달하도록 노력하는 것이 좋다. 동화책의 특성이나 내용에 따라 경쾌하게 읽어야 할 때도 있고 차분하게 읽어야 할 때도 있으며, 속도의 빠르고 느리기도 조절해야 한다. 읽는 동안에 영유아의 느낌과 반응을 파악하기 위하여 영유아를 살펴보는 일도 중요하다. 또한, 영유아에게 동화 내용에 대한 질문을 하거나 느낌을 말해 보도록 상호작용을 하면서 읽어 준다(Vukelich, Christie, & Enz, 2008).

3) 읽기 지도

영유아에게 읽기를 지도하는 문제는 이제까지 많은 교사와 부모의 주요 관심사가 되어 왔다. 특히, 초등학교 입학 전에 읽기를 가르쳐야 하는지, 또 읽기 지도를 한다면 어떤 방법으로 하는 것이 효과적인지에 관심이 집중되고 있다.

효과적인 읽기 지도 방안을 소개하면 다음과 같다(이숙재 · 이봉선, 2009).

- **영유아의 개별적인 능력에 따라 읽기 지도를 한다.**

  영유아는 읽기능력에 개인차가 많다. 읽기를 잘하는 영유아, 글자에 관심을 보이기 시작한 영유아, 읽기 준비가 전혀 되어 있지 않은 영유아 등 다양하기 때문에 각 영유아의 현재 언어능력을 파악하고 이에 근거하여 개별적으로 지도한다. 특히, 영아기에는 직접 읽기 교육을 시키기보다 읽기를 위한 기본능력, 다시 말해 읽기 준비를 시키는 것이 효과적이다. 읽기 준비 교육에는 방향 감각, 안구운동 능력, 형태 지각력, 청각 식별력 등이 포함된다. 예를 들어, 방향 감각을 증진시키기 위해서는 여러 형태의 점을 연결하는 활동을 할 수 있고, 안구운동을 위해서는 공 던지고 받기 놀이를 할 수 있다. 그 밖에 형태 지각력은 퍼즐 맞추기 놀이, 청각 식별력은 악기 소리 구별하기 놀이를 통해 발달시킬 수 있다.

- **영유아가 놀이를 하면서 자연스럽게 읽기에 참여하도록 환경을 마련해 준다.**
  유치원이나 어린이집 교실의 역할놀이 영역에 다양한 종류의 동화책, 요리책, 전화번호부, 신문, 잡지, 여러 가지 카탈로그와 같은 인쇄 자료를 제공한다. 또한, 쌓기 놀이 영역에는 글자 블록이나 퍼즐 등 읽기 학습을 자연스럽게 유도할 수 있는 놀잇감을 준비해 준다.

- **영유아가 글자의 의미를 이해하도록 지도한다.**
  영유아에게 읽기 지도를 할 때는 단순히 글자와 음성만을 연결 짓는 것보다는 영유아가 인쇄된 글자에서 의미를 파악하고 전체적인 문장과 문맥에 대해 이해하도록 지도하는 것이 바람직하다. 이를 위해 영유아에게 책을 읽어줄 때 책의 글자 한 자 한 자에 중점을 두기보다 그림을 보면서 각각의 페이지에 담긴 내용을 이해하고 기억하도록 지도한다(이영자, 1994).

- **교사나 부모와 함께 읽는 경험을 많이 하도록 한다.**
  영유아가 자신이 관심 있는 책을 선택하여 혼자서 읽는 경험은 읽기 동기나 흥미를 지속시키는 데 필수적이다. 그러나 이러한 혼자 읽기 이외에 교사, 부모와 함께 읽는 경험도 읽기 발달에 꼭 필요하다. 교사나 부모와 함께 하는 읽기는 흔히 반복 읽기로 발전한다. 반복 읽기는 어른이 계속해서 여러 번 책을 읽어줄 수도 있고, 한 번 읽어준 내용에 대해 질문을 하고 다시 읽어보게 하는 방법도 있다. 반복 읽기는 단어 재인, 해독 기술의 습득에 매우 효과적이다(이차숙, 2005).

- **영유아의 일상적인 경험을 토대로 읽기 지도를 실시한다.**
  읽기 지도에서 낱말의 자음과 철자에 초점을 두어 발음 중심으로 지도하면 영유아가 읽기에 흥미를 잃어버리게 된다. 영유아에게 의미 있고 관심 있는 글자(예: 영유아 이름, 아이스크림 명칭 등)를 중심으로 읽기 지도를 하는 것이 효과적이다.

● **읽기 활동은 말하기, 듣기, 쓰기 활동과 통합하여 지도한다.**

영유아에게 있어서 읽기 학습은 말하기, 듣기, 쓰기 활동과 긴밀한 관계를 맺으면서 이루어진다. 따라서 영유아의 보다 폭넓은 언어경험을 위해서는 말하기, 듣기, 읽기, 쓰기를 통합적으로 지도하는 것이 무엇보다 중요하다(주영희, 2001).

4) 쓰기 지도

읽기 지도와 마찬가지로 쓰기 지도에서도 교수방법에 대한 문제가 자주 거론되고 있다. 쓰기 교육이 효율적으로 이루어진다면 영유아에게도 쓰기 교육이 가능하지만 비효율적으로 지도하기 때문에 문제가 생기는 것이다.

그렇다면 비교육적인 쓰기 지도는 어떤 것인가? 영유아에게 글자 중심의 쓰기를 학습시키는 것은 비효과적이다. 예를 들어, 4, 5세아에게 가, 나, 다, ㄱ, ㄴ 등의 글자를 반복적으로 쓰게 하는 것은 단순히 글자의 형태를 기계적으로 암기하여 기록하는 데는 도움이 될지 모른다. 그러나 그 글자를 완전히 이해하여 적절한 문장으로 쓰는 데는 도움이 되지 못한다.

또한, 모든 영유아에게 같은 수준의 쓰기를 학습시키는 것도 문제이다. 쓰기 능력은 영유아의 개인차가 크다. 이 때문에 동일한 수준의 쓰기 학습을 시킨다면 여러 가지 부작용이 생길 수 있다. 만일 필기도구를 사용할 능력조차 발달되지 않은 영유아에게 '엄마', '태극기' 등의 글자 쓰기를 강요한다면 쓰기 학습에 흥미를 잃어버리게 됨은 물론, 글자가 잘 써지지 않는 경험을 통해 좌절감을 느끼게 될지도 모른다. 또 무리하게 손 근육을 사용한 결과로 바른 필기 자세를 갖추지 못하는 경우도 생길 수 있다(이숙재 · 이봉선, 2009).

바람직한 쓰기 지도방법을 살펴보면 다음과 같다.

- **영유아가 자발적으로 쓰기 활동에 참여하도록 놀이 중심으로 지도한다.**

  영유아에게 초등학생의 과제처럼 일정한 분량의 쓰기를 강압적으로 지시하면 자칫 쓰기에 대한 흥미를 잃어버릴 수 있다. 우체국놀이, 은행놀이, 도서관놀이를 하면서 자연스럽게 쓰기 경험을 시키는 것이 효과적이다.

- **글자 중심의 쓰기 지도보다는 글자의 의미를 강조하여 지도한다.**

  아무런 의미가 없는 글자(예: 가, 갸, 거) 쓰기를 반복적으로 연습시키는 것은 무의미한 표기 활동에 불과하다. 영유아에게는 실제 상황과 관련이 있는 내용을 쓰게 하는 것이(예: 초청장 만들기, 포스터 만들기) 효과적이다.

- **영유아의 개별적인 능력에 따라 쓰기 지도를 한다.**

  쓰기 지도는 영유아의 개별적인 흥미와 발달 정도에 맞추어 실시한다. 쓰기에 필요한 기본능력이 발달되지 않은 영유아에게는 쓰기 준비 교육으로 구슬 꿰기, 가위질하기, 젓가락으로 콩 옮기기 놀이 등을 통해 손가락 근육운동 능력을 키워야 하고 이미 준비가 된 영유아에게만 쓰기 지도를 해야 한다.

- **초기 쓰기 과정에서 나타나는 쓰기의 여러 가지 오류를 효과적으로 지도한다.**

  영유아는 초기 쓰기 과정에서 글자나 숫자를 거꾸로 쓰거나 점과 획을 빠뜨리는 등의 실수를 자주 한다. 이러한 경향은 지각오인과 손동작의 미숙으로 인해 나타난다. 영유아가 이런 실수를 할 때는 바르게 쓰인 글자를 보고 차이점을 스스로 찾아보게 하거나 눈과 손의 협응력, 손운동 능력, 공간 개념발달을 도와주는 활동을 하도록 지도한다.

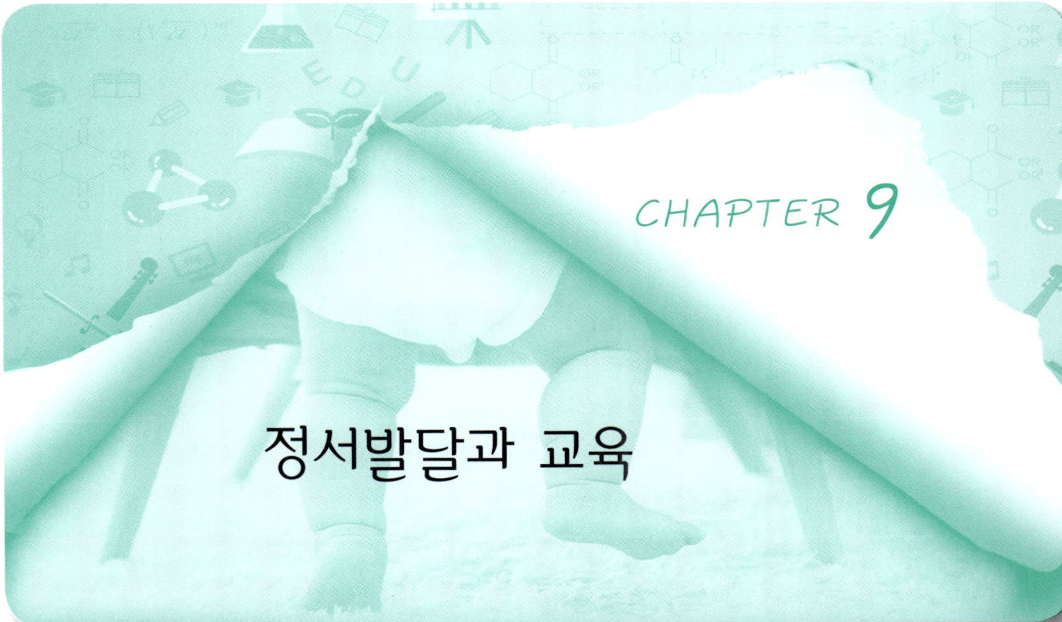

CHAPTER 9

정서발달과 교육

영유아는 여러 가지 자극에 대해 다양한 정서로 반응한다. 영유아의 정서표현은 성인과는 다른 특징이 있다. 즉, 정서상태가 짧은 시간 지속되면서 상당히 격렬하다. 또한, 정서표현을 억제하기보다는 느끼는 그대로 자주 표출한다. 영유아의 정서는 연령에 따라 발달한다. 영아기에는 기쁨, 분노, 공포, 불안, 애정, 질투 등 기본적인 정서가 나타나고 유아기에는 당혹감, 수치심, 죄책감, 부러움 등의 자아인식 정서가 나타난다.

9장에서는 정서발달 이론과 영유아기에 나타나는 정서의 특징을 살펴보고자 한다. 또한, 영유아의 정서발달에 도움이 되는 실질적인 지도방안을 제공하고자 한다.

1 정서의 개념

기쁨, 분노, 공포, 슬픔과 같은 정서적 경험과 표현은 개인의 다양한 행동을 유발시킬 뿐 아니라 타인의 행동에 영향을 미치며 인간이 사회적 상호작용을 하고 대인관계를 형성하는 데 중요한 역할을 한다(곽승주, 2008). 정서는 인류의 역사와 함께 존재해온 개념으로 고대 그리스 시대부터 철학자들은 정서를 감정과 동일시하여 왔으며 오늘날에도 정서를 감정이나 기분 등과 동일한 의미로 혼용하고 있다.

그러나 엄밀히 말하면 정서(emotion)는 감정이나 기분과는 다른 의미를 갖는다. 감정(feeling)이란 특정한 상황과 사건에 대한 일시적이고 개별적인 정서를 의미하는 데 비해서 정서는 여러 가지 감정을 포괄하는 상위의 개념으로 볼 수 있다(Hyson, 1998). 즉, 정서는 신체, 표현, 인지 및 인성적 요소를 포함하는 복합적인 개념을 의미하므로, 주관적이고 표현적인 면이 강한 감정보다 포괄적이라고 할 수 있다. 또한, 정서는 일반적으로 특정한 대상이 있고 지속 시간이 짧은 반면, 기분(mood)은 원인이 덜 명확하고 지속 시간이 더 길게 유지되는 경향이 있다(임희수, 2001).

또한, 모든 정서는 생리적 측면, 표현적 측면, 인지적 측면의 속성을 지닌다. 정서의 생리적 측면이란 각 정서가 중추신경과 뇌로 신호를 전달하는 내·외적인 사건에 의해 일어나며 이러한 신호의 결과로 생리적인 변화, 예를 들어, 심장이 뛰고, 손바닥에 땀이 나거나 목이 타는 등의 현상이 일어나는 것을 의미한다. 표현적 측면은 정서가 미소, 얼굴 찡그리기, 웃음 등과 같이 얼굴 표정이나 목소리, 몸의 움직임으로 표현되는 것을 의미한다. 그 밖에 인지적 측면은 상황의 맥락, 목표, 과거 경험 등을 토대로 타인의 정서표현을 해석하고 자신의 정서 경험 정도를 판단하는 것을 뜻한다. 학자마다 생리적 반응, 표현적 반응, 인지적 해석이 일어나는 순서에 대해서는 의견이 일치하지 않으나 이 세 가지 요인이 결합하여 정서가 나타난다는 점에는 동의하고 있다(Kostelnik, Whiren, Soderman, Stein, & Gregory, 2005).

한편, 정서의 행위동기로서의 기능을 강조하는 관점도 있다. 즉, 정서는 개인의 행동을 유발하는 주요 기제로서 생존 및 순응 가치의 기능을 가지고 개인이 환경에 반응하고 적응하도록 이끌어준다고 주장하는 관점이다(곽승주, 2008). 예를 들어, 분노와 같은 정서는 자기보호적인 행동을 표출하게 하고 목표 달성을 위한 에너지와 동기를 제공하며, 공포나 혐오 정서는 위험한 상황에서 탈피하는 행동을 유도해낸다. 정서라는 용어도 라틴어로 '밖으로'라는 의미의 'e'와 ' 움직이다'는 뜻의 'movere'에서 유래되고 있는데, 이러한 어원적 근원에도 정서가 자극에 대한 반응을 이끄는 행위동기로서 기능을 한다는 의미가 내포되어 있다(김경희, 2004). 이러한 관점은 정서를 주관적이고 내적인 반응으로 간주하던 전통적인 견해와는 달리 정서가 사회관계에서 대상이나 상황을 지각하고 그에 따르는 적응적인 반응으로서 나타난다는 기능주의적 입장을 반영하는 것이다.

이와 같이 정서에 대한 관점이 다양하기 때문에 학자마다 정서의 개념을 다양하게 정의하고 있다. 예를 들어, Greenspan과 Greenspan(1985)은 정서를 신체적, 표현적, 인지적 의미뿐 아니라 개인적인 의미를 지니는 복잡하고 주관적인 경험이라고 정의하였으며(Snow, 1998, 재인용), Izard(1991)는 정서를 외계에 대한 지각, 사고, 행동을 유발하고 조절, 안내하는 감정으로 정의하였다.

이상에서 살펴본 정의를 종합하면, 정서란 인간이 자극에 직면하여 발생하는 여러 가지 생리적 변화(혈압, 맥박 등의 변화)나 눈에 보이는 행동(미소, 찡그림) 등의 반응을 말한다. 그 밖에 정서는 동기유발적 특성이 있어서 인간의 지각, 사고, 행동을 유발, 조절, 안내하는 역할을 한다고 개념화할 수 있다(Hyson, 1998).

2 정서발달 이론

영유아의 정서가 어떻게 형성되고 발달하는지를 설명하는 정서발달 이론으로 생물학적 이론, 학습 이론, 인지발달적 이론, 기능주의적 접근 등이 있다(김경희, 2004; 유효순 · 원혜경 · 김정희, 2013; 이영 외, 2015; 정옥분, 2006).

1) 생물학적 이론

정서발달의 생물학적 요인을 주장하는 대표적인 학자는 Izard(1991)이다. Izard에 의하면 인간의 정서는 생물학적으로 프로그램되어 있으며 성장과정에서 일정한 순서에 따라 나타난다고 한다. Izard가 여러 가지 자극에 대한 영아의 얼굴표정을 관찰하여 분석한 결과, 영아는 호기심, 혐오감 등의 정서를 선천적으로 가지고 태어나며 기쁨은 생후 1개월부터 출현한다고 한다. 또한, 분노, 놀람, 슬픔은 생후 3~4개월, 수치심, 수줍음은 6~7개월부터 나타난다고 한다.

2) 학습 이론

학습 이론에서는 정서적 반응이 영유아 발달에서 중요한 역할을 한다고 강조한다. 유명한 학습이론가 Watson에 의하면 인간은 공포, 분노, 사랑 등의 정서를 선천적으로 가지고 태어나며 그 밖의 정서반응은 고전적 조건형성 과정을 통해 학습된다고 주장한다. 또한, 조작적 조건 형성 이론가들은 영유아의 정서반응이 강화와 처벌에 의해 학습된다고 본다. 즉, 대부분의 어머니는 영유아가 자신과 비슷한 표정을 지으면 미소를 지어 강화해준다. 특히, 영유아가 긍정적인 정서를 표현하면 칭찬이나 격려 등의 보상적 반응을 하여 강화시켜주고 분노나 혐오와 같은 부정적 정서를 표출하면 처벌을 하여 정서표현을 조절하도록 지도한다. 한편, 사회학습 이론에서는 영유아가 다른 사람의 정서 반응을 모방한다고 주장한다. 영유아는 부모나 다른 모델의 외현적인 정서 행동을 모방하여서 양육자나 주변 성인이 기쁨, 호기심과 같은 긍정적인 얼굴표정을 보이면 영유아도 이를 모방하여 밝은 표정을 짓지만 양육자가 슬픈 표정을 하면 영유아도 슬픈 표정을 모방하게 된다는 것이다(유효순 외, 2014).

3) 인지발달적 이론

인지발달적 이론에서는 정서의 분화가 생물학적 성숙보다는 영유아가 성장하면서 보이는 인지적 변화의 결과라고 믿는다. Sroufe(1996)는 정서의 발달과정에서 인지적 요인을 강조한 대표적 학자로, 영아가 생후 8개월이 되어 대상영속성 개념 및 인과관계를 이해하고 다른 사람의 행동을 예측하고 행동의 의도를 이해하게 되면서 정서가 점차 분화된다고 주장한다. 한편, Hebb(1949)은 인지발달적 불일치 이론(cognitive-developmental discrepancy theory)을 소개하였다. 이 이론에서는 영유아가 새로운 자극물을 경험할 때, 그것을 익숙한 사물의 도식과 비교해 보고 불일치 정도에 따라 정서반응을 결정한다고 설명한다. 즉, 새로운 자극물과 익숙한 사물의 도식이 거의 일치하면 가벼운 긴장반응을 나타내지만 불일치하면 긴장감이 고조되는데, 만일 극도로 불일치하면 자극물이 동화되지 않아서 오히려 긴장감이 감소된다는 것이다.

4) 기능주의적 접근

최근에 관심을 끌고 있는 정서발달 이론이 기능주의적 접근법(functionalist approach)이다. 이 접근에서는 정서가 개인행동의 모든 측면에서 핵심이 되는 막강한 힘을 발휘한다고 주장한다. 즉, 정서란 인지 과정, 사회적 행동, 신체적 건강의 세 가지 영역에서 개인의 경험을 조절하고 조직하는 기능을 한다고 보는 포괄적인 관점에서 접근한다. 정서와 인지 과정, 사회적 행동, 신체 건강의 관계를 설명하면 다음과 같다.

(1) 인지 과정과 정서

정서는 사고력이나 기억력 같은 인지 과정(cognitive processing)에 결정적인 영향을 미친다. 정서조절능력은 인지발달과 정적인 상관이 있어서 정서조절능력이 높을수록 인지발달 수준이 높다(권정윤 외, 2012). 인간은 극도로 긴장된 상황에서는 사고력을 충분히 발휘할 수가 없다. 또한, 정서는 기억력에도 영향을 미친다. 예를 들어, 예방접종을 하면서 많이 놀라고 무서워한 영유아가 덜 무서워한 영유아보다 그 상황을 더 잘 기억한다는 연구결과도 있다(Goodman, et al., 1991).

(2) 사회적 행동과 정서

미소, 울음, 호기심과 같은 영유아의 정서적 표현은 다른 사람의 행동에 막강한 영향을 미치고 다른 사람의 정서적 반응은 영유아의 사회적 행동을 조절한다. 이러한 정서적 신호의 상호교환은 생후 초기에 양육자와 영아 사이에서 이루어지기 시작한다. 이후에 영유아는 다른 사람의 정서를 길잡이로 삼아서 자신의 행동을 조절하며 사회적으로 성장한다.

(3) 신체건강과 정서

영유아의 정서는 신체건강과 밀접하게 연관된다. 지속적인 스트레스나 불안, 분노 등의 정서는 영아기에서 성인에 이르기까지 다양한 건강문제를 야기시킨다(유효순 외, 2014). 예를 들어, 어머니와 자녀 관계가 단절되면 영유아의 면역기능이 떨어져서 결국 질병에 감염된다고 한다.

3 영아기 정서발달

정서는 영아발달 과정에서 매우 중요한 역할을 한다. 특히, 언어표현력이 미숙한 영아기에는 정서적 반응을 통해 자신의 욕구와 내면의 감정을 타인에게 나타낸다. 정서가 일종의 의사소통의 기능을 한다고 볼 수 있다. 영아의 정서는 대부분 욕구와 결부된다. 예를 들어, 배고픈 욕구가 충족되지 않으면 영아는 분노로 욕구불만을 표출한다.

정서의 표현은 출생 후 일찍부터 나타나며 동일한 자극에 대해 동일하게 나타나는 것이 아니라 영아마다 반응의 내용이나 강도가 다르다. 본절에서는 영아기 동안에 나타나는 기본적인 정서와 정서적 반응 양식의 개인별 차이를 의미하는 기질에 대해 살펴보고자 한다.

1) 기본 정서의 출현

생애 초기에 나타나는 기본 정서는 매우 강렬하게 표현되어서, 영아는 작은 일에도 좋아하며 기뻐하고 기분이 나쁘면 몸부림을 치면서 격렬하게 울기도 한다. 또한, 정서상태가 자주 변화해서 금방 울다가 웃는 등 정서적 반응이 빨리 바뀐다.

정서를 연구하는 많은 학자들은 영아의 다양한 정서가 언제부터 발달하는가에 관심을 보였다. Bridges(1932)에 의하면 출생 시에는 막연한 흥분상태에 있으나 점차 정서가 분화되어 생후 3개월이 되면 쾌/불쾌의 정서가 생기고 5개월이 되면 분노와 혐오 그리고 7개월에는 공포, 10~12개월에는 애정과 기쁨이 나타나며 2세경에는 질투심이 생겨서 성인에게서 볼 수 있는 거의 모든 정서표현이 나타난다고 한다(김경희, 2004, 재인용).

영아기에 표출되는 기본 정서 가운데 기쁨, 분노, 공포, 불안, 애정, 질투에 관하여 살펴보면 다음과 같다.

(1) 기쁨

기쁨의 정서는 주로 미소나 웃음으로 표현되며 건강한 영아일수록 기쁨의 표현이 명확하고 빈번하다. 영아는 출생 후 배냇짓이라 하여 외부세계와 전혀 관계없이도 미소를 짓는다. 배냇짓은 영아가 졸린 상태에 있을 때 나타나는 신경생리학적 반응으로 기쁨을 의미하는 것은 아니다(정옥분, 2006).

진정한 의미의 기쁨은 생후 2, 3개월경 표현되기 시작한다. 즉, 이 시기의 영아는 친숙한 사람의 모습이나 놀잇감을 보거나 신체적으로 안락감을 느낄 때 기쁨의 표현으로 미소를 짓는다. 생후 4개월에는 기분이 좋으면 큰 소리를 내면서 웃고, 6~7개월이 되면 손발을 버둥대면서 웃는다. 2세경에는 기쁜 감정을 있는 그대로 표현해서 깡충깡충 뛰거나 박수를 치면서 즐거워한다.

(2) 분노

영아는 생후 1개월에서 4개월 사이에 분노를 표현할 수 있는 능력이 발달하기 시작하며 목표를 향해 보다 명확하게 분화되는 것은 4~7개월경이다. 이 시기의 영아는 주로 자신의 움직임을 제한받아서 욕구가 좌절될 때 분노를 느낀다. 예를 들어, 놀잇감을 만지려고 할 때 저지를 당하면 몸짓과 표정으로 분노를 강하게 표출한다. 또한, 영아의 자아인식 능력이 점차 발달하고 독립하려는 욕구가 강해지는 2세경이 되면, 영아의 의도가 부모의 요구나 기대와 상충될 때 심한 분노와 저항을 나타낸다(Berk, 2009).

때때로 영아는 분노 표출을 욕구충족의 수단으로 활용하기도 한다. 즉, 분노 표출로 주위 사람의 관심을 자신에게 집중시킬 수 있을 뿐 아니라 원하는 것을 쉽게 충족시킬 수 있음을 터득하게 되는 것이다.

영아의 분노 표출은 6개월 이후 빈번하게 나타나며 영아기 동안 계속 증가한다. 분노를 표현하는 방법은 영아에 따라 개인차가 크지만, 1세아는 소리를 지르거나 발로 차고 팔을 휘두르거나 바닥에서 구르며 새파랗게 질리도록 우는 등 다양한 반응으로 분노를 표출한다. 분노는 2세경에 최고조에 달하며 이러한 행동 이외에 "싫어.", "안돼." 등의 언어표현과 때리거나 물어뜯는 등의 공격적 행동으로 표현한다(이영 외, 2015; 정옥분, 2006; Snow, 1998).

(3) 공포

공포는 신체적, 심리적 위험에 대한 반응으로 나타난다. 출생 초기에는 대부분 부모로부터 보호를 받고 있으므로, 공포의 감정을 유발하는 자극물이 주변에 별로 없다(정옥분, 2006).

생후 6개월이 되면 영아는 인지발달이 이루어지면서 친숙하지 않은 대상에 대해 공포심을 가지기 시작한다. 공포의 감정은 고통스럽거나 불쾌한 감정을 야기시킨 사람, 사건, 사물 등을 직접 경험함으로써 학습되거나(예: 주사를 놓아준 간호사에 대한 공포심) 부모나 성인이 무서워하는 것을 모방하여 자신도 그런 것을 무서워하는 경우도 있다.

공포의 자극에 대한 반응으로는 울거나 숨 쉬는 것을 일시적으로 참는 행동을 한다. 또는 얼굴을 가리거나 어머니 뒤에 숨어서 피하는 등의 반응을 나타낸다(조복희 · 정옥분 · 유가효, 1989).

(4) 불안

영아기에 빈번하게 나타나는 정서로 불안감을 들 수 있다. 불안감은 낯선 사람을 두려워하는 낯가림(stranger anxiety)과 양육자와의 분리를 두려워하는 격리불안(separation anxiety)으로 나타난다. 영아가 낯선 사람에 대해 갖는 낯가림은 생후 6~8개월에 시작하여 12개월경에 가장 심하게 나타나며 그 이후에는 점차 감소한다. 이러한 낯가림은 어머니와의 애착관계, 사회적 맥락, 낯선 사람의 특성에 의해 영향을 받는다. 즉, 양육자와 안정애착을 형성한 영아는 불안정애착 영아에 비해 낯선 사람을 덜 두려워하며, 실험실보다는 자신의 집에서 낯선 사람에 대한 두려움이 적다. 또 성인보다는 또래에게, 성인 중에서는 친절하고 적극적이며 미소를 짓는 사람에게 불안감을 덜 나타낸다(곽승주, 2008). 영아의 낯가림 반응은 낯선 사람을 보고 얼굴표정이 굳어지며 울음을 터트리는 식으로 표출된다.

한편, 생후 8, 9개월의 영아는 어머니와 함께 있다가 격리되면 불안해져서 큰 소리로 우는데, 이러한 반응을 격리불안이라고 한다. 격리불안은 생후 12개월에 최고조에 달하며 2세 말경에는 거의 나타나지 않는다.

(5) 애정

영아는 자신에게 기쁨을 주는 사람이나, 동물, 놀잇감을 좋아한다. 즉, 자기를 돌보아주고 사랑해 주는 부모, 함께 놀아주는 또래나 형제에게 애정을 느끼고 애완동물이나 인형 등에도 애정을 표현한다. 여아가 남아보다 애정 표현을 더 많이 하며 이성보다는 동성의 성인이나 또래에게 애정적인 반응을 많이 한다(김경희, 1986). 영아는 애정표현을 할 때 사랑하는 사람이나 놀잇감을 껴안고 입맞추고 어루만지는 것과 같이 절제되지 않은 방법을 사용하는 경우가 많으나 점차 성장하면서 언어로 애정표현을 하게 된다.

(6) 질투

질투는 애정을 상실하게 될 것을 두려워하는 정서를 말한다. 질투는 생후 18개월경에 나타나기 시작한다. 영아에게서 흔히 볼 수 있는 질투의 감정은 형제간의 질투이다. 특히, 동생의 출생으로 부모의 애정과 관심이 동생에게 집중되거나 언니, 오빠를 편애하면 형제간에 심한 질투심을 느끼게 된다.

영아의 질투 감정은 형제나 부모에게 화를 내거나 동생을 몰래 꼬집고 때리는 등의 공격적 행동으로 표현되거나 퇴행 행동, 예를 들어, 손가락을 빨거나 오줌 싸기, 말썽 피우기, 응석 부리기, 음식 거부하기 등의 행동으로 나타난다(이영 외, 2015).

〈표 9-1〉 영아기 정서의 출현시기

정서	시기
기쁨	생후 2, 3개월
분노	생후 1~4개월
공포	생후 6개월
불안	생후 6~8개월
애정	생후 1년 6개월
질투	생후 1년 6개월

2) 기질

기질(temperament)이란 한 개인의 행동양식과 정서적 반응유형을 의미한다(정옥분, 2006). 기질은 유전적 요인의 영향을 많이 받지만 임신 중의 환경과 성장하면서 접하게 되는 사회적 맥락과 개인의 경험에 의해서도 영향을 받는다. 기질을 구성하는 요소와 기질의 유형에 대해 살펴보면 다음과 같다.

(1) 기질의 구성요소

기질이 어떤 요소로 구성되는지에 대해서는 학자마다 견해가 다르다. 본서에서는 기질 연구의 선구자인 Thomas와 Chess(1977)의 이론을 소개하고자 한다. Thomas와 Chess는 1956년에 시작된 뉴욕종단연구(New York Longitudinal Study: NYLS)를 통해 기질을 구성하는 아홉 가지 요소를 밝혀내었다. 9가지 요소는 활동수준, 규칙성, 접근/회피, 적응성, 반응강도, 반응역치, 기분, 주의산만, 지구력과 지속력이다. 각 요소를 설명하면 아래 〈표 9-2〉와 같다(정옥분, 2006, 재인용).

〈표 9-2〉 기질의 구성 요소

구성 요소	특성
활동성(activity)	일상생활에서 영아가 하는 신체활동의 양
규칙성(rhythmicity)	수유, 수면, 배변 시간의 규칙성
접근/회피 (approach/withdrawal)	낯선 사건이나 자극에 대해 영아가 접근하거나 회피하는 정도
적응성(adaptability)	새로운 상황에 적응하는 정도
반응강도(intensity)	영아가 보이는 긍정적 또는 부정적 반응의 강도
반응역치(threshold)	영아의 반응을 유발하는 데 필요한 자극의 양
기분(mood)	행복해하는 빈도나 적대적인 반응의 빈도
주의 산만(distraction)	외부자극에 의해 진행 중인 활동이 방해받는 정도
지구력(attention span and persistence)	활동의 지속 시간과 방해를 받았을 때 활동을 계속하려는 의지

(2) 기질의 유형

Thomas와 Chess는 기질의 9가지 구성요소를 기준으로 영아를 순한(easy) 기질, 까다로운(difficult) 기질, 반응이 느린(slow-to-warm-up) 기질로 분류하였다. 이들에 의하면 순한 기질의 영아는 전체 연구대상의 40%, 까다로운 기질은 10%, 느린 기질의 영아는 15%를 차지하였으며 나머지 35%의 영아는 이 세 가지 유형 중에 어느 유형에도 속하지 않았다. 이런 결과를 통해 모든 영아가 기질유형으로 분류되는 것은 아니며, 한 명의 영아가 여러 유형의 특성을 보일 수 있음을 알 수 있다. 각 기질별 특성을 살펴보면 다음과 같다(정옥분, 2006, 재인용).

① 순한 기질

충분한 수면으로 행복하게 잠에서 깨고 놀잇감을 가지고 혼자서 잘 놀며 낯선 것에 당황하지 않는다. 규칙적인 생물학적 시간표에 따라 수유나 수면이 이루어지고 낯선 사람에게도 미소를 잘 짓고, 낯선 사람이 주는 음식도 잘 받아먹으며 새로운 생활에 쉽게 적응한다.

② 까다로운 기질

잠에서 깨기 전부터 울고 생리적 리듬도 불규칙하다. 행복해 보이지 않는 경우가 많고 적대적이며, 조그만 좌절에도 강하게 반응한다. 새로운 사람이나 상황에 적응하는 데 시간이 많이 걸린다.

③ 느린 기질

수동적이며 새로운 상황에 처하면 움츠러드는 경향이 있다. 새로운 상황을 좋아하지는 않으나 다시 기회가 주어지면 흥미를 가지고 참여한다. 처음에는 적응을 잘하지 못하지만 시간이 지나면 서서히 적응하고 표현이 격렬하지 않다.

4 유아기 정서발달

유아기가 되면 정서는 더욱 분화되고 발달하여 영아기에 나타난 기본 정서 이외에 당혹감, 수치심, 죄책감, 부러움과 같은 정서가 나타나는데 이를 자아인식 정서라 한다. 또한, 이 시기에는 언어발달, 인지발달로 인해 다른 사람의 정서를 더 잘 이해하게 되고 상황에 따라서 정서를 조절할 수 있게 된다. 본절에서는 유아기 정서발달의 특징으로 자아인식 정서, 정서의 이해능력 및 조절능력을 살펴보고, 최근에 많은 관심이 집중되는 정서 지능에 관해 소개하고자 한다.

1) 자아인식 정서

영유아의 자아개념이 확립되는 2세경이 되면 정서가 더욱 분화되고 서로 연합되어 복합적인 정서발달이 이루어지면서 당혹감, 수치심, 죄책감, 자긍심과 같은 정서가 나타나는데 이를 이차 정서, 또는 자아인식 정서(self-conscious emotion)라고 한다. 예를 들어, 우유를 엎지른 영유아가 당황하면서 몸을 움츠리고 눈을 마주치지 않으려 고개를 숙이고 시선을 피하는 동작을 하거나, 블록으로 탑을 높게 쌓고 자랑스러워하며 환하게 웃음 짓는 경우를 볼 수 있다. 이러한 자아인식 정서는 영유아 자신에 대한 인식과 자신의 행동을 평가하는 능력을 통해 나타나기 때문에 기본 정서보다 늦게 표출되며 좀 더 복잡한 인지능력을 필요로 한다. 즉, 자아인식 정서는 인간만이 가지고 있는 특유의 정서로, 자아개념이 발달하여 자신과 다른 사람의 차이를 인식할 수 있을 때 비로소 나타나는 정서이다. 자아인식 정서 가운데 가장 단순한 수준인 당혹감은 2세경에 거울이나 사진에서 자기 자신을 인식하기 시작한 이후에 나타난다. 또한, 자기 평가적 요소가 강한 수치심과 죄책감도 자신의 행위를 평가하는 규칙이나 기준을 이해하게 되는 2세 이후에 출현한다. 수치심은 다른 사람의 애정상실을 지각하거나 자신의 잘못된 행동을 타인이 알아낸 것을 지각할 때 인식되는 정서이며, 죄책감은 친구를 때리거나 놀잇감을 빼앗는 등과 같이 사회적 규칙을 위반하거나 다른 사람의 기대를 저버릴 때 나타난다(곽승주, 2008).

2) 정서이해

타인의 정서를 이해하는 능력은 영아기 초기부터 나타나지만 유아기에 이르러 급속도로 발달한다. 영유아는 다른 사람이 어떻게 느끼는지를 알기 위해 처음에는 사람의 얼굴 표정에 의존한다. 즉, 정서의 표현적 단서에 의해서 정서를 이해하여 눈물을 흘리는 친구의 얼굴을 보고 친구가 슬퍼한다고 판단한다. 그러나 점차 성장하면서 표현적 단서뿐 아니라 상황적 단서를 고려하여 정서를 이해하게 된다. 그래서 친구가 눈물을 흘리기 때문이 아니라 장난감이 망가졌기 때문에 슬퍼한다고 생각한다(Kostelnik, et al. 2005). 일반적으로 영유아는 슬픔과 같은 부정적 정서보다는 기쁨과 같은 긍정적 정서를 더 쉽게 이해한다. 3~4세경이 되면 기쁨, 슬픔, 두려움의 정서를 야기하는 원인에 대해서 이해를 하게 되며(정옥분, 2006), 5~6세경부터는 같은 정서적 사건에서도 사람이나 상황에 따라 다른 정서를 경험할 수 있다는 사실을 이해하기 시작한다. 그러나 유아기에는 사람이 동시에 여러 가지 정서를 느낄 수 있다는 사실(예: "너에게 화가 났지만 너를 사랑한단다.")은 이해하지 못한다.

다른 사람의 정서를 이해하고 파악할 수 있는 능력이 발달되면서, 영유아는 다른 사람이 경험하는 정서를 동시에 경험할 수 있다. 예를 들어, 3세아가 슬픈 표정의 엄마 얼굴을 보고 슬픈 표정을 지으며 엄마에게 다가가서 위로를 하기도 하며 동화 속의 주인공이 어떠한 정서적 경험을 할 것인지 예측할 수 있게 된다.

3) 정서조절

정서조절은 영유아가 다양한 사회적 상황이나 요구에 순응하기 위해 정서표현을 규제하고 통제하는 과정이라고 할 수 있다. 모든 사회에는 어떤 정서를 표현하거나 혹은 표현하지 말아야 하는 상황에 대한 정서표출 규칙이 있으며, 이러한 규칙을 습득하고 활용하는 능력은 사회적 적응을 위해 꼭 필요하다. 영유아의 활동범위가 가정에서 주변 환경으로 점차 확대되고 또래 관계가 활발해짐에 따라 자신의 정서를 사회적 규칙이나 상황에 맞게 조절하는 능력은 영유아의 삶에 중요한 의미를 갖는다. 개인이 자신의 정서를 조절하는 동기는 크게 두 가지로 설명할 수 있다. 첫째는 부정적인 결과를 회피하고 자존감을 보존하려는 자기보호적인 동기, 둘째는 타인과의 관계를 보호하고자 하는 친사회적인 동기로 구분할 수 있다(Gnepp & Hess, 1986).

영유아의 정서조절은 양육자와의 상호작용을 통해 발달하기 시작한다. 양육자는 영유아와 상호작용을 하면서 정서표현을 조절하는 모델이 되기도 하고, 영유아의 정서표현에 선택적으로 반응함으로써 영유아가 자신의 부정적 정서를 조절하도록 한다. 2세경까지는 양육자의 반응이나 통제에 의한 외적인 정서조절이 이루어지며, 이후에는 영유아 스스로 감정을 다스리는 내적인 정서조절을 할 수 있게 된다(곽승주, 2008).

영유아의 정서조절 발달에서 중요한 또 다른 측면은 자신의 정서를 조절하기 위해 다른 사람이 나타내는 정서적 정보를 사용하는 능력이다. 예를 들어, 3세아가 동생을 꼬집으려고 손을 갖다대면서 엄마의 반응을 보려고 눈치를 살피는 것이다. 자신의 정서조절을 위해 다른 사람의 정서적 단서를 찾아 자신의 행동조절에 참고하는 것인데, 이런 현상을 사회적 참조(social referencing)라고 한다.

4) 정서지능

정서지능(emotional intelligence)은 일반지능(intelligence)에 대비되는 용어로, 1990년 Salovey와 Mayer에 의해 처음으로 소개된 개념이다. 정서지능이란 자신과 타인의 정서를 인식하고 표현할 수 있는 능력, 자신과 타인의 정서를 효과적으로 조절할 수 있는 능력 그리고 자신의 삶을 계획하고 성취하기 위해 그런 정서를 이용하고 활용할 수 있는 능력을 의미한다(문용린, 1996). Salovey와 Mayer(1990)에 의하면 정서지능은 자신과 타인의 정서를 정확히 평가하고 표현하며 정서를 조절하고 활용하는 능력을 포괄한다고 한다.

정서지능의 개념을 발전시키고 대중화시키는 데 기여한 학자로 Goleman을 들 수 있다. Goleman(1995)은 개인이 사회구성원으로서 성공적인 생활을 영위하기 위해서는 이성과 감성이 조화를 이루어야 하며 대인관계에서 나타나는 정서적 갈등을 긍정적으로 처리하는 정서적 능력이 중요한 역할을 한다고 주장하였다. Goleman은 정서지능의 구성요소로 자기인식, 자기조절, 자기동기화, 타인정서 인식, 대인관계 기술 등의 다섯 가지 요소를 지적하였다(김경희, 2004, 재인용; 문용린, 1996). 이에 관해 살펴보면 다음과 같다.

(1) 자기 인식

자신이 느끼는 정서를 알아차리고 인식하는 능력으로, 정서지능의 가장 기초적인 능력이다.

(2) 자기조절

자신의 감정을 사회적으로 인정된 표현방식에 따라 적절하게 통제하고 처리하는 능력으로, 성숙된 정서의 준거가 된다.

(3) 자기동기화

어려움을 극복하고 자신의 성취를 위해 노력할 수 있는 능력으로, 자기동기화의 핵심은 큰 보상을 얻기 위해서 즉각적인 욕구만족을 자발적으로 지연시키는 만족지연 능력이다.

(4) 타인 정서 인식

타인이 느끼는 정서를 자신의 것처럼 느끼며 타인의 감정을 읽어내는 능력으로, 일명 감정이입 능력이다.

(5) 대인관계 기술

타인의 정서를 인식하고 적절하게 대처할 수 있는 능력으로, 감정표현과 친사회적 행동요인이 포함된다. 대인관계 기술능력은 자기인식, 자기조절, 자기동기화, 타인 정서인식능력을 모두 종합한 능력으로 이들 능력을 기초로 하여 발달한다.

최근에는 이러한 정서지능을 측정하려는 시도가 다양하게 이루어지면서 여러 종류의 측정도구가 개발되고 있다. 대표적인 도구로 Salovey와 동료 연구자들(2000)이 제작한 다요인 정서지능척도(multifactor emotional intelligence scale: MEIS)를 들 수 있다. 이 척도는 정서지각, 정서활용, 정서이해, 정서관리 등 네 가지 요인으로 구성되어 있다.

첫째, 정서지각 요인으로 자신과 다른 사람이 어떻게 느끼는지를 인식하는 능력을 측정한다.

둘째, 정서활용 요인은 색깔이나 맛과 같은 감각과 정서를 연결하는 능력과 추론 및 문제해결에서 정서를 활용하는 능력을 측정하는 것이다.

셋째, 정서이해 요인으로, 어떤 정서가 서로 다르고 비슷한지 또 서로 어떤 관련이 있는지를 이해하는 능력을 측정한다.

넷째, 정서관리 요인에는 자신과 타인의 정서규제와 정서가 사회적 행동에 미치는 영향을 이해하는 것 등이 포함된다(정옥분, 2006, 재인용).

국내에서도 김경희와 김경회(1998)에 의해 유아용 정서지능척도 개발을 위한 연구 등 많은 연구가 이루어졌으며, 이영자(2000)는 교사 평정에 의한 유아용 정서지능평가도구를 개발하였다.

5 정서발달을 위한 지도방안

영유아가 건전한 정서발달을 이루도록 지도하기 위한 몇 가지 방안을 소개하면 다음과 같다(김희진, 1996; Hyson, 1998; Kostelnik, et al., 2005).

1) 안정적 환경 조성

정서적 안정감은 건강한 정서를 형성하는 기본 요소이다. 영유아가 건전한 정서발달을 하기 위해서는 정서적으로 안정감을 느낄 수 있는 환경이 조성되어야 한다(이영 외, 2015).

- 부모와 자녀, 교사와 영유아 간에 긴밀한 관계를 형성한다.

  영유아가 느끼는 정서적 안정감은 가정이나 교육기관에서 부모와 자녀 관계, 교사와 영유아 관계를 통해 형성된다. 부모, 교사와 긴밀하고 온정적인 관계를 맺으며 화목하고 안정된 분위기에서 성장한 영유아는 부모, 교사에게 애착할 수 있을 뿐 아니라 타인에 대한 기본적인 신뢰감도 생기게 된다. 반면에 부모의 이혼이나 불화, 교사의 빈번한 교체 등으로 불안정적인 상황에서 성장한 영유아는 정서발달에 장애가 발생할 가능성이 크다.

- 영유아와 원활한 의사소통을 한다.

  원활한 의사소통이란 언어 이외에 따뜻한 미소와 애정적 신체 접촉을 통해 의사소통하는 것을 의미한다. 성인의 얼굴 표정, 몸짓, 목소리, 신체 접촉 등은 영유아가 정서적 안정감을 형성하는 데 큰 역할을 한다. 부모나 교사가 영유아에게 미소를 짓고 애정 어린 눈길로 바라보며 온화한 목소리로 대화를 할 때, 영유아는 편안하게 느낄 뿐 아니라 자신이 받아들여지고 있다는 느낌을 갖게 된다. 또한, 교사가 영유아 곁에 있거나 어깨를 두드려주고 쓰다듬어 주는 신체적 접촉을 해줄 때 영유아는 정서적 안정감을 갖게 된다.

- 예측 가능한 환경을 만들어준다.

  인간은 예측 가능한 환경에서 정서적 안정감을 느끼며, 일단 정서적 안정감이 생기고 나면 예측하지 못한 일이 발생해도 잘 적응하여 어려움을 극복하게 된다. 예를 들면 보육, 교육기관에서 예측 가능한 환경을 조성하기 위해서는 하루 일과, 교사, 친구, 물리적 환경 등에 규칙성과 일관성이 있어야 한다. 어린이집이나 유치원의 하루 일과가 다양하면서도 매일 반복되는 활동이 포함되어야 하며, 교사나 학급 친구들의 변동을 최소화하고 물리적 환경도 너무 자주 변화되어서는 안 된다.

2) 정서이해 및 정서조절 능력 향상

영유아는 다양한 종류의 정서를 느낄 수는 있으나 이러한 정서가 어떤 상황에서, 어떤 이유로 발생하는지를 이해하는 데 한계가 있기 때문에 적절한 정서반응을 하지 못하는 경향이 있다. 또한, 대인관계를 맺는 과정에서 다른 사람의 감정에 대해 올바르게 반응하고 자신의 감정을 긍정적으로 표현해야 하지만 스스로 정서를 조절하는 데에는 어려움이 따른다. 영유아가 정서를 이해하고 조절하는 능력을 기르도록 도와주는 방법은 다음과 같다.

- 영유아의 인지개념 발달을 적극 지원한다.

  정서이해 능력은 분류, 시간, 공간, 수 등과 같은 인지개념 발달과 병행하여 이루어진다. 따라서 영유아의 정서이해 능력을 향상시키기 위해서는 무엇보다 인지개념 발달을 폭넓게 증진시킬 수 있는 다양한 놀이 경험을 제공해야 한다.

- 또래집단과 정서적으로 풍부한 상호작용을 하도록 도와준다.

또래와 맺는 상호작용은 영유아가 정서를 이해하고 조절하는 방법을 배우는 좋은 기회가 된다. 친구와 긴밀한 상호작용을 하면서 서로의 감정을 교류하고 조절하는 과정을 통해 기쁨, 분노, 질투 등 다양한 정서를 경험하면서 정서이해 능력과 조절능력을 향상시킬 수 있다.

또래집단에서 정서조절을 잘 못하는 영유아는 친구들이 함께 놀아주지 않는 경향이 있다. 따라서 영유아는 친구와 우정을 유지하기 위해서는 분노, 기쁨, 공포의 정서를 적절히 조절하는 기술을 자연스럽게 습득하게 된다.

- 이야기 나누기를 통해 정서이해 능력을 발달시킨다.

영유아의 정서상태와 다른 사람의 정서상태에 관해 이야기를 나누거나(예: 함정에 빠진 호랑이의 기분은 어떨까, 내가 함정에 빠진다면 어떤 기분일까) 감정의 발생 원인에 관해 토론함으로써 정서에 대한 이해력을 증진시킬 수 있다.

- 비계설정을 통해 영유아의 정서조절 능력을 향상시켜 준다.

양육자나 교사는 영유아가 이미 알고 있거나 실천할 수 있는 정서조절 방법을 새로운 정보나 기술과 연결 짓도록 비계설정을 해 줌으로써 긍정적인 감정이 유지되게 도와주고 부정적 감정이 생겼을 때는 이를 잘 조절하여 표출하도록 지도한다.

- 사회적 규칙과 기준을 습득하도록 지도한다.

영유아가 사회적으로 수용되는 방법으로 자신의 정서를 표현하기 위해서는 먼저 사회적 규범을 알아야 한다. 예를 들어, "감사합니다.", "고맙습니다.", "미안합니다."를 상황에 따라 적절히 사용하도록 지도한다. 또한, 친구의 놀잇감을 가지고 놀고 싶을 때는 허락을 받기 위해 "나 좀 가지고 놀아도 되니?"라고 물어보도록 지도한다. 그러나 정서조절을 유도하기 위하여 영유아를 협박하거나("너 계속 울면 경찰 아저씨가 잡아가요"), 죄의식을 느끼게("네가 자꾸 울어서 엄마가 아픈 거야.") 해서는 안 된다.

- 영유아에게 적절한 정서 반응의 본보기를 보여준다.

영유아는 성인이 보여주는 정서적 반응을 관찰하고 모방하면서 성장한다. 즉, 부모나 교사의 정서행동이나 언어를 통해 언제, 어떤 방법으로 정서를 표현하고 조절하는지를 학습한다. 따라서 성인은 일상생활 속에서 자신의 감정을 솔직하고 적절하게 표현하는 본보기가 되어야 한다. 감정을 거짓되거나 너무 과장되게 표현해서는 안 되며 느낌 그대로를 적절한 방법으로 표현하는 본보기가 되어야 한다. 또한, 일상적인 대화에서 다양한 어휘를 사용해서 정서를 표현하는 시범을 보인다(예: "시원한 바람이 솔솔 불어서 기분이 좋고 행복하다").

3) 정서적 반영

영유아가 자신의 정서에 효과적으로 대처할 수 있게 하려면 먼저 주변의 성인이 영유아의 정서를 지지해 주어야 한다. 즉, 양육자나 교사는 영유아의 정서를 무시하거나 제한하기보다 정서를 수용하고 공감하며 정서적 반영(emotional reflection)을 해 주어야 한다. 정서적 반영이란 영유아의 정서를 파악하여 명료화하고 묘사(describe)해 주는 것을 의미한다. 예를 들어, 장난감 가게에서 어떤 남아가 얼굴을 찌푸리고 손톱을 깨물고 있을 때 "장난감을 안 사주어서 화가 났구나."라고 남아의 마음을 읽고 언어로 표현해 준다(이영 외, 2015). 정서적 반영을 통해 영유아는 자신의 정서가 부모나 교사에게 존중된다고 인식할 뿐 아니라 자신과 타인의 정서를 기술하는 것을 들으면서 자신의 정서를 더 정확하게 이해할 수 있다. 정서적 반영을 할 때 유의사항은 다음과 같다(Hyson, 1998).

- **영유아의 정서표현을 주의 깊게 관찰하여 의미를 파악한다.**

  영유아에게 정서적 반영을 해 주려면 우선 정서행동이 의미하는 메시지를 정확하게 파악하여야 한다. 이를 위해 영유아의 언어, 얼굴 표정, 목소리, 행동 등 언어적 단서와 비언어적 단서에 주의를 기울여야 한다. 예를 들어, 영유아가 넘어져서 우는 경우, 아파서 우는 것인지, 자존심이 상해서 우는 것인지를 먼저 파악해야 한다.

- **영유아가 나타내는 정서에 민감하게, 무비판적으로 반응한다.**

  영유아의 긍정적 혹은 부정적 정서에 관계없이 모두 반응해 주어야 한다. 부정적 정서에만 반응해 주면 영유아가 이런 정서표현을 통해서만 관심을 끌 수 있다고 잘못 생각할 수 있기 때문이다. 또한, 성인의 판단이나 의견, 바라는 것을 반영해서는 안 된다. 예를 들어, 교실에서 울고 있는 영유아에게 "엄마가 보고 싶어서 슬프구나."보다는 "슬퍼 보이는구나."라고 하는 것이 적절한 정서적 반영이다.

4) 정서발달을 위한 다양한 활동 제공

영유아의 정서이해 능력과 조절능력, 표현능력을 증진시키도록 지도하기 위해 다음과 같은 다양한 활동을 제공한다.

- **감각 경험을 자극하는 활동을 제공한다.**

  물 · 모래, 찰흙, 밀가루반죽 등은 영유아에게 감각적인 즐거움을 제공하고 놀이방법이 고정되어 있지 않아서 영유아에게 전혀 부담을 주지 않는다. 이런 활동에 편안한 마음으로 몰두하면서 기쁨과 성취감을 느끼게 되어 건전한 정서가 발달된다. 또한, 영유아의 부정적인 정서가 자연스럽게 정화되어 안정된 정서상태를 유지할 수 있다.

- 다양한 표현활동을 제공한다.

영유아가 자신의 감정을 다양한 창작활동을 통해 표현하게 하는 것도 정서발달에 도움이 된다. 즉, 그림 그리기, 노래 부르기, 악기 연주하기, 춤추기 등의 활동을 하면서 자신의 감정을 건전하게 나타내 보거나 다른 친구의 표현방법과 비교해 볼 수 있다.

- 또래 간 상호작용이 활발한 놀이를 하게 한다.

영유아들이 사회적 상호작용을 많이 경험할 수 있는 놀이, 예를 들어, 소꿉놀이, 병원놀이를 통하여 영유아 자신의 감정을 조절하고 친구의 감정을 이해하며 상황에 적합한 정서표현 방법을 터득하도록 돕는다.

- 신체 움직임이 많은 활동을 제공한다.

활발한 운동은 영유아의 정서발달에 도움이 된다. 땀을 뻘뻘 흘리며 운동하는 과정을 통하여 영유아는 질투, 미움, 공격성, 불안 등과 같은 부정적인 감정을 발산할 수 있다. 또한, 어려운 과정을 극복했을 때에는 자신감과 성취감을 느끼게 되며 재미있는 동작을 반복하면서 행복감을 느끼게 된다.

- 정서발달에 도움이 되는 다양한 종류의 도서를 제공한다.

영유아가 다양한 감정을 경험할 수 있는 그림책, 동시 등을 제공한다. 영유아는 그림책과 동시를 읽으면서 감정 이입을 할 수 있을 뿐 아니라 자신의 희망과 욕구를 충족시킬 수 있다. 또한, 책 속의 다양한 색상과 그림은 영유아의 감성을 자극한다.

CHAPTER 10

사회성 발달과 교육

인간은 사회적 존재이다. 혼자서는 살 수 없을 뿐 아니라 살아가는 의미도 없다. 영유아는 출생과 동시에 가족을 만나고 생활의 범위를 넓혀가면서 또래 친구들과 만난다. 영유아는 여러 주변 인물들과의 사회적 접촉을 통해 자신의 존재감을 느끼고 다른 사람에 대해 이해하며 더 나아가 사회적 규범을 익힌다.

10장에서는 영유아가 사회구성원으로 성장하는 데 중요한 역할을 담당하는 부모, 형제, 또래에 관해 알아보고 영유아기에 형성되는 애착, 성역할, 도덕성, 경제 개념 등을 살펴보고자 한다. 또한, 영유아의 사회성 발달을 촉진하기 위한 지도방법을 소개하고자 한다.

1 사회화 과정

사회화란 개인이 자기가 속해 있는 사회의 구성원으로 살아가는 데 필요한 지식, 기술, 태도를 습득해가는 과정을 의미한다(정옥분, 2004). 개인의 사회화 과정에서 가장 큰 영향을 미치는 조직은 가족이다. 가족은 사회의 기본단위로서 한 사회를 존속시키고 유지시키는 기능을 담당한다. 가족 내에서의 사회화는 출생 직후부터 부모-자녀의 관계에서 시작된다. 부모는 영유아가 세상에 태어나 최초로 관계를 맺는 대상이다. 영유아는 부모를 통해 앞으로 살아나갈 사회의 규범을 학습하고 사회적으로 수용되는 행동 및 태도를 배운다. 특히, 부모의 양육태도가 영유아기 자녀의 사회성 발달에 영향을 미친다. 부모가 따뜻하고 애정적이며 자녀의 자율성을 존중하는 태도를 취할수록 자녀의 사회성 발달이 증진된다. 또한, 부모는 영유아의 사회화 과정에서 모델의 역할을 한다. 영유아는 타인의 행동을 관찰하고 모방하면서 사회적 학습을 하는데, 영유아와 긴밀한 유대관계를 형성한 부모는 자녀의 강력한 모방대상이 되므로 그 역할이 막중하다. 영유아는 부모의 특정 행동만을 모방하는 것이 아니라 부모의 사회적 가치 및 태도 등도 받아들여서 부모가 건전한 생각을 하고 친사회적인 행동을 하면 자녀 또한 부모와 같은 생각, 행동을 하게 된다(황혜정 외, 2003)

한편, 영유아의 사회화 과정에서 부모 못지않게 중요한 영향력을 발휘하는 것이 형제관계이다. 형제관계는 부모와의 관계보다는 평등하고 상호적이다. 형제 · 자매는 가정 안에서 서로 공유하는 경험과 상호 이해를 통해 또래처럼 친밀한 상호작용을 한다. 또 동료의식을 가지고 의기투합하거나 서로 보살피고 책임지는 역할을 한다. 동시에 형제 · 자매는 자극대상, 경쟁대상이 되어서 형제간 갈등이 빈번하게 일어난다. 형제간의 갈등은 자기주장이 강해지는 출생 후 18개월부터 급격히 증가하는데, 갈등의 원인은 주로 소유권으로 인한 다툼이다. 이러한 갈등은 영유아의 사회적 이해력이 발달하면서 건설적인 방식으로 바뀌고 서로 화해하려는 입장을 취하게 된다. 형제간 갈등을 통해 상대방의 요구나 관점을 이해하게 되고, 좋은 관계를 유지하면서 경쟁하는 방법, 동의하거나 타협하는 방법 등을 알게 된다.

그 밖에 영유아의 사회화 과정에 또래의 영향력도 작용한다. 또래는 서로의 행동에 대해 보상과 벌을 주는 강화자의 역할을 한다. 또한, 영유아는 또래의 행동을 관찰하여 모방하고 또래의 반응에 주의를 기울이면서 그 집단에서 허용되는 행동과 그렇지 않은 행동을 학습한다. 영유아는 행동을 할 때나 어떤 판단을 내릴 때 자신과 비슷한 또래를 비교대상으로 삼는다. 즉, 또래와 비교해서 자신의 능력을 평가하고 자신의 행동을 규제하면서 사회의 구성원으로 성장한다.

2 영아기 사회성 발달

영아기에는 양육자와의 상호작용 속에서 애착을 발달시키며 또래와의 접촉을 통해 초보적인 사회적 관계를 형성한다. 영아기 동안 나타나는 애착 형성과 또래와의 사회적 상호작용에 대해 살펴보면 다음과 같다.

1) 애착 발달

다른 사람과의 사회적 관계는 애착 형성에서부터 시작된다. 영아는 자기 주변의 친숙한 사람에게 특별한 애착을 발달시킨다. 애착이란 특정한 두 사람 간에 형성되는 애정적인 유대 관계로, 특정 인물에게 애착을 느낀 영아는 그 사람을 세상을 탐색하는 안전 기지로 사용한다(Bowlby, 1969). 영아는 애착을 형성한 사람이 보이지 않으면 찾게 되고, 그의 관심을 끌려고 하며, 그에게서 떨어지면

당황하고 불안해한다.

초기 애착 형성은 그 이후의 대인관계에 결정적인 영향을 미친다. 영아기에 안정된 애착을 형성하지 못하면 신뢰감과 자신감을 발달시킬 수 없게 될 뿐 아니라 사회적 관계 형성이 어렵게 된다. 애착은 울음, 미소, 매달리기, 접촉하기 등의 애착 행동과 더불어 형성된다. 애착 형성은 출생 후 6주부터 나타나기 시작하여 자신을 돌보는 양육자에게 더 많은 미소를 지어 보이고, 그가 자신을 떠나면 싫어하는 표정을 짓는다. 생후 6개월이 되면 영아는 특정 개인에게 애착을 형성하여 애착대상과 분리되는 것에 대한 불안감을 가지나 3세 정도가 되면 분리 불안이 감소한다.

한편, 애착은 양육자의 민감성(sensitive)과 반응성(responsiveness)에 따라 그 질이 달라진다(황혜정 외, 2003). 영아가 보내는 신호를 양육자가 민감하게 알아차리고 그에 적절히 반응해 주면 영아는 안정된 애착을 형성할 수 있다. 그러나 양육자가 영아의 신호를 무시하거나 영아의 요구에 일관성 없게 반응하는 경우 불안정한 애착을 형성하게 된다.

Ainsworth(1983)는 낯선 상황에서 영아가 보이는 행동을 근거로 애착의 유형을 다음과 같이 구분하였다(이영 외, 2015; 정옥분, 2006, 재인용).

(1) 안정애착(secure attachment)

어머니와 안정된 애착을 형성한 영아는 어머니를 안전 기지로 생각하기 때문에 낯선 상황에서도 주위를 탐색하기 위해 어머니로부터 쉽게 떨어진다. 어머니와 분리되면 어머니를 찾는 행동을 보이지만, 어머니와 재결합하면 어머니에게 안기려 하고 어머니가 달래주면 쉽게 위안을 얻어 다시 편안해진다.

(2) 회피애착(avoidant attachment)

이 유형의 영아는 어머니가 방을 나가서 격리되어도 별다른 반응을 보이지 않으며, 어머니와 재결합해도 어머니를 무시하거나 회피한다.

(3) 저항애착(resistant attachment)

어머니가 함께 있어도 불안감을 느껴 어머니 옆에 붙어서 탐색을 하지 않는다. 어머니가 방을 나가면 심한 격리불안을 나타낸다. 어머니가 돌아오면 화를 내고 거부하면서도 어머니 곁에 머물러 있으려는 양면성을 보인다.

(4) 혼란애착(disorganized attachment)

회피애착과 저항애착이 결합된 형태로 불안정 애착의 가장 심한 유형이다. 영아는 양육자에게 접근해야 할지 회피해야 할지에 대해 혼란스러워한다. 어머니와 재결합했을 때도 얼어붙은 표정으로 어머니에게 접근하거나 어머니가 안아줘도 먼 곳을 바라보는 반응을 한다.

2) 또래와의 사회적 상호작용

영아는 매우 일찍부터 다른 또래에 대해 관심을 나타낸다. 생후 6개월경에 또래를 쳐다보고 말소리를 내는 등 단순한 형태의 사회적 행동으로 또래에 대한 관심을 표현한다. 기어다니거나 걸을 수 있게 되면 또래를 쫓아다니며 눈이나 입, 귀를 만지는 신체적 접촉을 하려 한다. 12개월이 되어 이동이 가능하고 몸의 움직임이 자유로워지면 또래와의 상호작용 시간도 길어진다. 이 시기의 영아는 또래의 행동을 모방하거나 미소 짓고 서로 쫓아다니는 등 보다 적극적인 사회적 상호작용을 할 수 있게 된다(장영희, 2000).

사회적 상호작용이란 한쪽 영아의 일방적인 관심과 주의로 끝나는 사회적 행동이 아니라 다른 영아의 반응을 유도하려는 좀 더 발달된 사회적 기술이다. 다시 말해 한 영아가 상대방 영아의 관심을 이끌어 낼 수 있는 흥미로운 행동을 해야 하고 상대방 영아는 이에 반응하는 행동을 보여야 한다(장영희, 2000).

초기의 사회적 상호작용은 대개 놀잇감을 중심으로 이루어진다. 15개월쯤 영아는 또래에게 놀잇감을 보여주거나 집어 주면서 함께 놀잇감을 공유하고자 한다. 영아가 놀잇감을 또래와 함께 가지고 노는 것은 영아기 사회적 상호작용에서 매우 중요한 의미를 갖는다. 즉, 놀잇감을 또래와 공유하고 교환하는 경험을 통해 자신의 반응과 상대방의 반응을 통합하여 보다 성숙한 행동을 할 수 있게 되는 것이다(정옥분, 2006). 한편, 생후 20개월이 되어 간단한 언어적 의사표현이 가능해지면 또래와 함께 행동이나 역할을 말로 표현하면서 보다 구체적인 상호 관계를 맺는다(Eckerman & Didow, 1996). 또한, 24~30개월쯤이 되면 "함께 놀자."고 제안하거나 또래에게 적극적으로 접근하여 함께 놀이를 하려고 시도한다(Ross et al., 1992).

이와 같이 영아는 또래와의 사회적 상호작용을 통하여 기초적인 사회적 기술을 배울 수 있으며 성인과의 관계에서 느끼지 못하는 동료애와 즐거움을 경험한다.

3 유아기 사회성 발달

유아기에는 다른 사람의 감정과 행동을 이해하기 시작하고, 성별 역할에 따른 행동 양식을 습득하며, 사회적 규범에 맞게 자신의 행동을 통제할 수 있는 능력이 발달한다.

본절에서는 유아기에 형성되는 타인에 대한 이해, 성역할, 도덕성, 경제 개념에 관해 살펴보고자 한다.

1) 타인에 대한 이해

다른 사람에 대한 이해는 타인의 감정, 생각, 의도, 행동을 이해하는 능력으로 사회인지(social cognition)라고도 하며 모든 인간관계의 기본이 된다. 다른 사람이 어떤 생각을 하고 어떻게 느끼는지를 아는 것은 타인을 이해하고 타인과 원만한 관계를 유지하는 데 필수적이다(정옥분, 2006). 이러한 타인에 대한 이해가 유아기에 발달하기 시작한다. 이 시기에는 초보적이지만 다른 사람의 특성을 파악하고 다른 사람의 생각을 추리하며 다른 사람의 행동을 예측할 수 있게 된다. 인지발달 이론에 의하면, 전조작기의 유아는 대상의 지각적 특성에 의존해서 사물을 인지하는 경향이 있다(유효순 외, 2014). 따라서 다른 사람을 관찰할 때도 눈에 띄는 모습이나, 행동, 그가 가지고 있는 소유물을 중심으로 인지한다.

그러나 다른 사람을 제대로 이해하기 위해서는 관찰 가능한 외적 특성만을 인식하는 것으로는 부족하다. 타인의 관점에서 그의 사고, 감정, 동기, 의도 및 행동을 이해해야 한다. 다른 사람의 관점에 설 수 있는 능력을 타인조망 수용능력(perspective taking ability)이라 한다. Selman(1980)은 대인 관계 갈등에 대한 이야기를 들려주고 질문에 대한 반응을 분석하여 타인조망 수용능력의 발달과정을 설명하였다. Selman에 의하면, 3~6세아는 다른 사람들의 관점을 인식하지 못한다. 자신의 입장과 다른 사람의 입장을 구별하지 못하고 자신의 느낌을 말한다. 5~9세아는 다른 사람이 자신과 다른 생각을 가질 수도 있다고 깨닫기 시작하지만 왜 그런지는 이해하지 못한다. 다른 사람의 사고, 감정, 의도를 추론하기 시작한다 해도 사람들이 진짜 감정을 숨길지도 모른다는 사실을 깨닫지 못하고, 눈에 보이는 사실에 근거해서 결론을 내린다(정옥분, 2006, 재인용).

2) 성 역할

성 역할(gender role)이란 사회에서 남성과 여성에게 각각 기대하는 행동 양식을 말한다. 남자다움(남성성), 여자다움(여성성)으로 일컬어지는 것이 바로 성 역할과 관련된 대표적인 기대이다. 영유아는 부모를 비롯한 주변 사람들에 의해서 남성과 여성에 적합한 행동의 틀을 몸에 익힌다. 영유아가 성 역할을 이해하고 그에 따라 행동하는 것은 사회화 과정에서 매우 중요하다.

영유아가 자신의 성에 맞는 사회적 역할을 습득해 가는 과정을 생물사회학 이론, 정신분석 이론, 학습 이론, 인지발달 이론에서 살펴보면 다음과 같다(조복희, 2006; 조성연 외, 2005; 최경숙, 2006).

첫째, 생물사회학 이론에서는 인간발달의 모든 특성이 유전과 환경의 상호작용에 의해 이루어지므로 성 역할도 사회적 영향을 받는다고 본다. 즉, 유전인자나 성 호르몬, 염색체 등의 생물학적 요인이 성 역할을 구분 짓는 결정적인 요인이지만 부모와 주변 사람들의 태도 등과 같은 환경적인 요인 또한 성 역할의 차이를 촉진한다는 것이다.

둘째, 정신분석 이론에 따르면, 성 역할은 동일시 과정을 통해 습득한다. Freud의 성격발달 단계 중 남근기의 영유아는 오이디푸스 콤플렉스(남아)와 엘렉트라 콤플렉스(여아)를 겪는다. 이 시기의 남아와 여아는 콤플렉스를 해결하기 위한 수단으로 부모에게 동일시를 하게 되는데, 이러한 동일시 과정에서 남아는 아버지의 역할을, 여아는 어머니의 역할을 습득한다.

셋째, 학습 이론에서는 강화와 모방을 통해 성 역할이 습득된다고 주장한다. 부모와 가족이 가지고 있는 가치나 기대에 따라 영유아의 성 역할 행동은 강화되거나 억압된다. 또한, 영유아가 부모의 성 역할 행동을 관찰하여 모방함으로써 동성 부모의 역할을 학습하기도 한다.

넷째, 인지발달 이론에서는 영유아의 인지능력이 발달함에 따라 자신의 성에 관련된 지식을 적극적으로 구성한다고 주장한다. 이 이론에 따르면 영유아는 성 정체성(gender identity), 성 안정성(gender stability), 성 항상성(gender constancy) 단계를 거치면서 남성과 여성의 의미를 명확히 이해할 수 있게 된다. 이에 관해 설명하면 다음과 같다(교육인적자원부, 2004; 이영 외, 2015).

● 성 정체성 획득: 2~4세

성 정체성이란 개인 성별에 대해 깨닫게 되는 개념으로, 자신이 남녀 중 한쪽 성별에 속해 있고 다른 쪽 성별에는 속해 있지 않다는 것을 인식하는 단계이다. 영유아는 2세경부터 자신과 타인의 존재를 구별하게 되는데, 타인과의 유사점과 차이점을 인식하면서 성별에 관심을 갖기 시작한다. 3세가 되면 대부분의 영유아는 자신의 성을 뚜렷하게 인식하며 머리 모양, 옷차림, 하는 일 등으로 성별을 구분한다. 4세아는 사회적 규범에 따라 성 역할에 적절한 행동과 태도를 취하지만 자기중심적인 성향을 가지고 있기 때문에 성 역할에 대한 전통적인 기대를 무시하는 경향이 있다. 특히, 이 시기의 영유아는 외형이 바뀌더라도 성이 바뀌지 않는다는 사실을 아직 깨닫지 못한다.

● 성 안정성 획득: 5~6세

성 안정성이란 자신의 성이 변하지 않으며 성인이 되어서도 지금의 성이 유지될 것이라고 인식하는 것이다. 영유아는 5세경에 성 안정성을 인식하기 시작한다. 특히, 이 시기에는 성에 대한 선호도가 두드러져서 자신과 동일한 성에 대해 적극적인 호감을 표시한다. 즉, 긍정적인 것은 모두 자신의 성에 관련시키고 부정적인 것은 다른 성에 속하는 것으로 분류하는 경향을 보인다. 그러나 6세가 되면 이러한 경향이 감소할 뿐 아니라 사회적으로 어떠한 성 역할을 기대하는지 습득한다. 따라서 이 시기의 영유아는 전통적인 성 역할을 위반하면 비난이나 벌을 받게 된다고 생각하여 사회적 규범에 순응하는 성 역할 행동과 태도를 보인다.

● 성 항상성 획득: 7~8세

성 항상성이란 겉모습과 상관없이 자신의 성이 일정하게 유지된다는 개념으로 타고난 성이 평생 변하지 않고 지속된다는 사실을 깨닫는 것이다. 7세경에 이르면, 머리 모양, 옷차림, 행동이 달라져도 자신은 언제든지 동일한 성을 유지한다는 것을 알게 된다.

이와 같이 영유아는 성 역할을 인식하면서 남자와 여자에 대한 구분을 하고, 성 역할에 대한 사회적 기대를 내면화하면서 성 역할 개념을 형성하게 된다.

3) 도덕성

영유아는 사회화를 통하여 사회 규범을 받아들이고, 이 규범에 따라 자신의 행동을 통제할 수 있는 도덕성을 발달시킨다.

도덕성의 요소와 도덕성의 발달 단계에 대해 살펴보고자 한다.

(1) 도덕성의 요소

도덕성에는 정의적, 인지적, 행동적 요소가 포함된다. 정의적 요소는 옳고 그른 행위에서 오는 감정, 즉 죄책감이나 다른 사람의 감정에 대한 공감으로, 도덕적 사고와 행동의 동기가 된다. 인지적 요소는 옳고 그름에 대한 판단과 어떻게 행동할지를 생각하고 결정하는 과정이다. 행동적 요소는 거짓말을 하거나 도덕적 규칙을 어기고 싶을 때 실제로 어떻게 행동하는가에 관련된다(최경숙, 2006).

이와 같은 세 가지의 도덕성 요소는 정신분석 이론, 인지발달 이론, 학습 이론에서 각각 다르게 강조되고 있다. 이 이론들이 강조하고 있는 요소를 중심으로 도덕성의 개념을 정리하면 다음과 같다(성숙자, 1996).

① 정의적 요소: 정신분석 이론

정의적 요소를 강조하는 정신분석 이론에서는 도덕성을 초자아로 본다. 영유아들은 자신의 욕망과 충동을 억누르고 부모와의 동일시 과정을 거쳐 성인의 가치 기준을 받아들임으로써 초자아를 형성한다. 영유아가 초자아에 부합되는 행동을 하지 않을 때에는 양심의 가책을 느끼게 되는데, 이렇게 양심의 명령을 따르는 것을 도덕성이라 한다.

② 인지적 요소: 인지발달 이론

인지발달 이론에서는 인지적 요소를 강조한다. 인지발달 이론에서 도덕성은 인지발달의 한 양상으로, 도덕적 추론(moral reasoning)이다. 즉, 도덕성이란 도덕적 갈등 상황에서 어떻게 하는 것이 옳은가를 판단하는 인지적 구조인데, 이는 영유아의 인지발달 단계에 따라 발달한다고 본다.

③ 행동적 요소: 학습 이론

행동적 요소를 강조하는 학습 이론에 의하면, 도덕적 행동이란 고전적 조건화, 조작적 조건화 그리고 모델링에 의해서 습득되는 것이다. 도덕적 행동은 영유아가 속한 문화 속에서 집단이나 권위에 의해 정해져 있는 덕목을 학습하고 내재화하는 것이므로, 도덕성은 문화에 따라서 상대적인 의미를 갖는다.

(2) 도덕성 발달 단계

영유아의 도덕성은 타율적 도덕성에서 자율적 도덕성으로 발달한다. 이를 간략히 설명하면 다음과 같다(유효순 외, 2014).

① 타율적 도덕성(heteronomous morality: 3~8세)

이 시기의 영유아들은 부모가 제시하는 도덕적 규범은 무조건 복종해야 하는 것으로 생각하며, 옳고 그름의 절대주의적인 이분법적 사고를 한다. 또한, 자아중심적인 3~8세아는 다른 사람의 입장에서 상황을 이해하지 못하기 때문에 행위의 결과만을 고려하여 도덕성을 판단한다. 예를 들어, 엄마의 설거지를 도와주다가 그릇을 여러 개 깬 영유아가 사탕을 몰래 꺼내 먹다가 그릇을 하나 깬 영유아보다 도덕적으로 더 나쁘다고 판단한다.

[그림 10-1] 과실에 대한 딜레마

② 자율적 도덕성(autonomous morality : 8세 이후)

이 시기에는 규칙이란 협동적이고 사회적 동의에 따라 설정되며, 인간의 욕구나 사회적 상황에 따라 조절될 수 있다고 본다. 즉, 상대주의적 사고를 할 수 있고 공정성과 정의를 생각한다. 또한, 탈중심화가 이루어지는 8세 이후에는 도덕적 행동을 판단할 때 다른 사람의 내면적 동기나 의도를 고려한다. 예를 들어, 불쌍한 친구를 주려고 큰 공을 훔친 사람보다 자기가 갖고 싶어서 작은 공을 훔친 사람이 더 나쁘다고 판단한다.

4) 경제 개념 발달

영유아는 성장하면서 점차 자신이 살고 있는 사회에 대한 기본적인 개념을 형성하고 사회 현상에 대한 이해를 넓혀간다. 경제 개념은 사회적 현상을 이해하는 데 도움이 되는 개념으로 영유아의 실생활과 밀접한 관계가 있다.

경제 개념은 영유아의 경제활동 관련 지식에 대한 이해력을 증진시켜 주는 중요한 요소이다. 경제 개념에 대한 이해 정도에 따라 실생활과 관련된 경제 현상을 바르게 이해하고 영유아가 경험한 경제 활동에 합리적으로 대처할 수 있게 된다.

Laney(1995)는 영유아가 습득할 수 있는 기본 경제 개념으로 희소성, 화폐가치, 교환가치, 기회비용, 자원과 생산, 재화와 용역, 보충과 대안 등을 제시하였다. 희소성(scarcity)은 좀 더 좋은 것을 많이 갖고 싶어 하는 인간의 무한 욕구에 비해 우리의 경제 자원은 질적, 양적으로 유한하고 부족한 상태를 의미한다. 화폐가치(monetary value)는 어떤 상품에 대한 가치를 측정, 비교할 수 있는 통일된 기준이며 교환가치(exchange value)는 어떠한 상품이 일정 비율로 다른 상품과 교환될 수 있음을 의미한다. 기회비용(opportunity cost)은 어떠한 것을 선택함으로써 포기해야 하는 것의 가치를 뜻한다. 자원(resource)은 생산에 바탕이 되는 여러 가지 물자를 의미하며 이것을 이용하여 인간생활에 필요한 물건을 만드는 일을 생산(production)이라 한다. 재화(goods)란 옷, 음식 등 인간의 욕망을 만족시켜 주는 물건을 말한다. 용역(services)은 의사의 진료 행위, 음악가의 연주같이 물질이 아닌 것으로 인간의 욕망을 만족시켜 주는 행위를 의미한다. 그 밖에 보충(complements)과 대안(substitutes)은 효율적인 의사결정에 사용되는 개념으로 모자라는 것을 보태거나 어떤 의견을 대신하는 것이다(이숙재 외, 2006, 재인용).

영유아의 경제 개념은 다른 개념 발달과 유사하게 연령이 증가함에 따라 점진적으로 발달하나 자기중심적인 사고와 인과관계를 이해하지 못하는 인지적 특성으로 인해 제한을 받는다. 예를 들어, 기본 경제 개념 중 희소성은 7세경에 획득이 되는데, 3~5세 영유아에게 "가지고 싶은 것을 다 가질 수 있을까?"라는 희소성에 관련된 질문을 하면 "가게에 가서 사면 돼죠."라고 대답하는 등 자기중심적인 반응을 보인다(이숙재 · 이방실, 2002). 이 시기의 영유아는 색깔, 그림, 크기 등에 따라 화폐가치가 달라지고 어떤 물건에 근접해 있는 사람이 그 물건의 주인이라고 생각하는데, Schug(1982)를 이러한 반응을 비반사적 경제추론 단계의 특성으로 설명하였다.

한편, 영유아는 거스름돈의 개념을 교환행위로 인식하기도 한다. 상점 주인이 손님에게 거스름돈을 주는 이유는 손님이 먼저 돈을 주었기 때문이라고 생각한다. 또한, 영유아는 경제 현상의 인과 관계를 이해하지 못하여 일(work)과 화폐의 관계성 없이 돈은 저절로 생기는 것으로 생각하고, 가격은 물건의 크기에 따라 결정되는 것으로 이해하는 경향이 있다(이숙재 외, 2006).

4 사회성 발달을 위한 지도방안

영유아의 사회성 발달을 위한 지도 방안을 살펴보면 다음과 같다.

1) 일반적 지침

사회화 과정에서 영유아는 부모나 교사의 지도를 받으며 사회적 규범이나 행동 등을 발달시켜 나간다. 부모나 교사는 영유아가 사회성을 발달시켜 나갈 수 있는 환경이나 분위기를 조성해 주어야 할 뿐 아니라 다양한 사회적 상호작용의 기회를 제공해야 한다. 영유아의 사회성을 발달시키기 위한 일반적인 지침은 다음과 같다(문혁준 외, 2014; 이영 외, 2015; 이영자 외, 2001).

- 자율적으로 주변환경과 상호작용할 수 있는 기회를 제공한다.

  영유아기는 무엇이든지 스스로 해보려는 자율성과 주도성이 발달하는 시기이다. 영유아가 실수하더라도 자율성을 인정해주면 영유아는 주변 환경을 스스로 통제할 수 있다는 느낌을 가지게 된다. 이러한 자율적인 통제능력은 건전한 사회성 발달의 기본 요소이다.

- 비지시적이며 긍정적인 언어적 상호작용을 한다.

영유아가 바람직한 행동을 했을 때, 부모나 교사가 긍정적으로 반응해 줌으로써 영유아의 친사회적 행동을 증진시킬 수 있다. "민수가 블록장의 블록들을 잘 정리했구나~ 친구들이 블록 놀이할 때 정말 편리하게 찾아 쓸 수 있겠네." 등의 언어적 표현을 하여 영유아의 바람직한 행동과 그 행동의 결과도 함께 인지할 수 있도록 한다. "욕심내면 안 돼.", "때리면 안 돼.", "흘리지 말고 먹어라." 등으로 훈계하는 것은 사회성 발달에 도움이 안 된다.

- 진실되고 구체적인 칭찬으로 친사회적 행동을 격려한다.

칭찬은 바람직한 행동을 한 직후에 하는 것이 가장 효과적이며 사회적 강화물과 병행하는 것이 좋다. 즉, 말로만 칭찬하는 것보다는 영유아의 머리를 쓰다듬거나 웃으며 안아 주면서 칭찬을 할 때 더욱 효과적이다. 또한, 영유아가 시도하는 작은 노력에도 격려와 칭찬을 아끼지 말아야 한다.

- 영유아의 행동 통제를 최소화한다.

영유아의 바람직하지 않은 행동을 감소시키기 위해서는 바람직한 행동을 증가시키는 것이 효과적이다. 즉, 바람직하지 않은 행동을 통제하기보다 바람직한 행동을 제시해 주고 그 행동이 나타날 때마다 보상을 해주는 방법을 병행한다. 영유아가 언어적 의사소통이 가능해지면, 왜 통제를 하는지에 대한 설명을 함으로써 영유아의 상황 판단을 도울 수 있다.

- 성인이 친사회적 행동의 모델이 된다.

부모나 교사가 친사회적 행동을 하면, 영유아는 이를 본받아서 친사회적 행동을 하게 된다.

2) 양성 평등 교육

남자의 남성성, 여자의 여성성을 강조하는 전통적인 성 역할 개념은 인간의 잠재력을 발휘하는 데 장애요인이 된다. 최근 들어 전통적인 성 역할 개념의 대안으로 양성성(androgyne) 개념이 소개되고 있다. 양성성이란 하나의 유기체 내에 심리적으로 여성적 특성과 남성적 특성이 공존하는 것을 의미한다(정옥분, 2006).

이러한 양성성의 개념은 전통적인 성 역할 개념보다 영유아의 사회화 과정에 더 기능적이고 효율적이라는 인식에 따라 양성평등교육이 강조되고 있다. 양성평등교육을 위한 구체적 방안을 소개하면 다음과 같다(교육인적자원부, 2004; 이숙재, 2014; Langenbach, 1997).

- 가족이 함께 목욕하면서 자연스럽게 몸에 대해 이야기를 나눈다.

  목욕을 하면서 아빠, 엄마, 내 몸의 차이점을 찾아보고, 남자만 또는 여자만이 할 수 있는 일이 무엇인가 이야기를 나눈다(예: 남자는 수염 깎기, 여자는 젖 먹이기).

- 고정적 성 역할 개념을 강조하는 놀잇감은 지양한다.

  놀잇감 중에는 영유아가 성 역할에 대한 고정관념을 갖도록 부추기는 요소가 많다. 예를 들어, 여자 인형은 주로 화려한 의상을 입는 공주나 가수, 어린 아기 모습으로 표현되거나 남자 인형은 우주탐사대원, 경찰, 구조원, 의사 등과 같은 인물로 표현된다. 이러한 놀잇감은 여자와 남자의 역할에 대한 고정된 이미지를 심어줄 우려가 있다.

- 남녀 영유아가 모든 활동에 고르게 참여할 수 있도록 격려하고 기회를 제공한다.

  남아와 여아가 즐길 수 있는 활동이 따로 있는 것이 아니라 모든 활동이나 놀이를 함께 할 수 있다는 인식을 강조한다. 여아도 축구와 농구 등의 신체운동에 참여하고 남아도 인형놀이를 할 수 있도록 격려하고 기회를 준다.

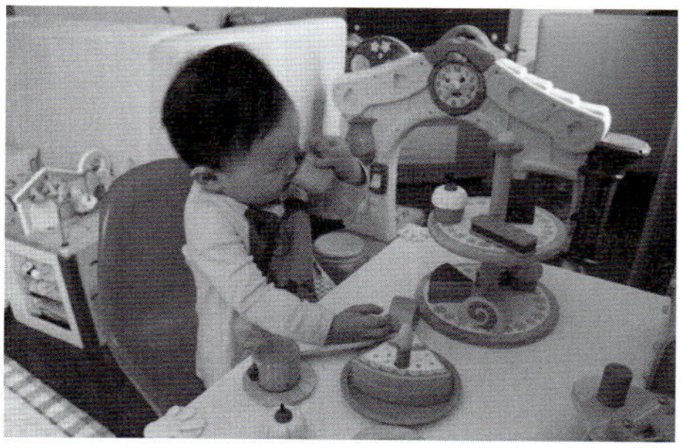

[사진 10-1] 음식놀이

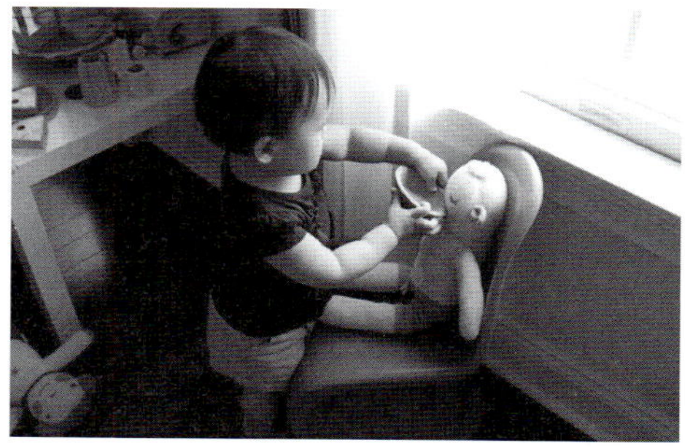

[사진 10-2] 인형 돌보기 놀이

- 집안일을 함께 하도록 한다.

가족구성원이 빨래하기, 청소하기, 시장 보기 등의 집안일을 어떻게 분담하고 있는지 이야기해 본다. 집안일을 하기 위해 가족의 역할을 평등하게 나누고, 실제 경험해 보도록 한다. 집안일을 한 후에는 힘들었던 점이나 좋았던 점에 대해 이야기를 나눈다.

- 성인 스스로 성 역할에 대한 고정관념을 가지지 말아야 한다.

영유아가 선호하는 색깔이나 역할, 직업 등에 대해 성 고정관념을 가지게 된 것은 성인이 성에 대한 고정관념을 일상생활에 반영해 왔기 때문이다. 대부분의 부모는 영유아 옷이나 가방을 살 때, 남아는 파란색, 여아는 분홍색으로, 색깔을 구분하여 구입한다. 교사가 연극놀이를 지도할 때, 사자나 호랑이는 남아, 토끼나 새는 여아로 역할을 배정하는 경우도 있다. 이와 같이 부모나 교사가 의식하지 못하고 하는 말이나 행동은 그릇된 성 고정관념을 영유아에게 전수시키는 결과를 낳을 수 있다.

3) 도덕성 증진을 위한 집단 토의

집단 토의는 영유아가 자신의 생각을 이해하고 말로 표현하도록 도우며 다른 사람도 비슷한 느낌을 가지고 있다는 사실을 인식하는 데 도움이 된다. 도덕성 증진을 위한 집단 토의에 관해 살펴보면 다음과 같다(이영자 외, 2001).

- **집단 토의는 자유로운 분위기 속에서 진행한다.**
  영유아가 자유롭게 생각을 표현할 수 있는 분위기를 제공하고 다른 사람이 이야기할 때 방해하지 않고 토의가 끝날 때까지 자리에 머물러 있도록 한다. 또 다른 사람을 비난하거나 다른 사람의 일에 간섭하는 말을 하지 않도록 지도한다.

- **일상생활에서 일어나는 사회적 사건이나 문제를 다룬다.**
  영유아는 다른 사람의 견해를 이해하기 어려우므로 집단 토의 주제는 일상생활에서의 구체적인 상황을 중심으로 진행한다. 즉, 특정 상황(예: 놀잇감으로 인한 다툼)에 대한 영유아들의 인식이나 느낌을 이야기하면서 영유아들 스스로 해결책을 제안하고 상황에 따른 규칙을 설정해 보도록 유도한다.

- **그림책이나 옛 이야기를 토의 주제로 활용한다.**
  그림책이나 옛 이야기를 들려 준 후 주인공이 겪는 갈등이나 문제에 대해 토의한다. 영유아가 직접 경험하지는 않았지만, 주인공의 감정에 대해 공감하고 주인공의 해결 과정을 간접적으로 경험하면서 일상생활의 적응방법이나 지혜를 얻게 된다. 특히, 옛이야기는 '선'과 '악'이 대립되고 '선'이 이기는 행복한 결말이 보장되어 있기 때문에 영유아에게 도덕적인 메시지를 분명하게 전달한다(Bettelheim, 1998).

[사진 10-3] 집단 토의

4) 협동활동

영유아의 사회적 상호작용은 활동을 하면서 일어난다. 영유아의 사회적 상호작용을 촉진시킬 수 있는 협동활동을 소개하면 다음과 같다(이숙재, 2011; 박성연 · 도현심, 1999; 정진 · 성원경, 2004; Isenberg & Jalongo, 2001).

- 게임

두 명 이상의 참여자가 규칙(게임 방법, 승부, 편 가르기, 반칙에 대한 벌칙 등)을 정하여 서로 이기려고 경쟁하는 게임을 하는 가운데 또래와의 사회화가 촉진된다. 즉, 게임을 준비하거나 진행할 때 영유아들의 의견을 수용하여 함께 결정하며 원하는 경우, 상호협의 하에 수정할 수 있도록 허용한다. 또한, 게임에 참여하는 영유아들이 게임의 승부에 지나치게 집착하거나 경쟁하지 않고 협력, 양보, 배려하도록 지도하면 사회성 발달에 도움이 된다.

〈표 10-1〉 연령에 적합한 규칙 있는 게임

연령	게임
3세	규칙이 단순하고 이기고 지는 것이 강조되지 않으며 자유롭게 활동하면서 즐겁게 참여할 수 있는 게임이 적합하다(예 : 원형으로 앉아서 공 굴리고 받기).
4세	게임 방법이나 규칙이 복잡한 게임도 할 수 있다. 또한, 개인별로 승부가 결정되는 게임 이외에 편을 나누어 하는 게임도 좋아한다(예 : 볼링 하기).
5세	참여자가 전략을 세워 서로 협동해야 하거나 세련된 운동기술을 요하는 다양한 종류의 게임, 예를 들어 편 게임, 릴레이 게임, 2인 1조 게임을 할 수 있다.

출처 : 이숙재(2011: 100).

● 협동 작업

소집단으로 협동 미술 작업(예: 공룡 만들기), 블럭 쌓기 등에 참여하는 경험을 통해 사회성 발달이 증진될 수 있다. 함께 참여하는 또래들 간에 작업을 계획하고 역할을 분담하는 협의를 하도록 지도한다. 또한, 작업의 시작부터 마무리까지 영유아의 적극적인 참여와 협동적 태도가 유지되도록 지도한다.

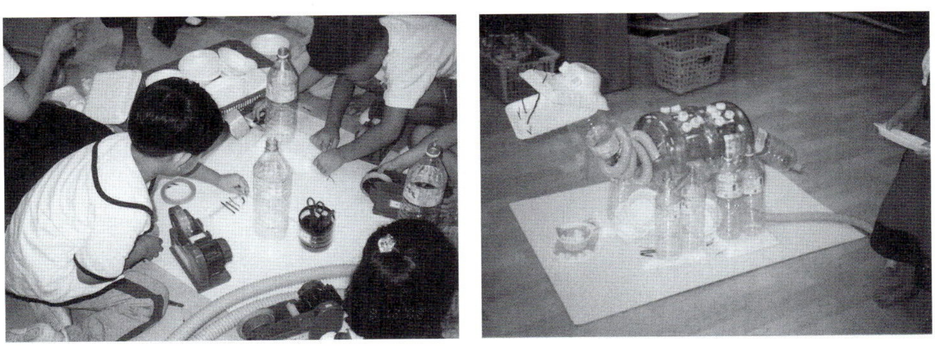

[사진 10-4] 공룡 만들기 협동작업

5) 영유아 경제교육

영유아에게는 실생활 속에서 경험할 수 있는 여러 가지 체험활동이나 놀이를 통한 경제교육이 효과적이다. 영유아에게 적절한 경제교육 지도방안을 제시하면 다음과 같다(이숙재 외, 2006).

- 체험을 통한 교육을 실시한다.

  경제교육은 일회적, 단기적으로 실시되는 주입식 교육이 아니라 영유아의 의, 식, 주와 관련되어 지속적으로 실시되어야 한다. 일상생활 속에서 자연스럽게 경제와 관련된 여러 가지 체험(수돗물 아끼기, 쓰레기 분리해서 거둬가기, 단열 효과를 위한 문풍지 바르기, 필요한 놀잇감 만들기, 텃밭 가꾸기 등)을 할 수 있도록 한다.

- 역할놀이 기회를 제공한다.

  영유아가 실생활에서 접하기 어렵거나 불가능한 경제상황을 역할놀이(음식점 놀이, 교통기관 놀이, 벼룩시장 놀이 등)를 통해 간접적으로 경험하고 이를 통해 경제 개념이나 소비자 행동을 자연스럽게 습득할 수 있다.

- 의사결정을 할 수 있는 기회를 제공한다.

  인간은 매 순간 “무엇을 먹을 것인가?”, “어떤 것을 살 것인가?”, “어떤 교통수단을 이용하는 것이 좋은가?” 등을 결정해야 한다. 삶 자체가 합리적인 선택의 연속적인 과정이라 해도 과언이 아니다. 영유아는 합리적인 사고능력이 미성숙하므로 성인이 결정한 것을 따라야 한다고 생각해 왔다. 그러나 영유아는 훨씬 빠른 시기부터 여러 가지 경제생활과 관련된 의사결정에 참여한다. 따라서 영유아기부터 올바른 소비 태도를 형성하고 합리적인 의사결정을 할 수 있도록 스스로 선택해 볼 수 있는 기회를 제공한다.

CHAPTER 11

창의성 발달과 교육

21세기는 창의적인 문제해결 능력과 사고력을 지닌 인재 양성이 그 어느 때보다 절실하게 요구되는 시대이다. 현대 사회의 지식경쟁, 두뇌경쟁에서 생존하기 위해서는 개인이 가지고 있는 창의성을 최대한으로 계발하여야 한다.

창의성에 대한 과학적 탐구는 비교적 최근에 이루어지기 시작하여 심리학, 교육학 분야에서 많은 연구가 되어 왔다. 이제까지의 연구를 통해, 창의성이 모든 사람이 가지고 있는 보편적인 능력이며 개인의 잠재능력을 계발하고 인적 자원을 효율적으로 활용하기 위해 창의성 교육이 중요하다는 데 학자들의 견해가 일치하고 있다.

11장에서는 창의성의 개념과 구성 요소를 살펴보고, 영유아의 창의성 발달 특징을 연령별로 알아보며 창의성 발달을 위한 지도방안을 탐색해 보고자 한다.

1 창의성의 개념

창의성의 개념은 학자들의 관점에 따라 다양하게 정의되고 있다. Torrance (2005)는 창의성이란 문제를 감지하고 가설을 세우고 가설을 검증, 재검증하여 결과를 산출하는 과정이라고 정의하였다. Guilford(1971)는 창의성을 새로운 사고를 생산해 내는 지적인 능력으로 개념화하였다. 또한, Taylor(1963)는 창의성이란 생산적 사고와 창의적 사고를 표현하는 복잡한 심리적 과정으로 인내심과 성취, 변화, 개선을 추구하는 태도 그리고 일에 대한 열정과 같은 것이라고 정의하였다. 한편, 우리나라의 임선하(1993)는 창의성을 새로움에 이르게 하는 개인의 사고 관련 특성이라고 정의하였다. 그 밖에 정옥분(2006)은 창의성을 참신하고 색다른 방법으로 사고하고 독특한 해결책을 생각해 낼 수 있는 능력으로 정의한다.

이와 같이 창의성 개념에 대한 학자들의 다양한 견해는 네 가지 관점으로 분류할 수 있다(이영, 1999; 임선하, 1993; 김경은 · 김숙령, 2004; 전경원, 2006; 유경훈, 2006).

첫째, 창의성을 지적 능력의 특성으로 간주하는 관점이다.

Guilford가 대표적인 학자로, 그는 확산적 사고(divergent thinking)가 창의성의 가장 중요한 준거라고 주장한다. 확산적 사고란 하나의 문제에 대해 여러 가지 다른 해답을 할 수 있는 사고력으로, Guilford는 확산적 사고능력에 문제에 대한 민감성, 사고의 유창성, 독창성, 정교성 등이 포함된다고 보았다. Torrance도 확산적 사고를 강조하는 학자로 창의적인 사고가 유창성, 융통성, 정교성, 독창성 등의 인지적 요인으로 구성된다고 주장하였다.

둘째, 창의성의 문제해결 과정에 초점을 맞추는 관점이다.

이 입장에서는 창의적 사고과정을 단계별로 나누고 각 단계를 분석함으로써 창의성을 더 잘 이해하려는 노력을 해왔다. Wallas(1926)는 이 입장의 선구자로 창의적 사고과정을 4단계로 나누었다. 첫 단계는 문제에 대해 자유롭게 사고하고 자료를 수집하는 준비기(preparation), 두 번째는 많은 아이디어를 떠올려 보고 가장 바람직한 아이디어가 어떤 것인지 끊임없이 생각하는 부화기(incubation), 세 번째는 문제에 대한 해결책을 찾아내는 발현기(illumination), 네 번째는 아이디어를 검증하고 문제해결책의 타당성을 검토하여 확정하는 검증기(verification)로, 이러한 4단계를 거치게 된다는 것이다(Isenberg & Jalongo, 2001, 재인용).

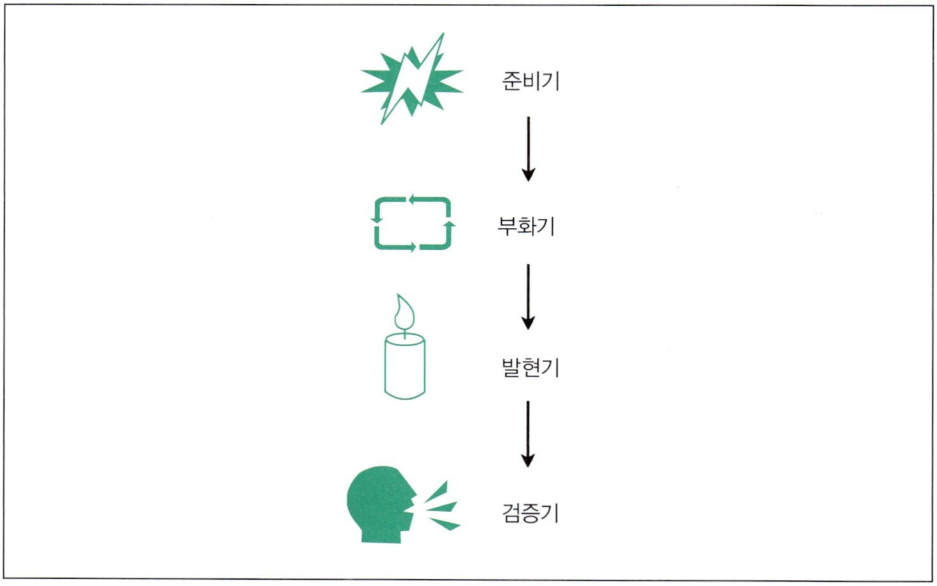

출처: Isenberg & Jalongo(2001: 21).

[그림 11-1] Wallas의 창의적 사고 과정의 단계

셋째, 창의성을 개인의 성격 특성으로 파악하는 입장이다.

Freud, Rogers, Maslow 등이 이런 입장을 취하는 학자이다. Freud는 창의성을 무의식의 작용으로 설명하며 갈등이나 억압된 정서를 해소하는 과정에서 나타나는 공상과 같은 창의적 상상을 창의성으로 보았다. 또한, Rogers는 창의성이란 내적인 창의적 동기가 직접적으로 표현되는 것이라 하였으며, Maslow는 상상력, 정열을 포함하여 인간을 보다 자유롭게 만드는 성향을 창의성으로 정의하였다.

넷째, 최근에는 통합적 입장에서 창의성을 정의하는 학자들이 있다.

창의성을 인지적 기능이나 성격과 같은 단일 차원의 특성이 아니라 지적 능력, 지식, 성격, 동기, 환경 등의 요소들이 서로 복합적으로 상호작용하여 발현하는 것으로 본다(Sternberg & Lubart, 1996). 예를 들면 Amabile(1989)은 창의성을 지식, 기술, 내적 동기 등 세 가지 요소가 상호작용하여 나타나는 것으로 본다(이영 외, 2015, 재인용).

이상에서 살펴본 창의성에 대한 학자들의 다양한 관점을 종합해 보면, 창의성이란 단순하게 어떤 사고 과정이나 인성의 특성을 의미하는 것이 아니라 새롭고 유용한 아이디어를 산출해 내는 다차원적인 특성으로 간주되어야 함을 알 수 있다.

2 창의성의 구성 요소

창의성의 정의가 학자에 따라 다양한 것처럼 창의성을 구성하는 요소에 대해서도 학자들의 견해가 다양하다. Guilford(1975)는 창의적 사고의 구성 요소에 민감성, 유창성, 독창성, 정교성이 포함된다고 보았으며 Torrance(2005)는 유창성, 융통성, 정교성, 독창성을 지적하였다. Isenberg와 Jalongo(2001)는 창의성을 인지적 요소와 정의적 요소로 나누고 인지적 요소에 유창성, 융통성, 독창성, 정교성, 정의적 요소에 호기심, 복합성, 모험성, 상상력을 포함시켰다. 한편, 우리나라의 전경원(2004)은 창의성의 구성 요소를 민감성, 상상력, 유창성, 융통성, 정교성, 독창성 등 여섯 가지로 보았다. 그 밖에 임선하(1995)는 창의성이 민감성, 유창성, 융통성, 독창성, 정교성의 인지적 요소와 자발성, 독자성, 집착성, 호기심의 정의적 요소로 구성된다고 주장한다. 본절에서는 창의성의 구성 요소를 인지적 요소와 정의적 요소로 폭넓게 개념화한 견해를 소개하고자 한다(임선하, 1993, 1995).

1) 인지적 요소

창의성의 인지적 요소는 개인이 내면적으로 가지고 있는 창의적인 사고 기능을 의미하며, 민감성, 유창성, 융통성, 독창성, 정교성 등이 포함된다(이영 외, 2015).

(1) 민감성

일상생활의 문제나 주변 상황에 대해 예민하게 관심을 보이는 성향을 의미한다. 사람이 사고를 하려면 생각할 내용이 필요한데, 사고의 내용은 대상에 대한 민감성의 정도에 따라 그 질이 결정된다.

(2) 유창성

특정한 문제 상황에서 가능한 한 많은 양의 아이디어를 산출하는 능력이다. 창의적 사고의 궁극적인 목적이 질적으로 우수한 사고를 산출하는 데 있다 하더라도 사고 과정에서 우선은 아이디어를 많이 산출하는 단계를 거쳐야 한다. 이런 의미에서 볼 때 유창성은 창의적 사고 과정에서 초기 단계에 요구되는 능력으로 볼 수 있다.

(3) 융통성

고정적인 사고방식이나 관점에서 벗어나 다양한 해결책을 찾아내는 능력이다. 경직되고 상투적인 방식으로 사고를 하면 편협하고 진부하게 문제 해결을 하게 되어 사고의 진전을 이룰 수 없다. 발상 자체를 전환시켜 유연하고 융통성 있게 생각하는 것이 필요하다.

(4) 독창성

기존의 사고에서 탈피하여 참신하고 독특한 아이디어를 산출하는 능력이다. 독창성은 아이디어의 양보다는 질적인 측면으로, 기존의 사고방식에서 벗어나 자기만의 독특한 아이디어를 산출하고 문제해결 방안을 고안하는 능력을 말한다.

(5) 정교성

다듬어지지 않은 기존의 아이디어를 보다 정교하게 발전시키는 능력이다. 거의 모든 아이디어는 처음부터 완벽하게 산출되지 않는다. 조잡한 아이디어라도 소중히 여기고 발전시켜 훌륭한 아이디어가 되도록 정교하게 다듬는 능력이 필요하다.

2) 정의적 요소

창의성의 정의적 요소는 창의성을 산출하는 데 있어서 개인에게 요구되는 성향이나 태도적 특성으로 자발성, 독자성, 집착성, 호기심으로 구성된다.

(1) 자발성

문제 상황에서 자신의 내적 동기에 의해 아이디어를 자발적으로 산출하는 성향이나 태도이다. 사고는 적극적인 활동이므로 소극적인 태도로는 사고가 제대로 이루어지지 않는다.

(2) 독자성

자신이 생각해낸 아이디어에 대한 가치를 인정하고 다른 사람의 평가에 구애받지 않으려는 성향이나 태도를 말한다. 창의적인 사고를 하려면 다른 사람의 의견에 휩쓸리지 않고 자기 아이디어의 가치를 스스로 인정하고 계속 발전시켜 나가는 태도가 요구된다.

(3) 집착성

문제를 해결하기 위해 가능한 모든 정보를 수집하고 문제가 해결될 때까지 끈질기게 시도하는 성향이다. 사고 과정에서 최선의 아이디어를 얻기 위해서는 열정을 갖고 끝까지 자신의 모든 것을 다 바치는 태도가 요구된다.

(4) 호기심

항상 생동감 있게 주변의 사물에 대해 의문을 갖고 끊임없이 질문을 제기하는 성향이다. 모든 것에 관심이 많고 항상 의문에 차 있는 사람만이 창의성을 발휘할 수 있다.

3 영유아기 창의성 발달

창의성은 소수의 뛰어난 사람들만이 가지는 독특한 특성이 아니라 모든 인간에게 내재된 보편적인 특성이다(조성연, 1990). 창의성은 생후 초기부터 발달하는데 특히, 영유아기에 발달이 가장 많이 이루어진다. Dacey(1989)는 창의성이 전 생애를 통하여 발달하지만 출생부터 5세까지가 가장 중요한 시기라고 하였다. Torrance(2005)도 영유아기가 창의성 발달의 중요한 시기로, 출생 후부터 2세 사이에 상상력이 발달하기 시작하여 4세에서 4½세 사이에 절정을 이룬다고 주장하였다. 그 밖에 인지발달 이론에서는 표상적 사고가 나타나는 전조작기가 창의성 발달에 중요한 시기라고 본다.

영유아의 창의성 발달 특징을 연령별로 살펴보면 다음과 같다(이숙재·김경란·이방실, 2013; 전경원, 2006).

출생~12개월

영아는 세상에 태어나면서 다양한 감각 경험을 한다. 주변에 있는 사물을 두드리거나 입에 집어넣거나 잡아 흔들어서 소리를 내는 등의 탐색을 하면서 촉감, 소리, 맛, 냄새를 느껴본다. 이러한 감각을 통한 탐색행동은 인간이 지니는 호기심과 새로운 것에 대한 흥미 표현의 시작일 뿐 아니라 창의성의 기본 요소인 민감성을 발달시키는 기반이 된다.

1세

이 시기에는 이동이 가능하고 소근육 운동능력이 발달하여 폭넓게 탐색을 하면서 주변 환경에 대한 호기심이 증대된다. 문제해결 과정에서도 생후 13~18개월에는 시행착오를 거듭하지만 19~24개월이 되면 시행착오보다는 통찰력에 의해 문제를 해결하는 경향을 보인다. 또한, 모방능력과 기억력이 발달하여 일상생활에서 보고 들은 행동을 모방하는 놀이, 예를 들어 인형을 목욕시키거나 잠재우는 놀이를 즐김으로써 상상력이 발달한다. 그 밖에 크레파스를 쥐고 끼적거리는 행동을 하거나 악기로 소리를 낼 수 있으며 음악 소리에 맞추어 몸을 움직이는 등의 창의적인 표현을 할 수 있다.

2세

2세아는 눈에 보이지 않는 대상을 표상하거나 사물과 상황을 실제와 다르게 표상하는 상상놀이를 활발하게 하여 모방능력, 상상력이 발달한다. 민감성도 더욱 발달되어 촉감, 맛, 소리를 통해 사물의 차이를 변별할 수 있으며 호기심과 질문이 더욱 많아진다. 또한, 이 시기는 사물을 탐색하고 조작하는 단계에서 무엇인가를 만드는 단계로 발전하는 시기이다. 즉, 2세 이전에는 블록 조각을 만지고 탐색하는 기능놀이를 주로 하는 반면에, 2세 이후에는 블록으로 길을 만들거나 탑을 쌓는 구성놀이를 하면서 조형능력이 발달한다. 그림 그리기는 아직도 끼적거리기 수준이지만 손의 움직임과 종이에 나타난 흔적 간의 관계를 인식하여 통제된 끼적거리기를 할 수 있다. 그 밖에 배운 노래를 단순히 반복하거나 일상용품으로 다양한 소리 내어 보기를 좋아한다.

3세

3세아는 행동의 결과에 관심을 보여서 종이와 크레파스, 색종이 등을 가지고 자유롭게 그리거나 꾸민 것을 다른 사람에게 보여주고 자랑하면서 만족감을 느낀다. 특히, 언어능력이 현저하게 발달하여 언어표현을 많이 하고 우스운 소리나 말놀이를 좋아한다. 또래 친구에게 관심을 보이고 친구 곁에서 나란히 놀이를 하며 성인 역할에 관심이 많아지고 상상력이 풍부하여 엄마, 아빠 놀이를 자주 한다.

4세

이 시기는 창의적 상상력의 발달이 절정에 이르는 시기로, 상상놀이가 양적, 질적으로 발전한다. 병원놀이, 가게놀이 등 다양한 놀이를 사전에 계획을 세우고 친구들과 역할을 분담해서 한다. 이런 경험을 통해 다양한 문제 상황에 직면하고 해결하는 과정을 겪으면서 창의적 사고력의 기본 요소인 유창성, 융통성을 키울 수 있다. 또한, 이 시기에는 인과관계의 유추가 가능하고 상상과 현실을 인식하게 된다. 지적 자극에도 민감하게 반응하여 수놀이, 문자놀이에 흥미가 많아지고 과학적인 탐색을 많이 한다. 그 밖에 그림 그리기에서는 알아볼 수 있는 정도로 사물과 유사하게 표현하기 시작하고, 노래 부르기를 좋아하며 음악의 분위기에 알맞게 동작으로 표현할 수도 있다.

5세

5세아는 스스로 놀이 내용을 창조하고 놀잇감이나 의상활용에 있어서도 창의력을 발휘하여 한 가지 놀잇감을 다양한 용도로 활용하는 참신한 아이디어를 산출하기도 한다. 또한, 그림을 보고 이야기를 꾸미거나 동화, 동시 짓기 등의 창작활동에 많은 흥미를 갖고 참여한다. 자신의 신체를 이용하여 감정을 표현하거나 새로운 동작을 창작하기도 한다.

4 창의성 발달을 위한 지도 방안

창의성을 계발하기 위한 지도방안을 소개하면 다음과 같다(문미옥, 1995; 전경원, 2006; Torrance, 2005).

1) 개방적 분위기 조성

영유아가 언제나 자유롭게 자신감을 가지고 탐색하고 도전하며 자신의 생각을 거리낌 없이 표현할 수 있도록 개방적인 분위기를 만들어 주어야 한다. Isenberg와 Jalongo(2001)은 창의성을 저해하는 분위기와 창의성을 지원하는 분위기를 다음과 같이 제시하였다.

(1) 창의성을 저해하는 분위기

- 틀에 박힌 생각을 하도록 강요하는 분위기
- 복종을 중시하고 전통을 고수하도록 요구하는 분위기
- 지시대로 했을 때만 보상해 주고, 실수를 용납하지 않는 분위기
- 정해진 일정에 따르도록 시간을 엄격하게 통제하고 제한하는 분위기
- 영유아의 질문을 제지하고 탐색을 저지하는 분위기
- 암기, 모방, 과제를 지나치게 강조하는 분위기

(2) 창의성을 지원하는 분위기

- 평등과 상호존중을 장려하는 분위기
- 독창적인 아이디어를 기꺼이 수용하는 분위기
- 서로 다른 견해를 무시하지 않고 학습의 자원으로 인식하는 분위기
- 문제에 대한 새로운 해결책을 모색하는 분위기
- 상상을 장려하는 분위기
- 탐색과 조사에 필요한 기술을 개발하는 분위기
- 신뢰감에 기초한 학습공동체를 조성하는 분위기

2) 내적 동기 유발

내적 동기는 생산적이고 창의적인 사고를 하는 데 필수적인 요인이다. 인간은 내적 동기에 의해 활동을 하는 경우, 열정을 가지고 헌신하며 마치 놀이를 하는 것처럼 즐거운 마음으로 몰두함으로써 창의적인 산출을 할 수 있다. 창의성과 동기 유발의 관계에 대해 연구한 Amabile(1989)은 영유아의 내적 동기 유발을 방해하는 요소로 평가, 보상, 경쟁, 제한된 선택 등 네 가지를 제시하였다(전경원, 2006, 재인용). 각 요소들을 설명하면, 첫째 영유아가 다른 사람의 평가에 관심을 두게 되면 비웃음이나 조롱을 받을까 두려워서 눈치를 보게 되어 창

의적 표현이 억제된다는 것이다. 둘째 요소는 보상이다. 영유아의 바람직한 행동을 유지시키기 위해서는 보상도 필요하지만 때로는 보상이 창의성 발달을 방해한다. 즉, 영유아가 보상에 익숙해지면 늘 보상을 기대하고 보상이 뒤따르지 않으면 의욕이나 흥미가 줄어들게 된다. 셋째 요소는 경쟁으로, 영유아가 경쟁을 하면 심리적으로 불안정해지고 스트레스를 받아서 창의적인 활동에 몰두할 수 없게 된다. 넷째 요소는 영유아에게 선택권을 제한하는 것으로 흔히 부모나 교사들은 영유아가 어리다는 이유로 선택의 기회를 주지 않는 경우가 많다. 그러나 인간은 타인에 의해 결정된 일보다는 스스로 결정하고 선택한 일에 더 몰두하여 에너지를 쏟으며 책임감을 가지고 자발적으로 적극 참여한다.

따라서 영유아의 내적 동기를 유발하기 위해서는 창의적 활동의 결과물에 근거한 평가를 지양하고 보상을 해 줄 때도 외적 보상보다는 아이디어를 산출하는 과정에서 영유아가 만족감과 즐거움을 느낄 수 있도록 격려해 주는 것이 바람직하다. 또한, 경쟁을 부추기기보다는 친구와 아이디어를 공유하고 서로 소통하면서 창의성을 키워나가도록 지도해야 한다. 그 밖에 영유아가 활동이나 놀잇감을 능동적으로 선택할 수 있는 자유가 보장되고 각자의 개성이 존중되어야 창의적인 사고가 가능하다.

3) 창의적 환경 제공

영유아가 다양한 감각 경험을 할 수 있도록 물리적 환경이 조성되어야 한다. 영유아가 직접 보고, 듣고, 냄새 맡고, 만지고 느끼면서 감각적으로 주변 세계에 대해 민감하게 탐색하고 반응할 수 있는 놀이 환경을 제공한다. 또한, 영유아가 지역사회에서 다양하고 독특한 경험(로봇 경연 및 인형극 관람)을 해 볼 수 있는 기회를 제공한다.

4) 성인의 모델링

창의성은 근본적으로 인간의 내면적인 능력이므로 부모나 교사가 몇 가지 특별한 지도방법만을 적용해서 교육시킬 수 있는 것이 아니다. 부모와 교사 자신이 스스로 창의적이 되려고 부단히 노력하는 모습을 보여 주어야 한다. 즉, 일상생활 속에서 새로운 사물이나 사건에 흥미를 가지고 탐색하며 다양한 관점에서 생각하고 문제를 해결하는 모델이 되어야 한다.

5) 창의적 표현경험 제공

영유아에게 적합한 창의적 표현활동으로 창의적 연극, 음악, 미술 등을 들 수 있다.

(1) 창의적 연극

창의적 연극(creative drama)은 영유아가 흥미 있어 하는 다양한 사건이나 인물, 동화내용 등을 놀이 속에 재현시켜 극화하는 활동으로, 영유아가 능동적으로 참여하여 창의적으로 만들어가는 과정을 통해 창의력이 증진된다. 영유아에게 적합한 창의적 연극으로는 무언극, 즉흥극, 인형극, 주제극(thematic fantasy play)이 있다(이숙재, 2014; 이숙재 외, 2006).

① 무언극

무언극은 단어나 물건에서 연상되는 내용, 동화 줄거리, 생활 경험 등 다양한 소재에 대한 영유아의 생각을 말없이 몸짓으로만 표현하는 활동이다. 몸짓으로만 표현하기 때문에 영유아에게 부담감을 거의 주지 않으며 초보자나 나이 어린 영아, 부끄럼을 많이 타는 영유아에게 적합하다.

② 즉흥극

문제 상황의 해결과정을 이야기로 꾸미게 하거나 여러 물건을 보고 연상되는 이야기를 즉흥적으로 꾸며 표현하는 활동(예: 지갑, 호루라기, 전화기를 제공하여 이 물건을 보고 연상되는 이야기를 꾸며서 극화하기)으로 상상력과 창의적 표현력을 기를 수 있다.

③ 인형극

영유아가 인형을 조작하면서 이야기 내용을 표현하는 연극으로 막대 인형, 손가락 인형, 손 인형, 테이블 인형, 그림자 인형, 줄 인형 등이 활용된다. 영유아가 인형을 직접 만들어서 사용할 수도 있으며, 인형 이외에 인형극 틀, 녹음기, 동화책 등을 함께 제공하여 활용하게 한다.

④ 주제극

영유아가 동화 내용을 재해석하여 동작과 대사로 표현하는 활동이다. 동극처럼 남에게 보여주기 위한 공연이 주목적이 아니며 영유아가 자발적으로 참여하여 동작, 대사, 소품, 배경 구성 등 모든 것을 창의적으로 만들어 표현하는 참여자 중심, 과정 중심의 활동이다. 주제극에 적합한 동화는 '커다란 무', '곰 세 마리', '아기 돼지 삼 형제', '쥐의 결혼식', '혹부리 영감', '원숭이와 모자 파는 아저씨' 등이다.

[사진 11-1] 주제극놀이 장면

(2) 음악

영유아는 악기를 연주하고 노래를 부르는 음악놀이를 통해 미적 관심을 높이고 감수성을 풍부하게 하며 창의적 표현력을 기를 수 있다. 영유아의 창의성 발달을 위한 음악활동으로는 노래 부르기, 악기 연주, 음악 감상, 신체표현 등이 있다. 음악놀이 지도법을 간략하게 소개하면 다음과 같다(강보라, 2012; 안재신, 2004).

첫째, 다양한 음악적 경험을 할 수 있도록 자극적인 환경을 제공한다.

영유아의 창의적인 반응을 유도하기 위해 탬버린, 트라이앵글, 북, 실로폰, 소고 등 다양한 영유아용 악기와 테이프, CD, DVD, 책을 구비해 놓는다.

둘째, 과정 중심으로 지도한다.

결과 중심으로 단순한 방법이나 지식을 전달하는 것이 아니라 영유아가 직접 능동적으로 참여하여 경험할 수 있도록 한다.

셋째, 즉흥적인 표현을 장려한다.

영유아들이 음악을 듣고 표현할 기회를 많이 제공한다. 언어, 몸짓, 악기 등으로 영유아 스스로 탐색하고 창의적으로 표현하도록 격려한다.

넷째, 새로운 소리, 노래를 만들어 보도록 격려한다.

폐품이나 자연물을 이용하여 악기를 만들어 여러 영유아들이 함께 연주해 보거나 노랫말을 짓고 가사판 만들기 등을 한다.

(3) 미술

영유아에게 그림 그리기, 오리기, 만들기, 콜라주, 본뜨기, 찰흙공예, 미술 감상 등 다양한 미술을 통해 창의성 지도를 할 수 있다. 영유아의 창의적 표현력을 신장시키는 데 효율적인 미술놀이 지도 방법을 소개하면 다음과 같다(이숙재 · 김경란 · 이방실, 2013; 함영숙, 2014).

첫째, 모든 영유아가 자신의 창의력을 자연스럽게 표출할 수 있도록 심리적으로 편안한 분위기를 조성해 주어야 한다.

어른의 관점이나 생각에서가 아니라 영유아의 관점에서 표현된 것을 비판 없이 받아들이고 진지하게 대하는 태도를 지녀야 한다.

둘째, 영유아의 개성 및 발달 수준에 적절한 지도를 한다.

모방을 강요하거나 교사 중심의 지시적 교수방법은 창의성 계발에 부적절하다. 결과 중심이 아니라 과정 중심으로 영유아가 스스로 흥미와 의욕을 가지고 다양한 자료를 활용하여 실험과 발견을 하면서 창의적 표현을 하도록 격려하고 안내해 준다.

셋째, 영유아가 미술활동에 자발적으로 참여하도록 동기를 유발시킨다.

동기유발에 적절한 심리적, 물리적 환경을 조성해 주고 미술 자료, 주제와 영유아 자신의 경험을 연관시켜 자발적으로 표현하도록 격려한다.

넷째, 미술활동에 적절한 다양한 자료를 제공한다.

자료의 종류가 단조로우면 미술활동의 참여를 자극할 수 없는 반면에 너무 많은 종류가 제공되면 영유아를 혼란시킬 염려가 있으므로 영유아의 요구, 흥미, 발달 수준, 시기 등을 고려하여 적절히 제공한다.

다섯째, 영유아의 미술작품을 다른 영유아의 작품과 비교하여 평가하거나 성인의 기준으로 평가해서는 안 된다.

작업의 결과나, 미술적 기교보다는 영유아의 의도, 노력 등 과정에 대해 긍정적으로 평가해 주는 것이 효과적이다.

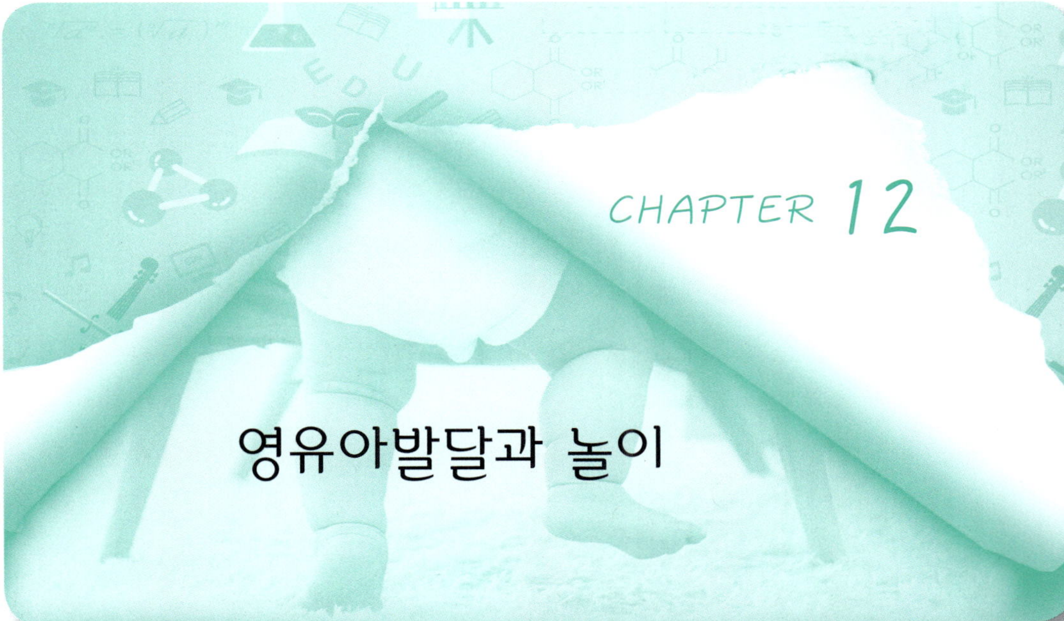

CHAPTER 12

영유아발달과 놀이

영유아는 놀이를 하면서 자란다. 놀이를 하면서 손의 근육과 운동능력이 발달하고 상대방을 배려하는 마음이 생기며 주고받는 순서에 대한 이해력이 발달한다. 또한, 놀이 중에 친구와 대화를 나누면서 언어발달이 이루어진다. 이처럼 영유아의 성장은 놀이와 불가분의 관계에 있다.

12장에서는 놀이에 대한 이해를 돕기 위해 놀이의 개념 및 특성, 놀이 유형을 간략히 살펴보고, 영유아의 연령별 놀이 특징을 소개하고 영유아의 놀이경험을 통한 발달 및 놀이지도 방안에 대해 살펴보고자 한다.

1 놀이의 개념 및 특성

놀이의 중요성이 강조되면서 많은 학자들이 다양한 관점에서 놀이의 본질을 밝히려 노력하였다. 초기에 학자들은 놀이의 개념을 다양하게 정의하였다. 예를 들어, 18세기 계몽주의 운동가 Shiller는 놀이를 잉여에너지의 발산으로 정의하였고 유치원 창설자 Fröbel은 놀이를 인간의 가장 순수한 정신적 활동이라고 정의하였다. 또한, 진보주의 교육학자 Dewey는 놀이가 어떤 결과를 얻기 위한 의도적인 활동이 아니라 활동 자체가 목적인 행동이라고 주장하였다(이숙재, 2011).

최근 들어 놀이를 개념화하기 위해 단순히 정의를 내리기보다 놀이와 유사한 행동인 탐색(exploration)과 비교하거나 놀이와 상반되는 일(work)과 구별하여 특성을 밝히려는 경향이 있다.

(1) 놀이와 탐색

놀이와 탐색은 영유아가 자발적인 동기를 가지고 스스로 하는 행동이라는 측면에서 공통점을 갖는다. 그러나 놀이와 탐색을 구분하여 놀이의 특성을 부각시키는 학자들에 의하면(Burghardt, 1984; Hutt, 1971), 탐색은 사물을 보고 '이 물건이 무엇인지 알아보려고' 진지하게 행동하는 일종의 정보수집활동이다. 반면에 놀이는 '이 물건을 가지고 무엇을 할 수 있을까?' 하고 즐거움과 만족감을 느끼며 다양한 행동으로 표현하는 특성이 있다(이숙재, 2014). 놀이와 탐색의 특성을 구체적으로 비교하면 다음 표와 같다.

〈표 12-1〉 놀이와 탐색 특성 비교

	놀이	탐색
시기	탐색 이후에 나타남	놀이 전에 나타남
대상	익숙한 사물	새로운 사물
목표	만족 추구	정보 획득
행동	다양한 행동	정형화된 행동
정서	즐거움	진지함
심장박동	변화 큼	변화 적음

출처: Johnson, Christie, & Yawkey(1999: 16).

(2) 놀이와 일

놀이와 놀이가 아닌 행동, 즉 일을 대비시켜서 놀이특성을 밝히는 학자들(Frost &Klein, 1979; Dattner, 1986)도 있다. 이들에 의하면, 놀이와 일은 다음 네 가지 측면에서 비교할 수 있다. 첫 번째, 놀이는 내적 동기에 의해 자발적, 능동적으로 하는 데 비해 일은 강요에 의해서 수동적으로 하게 된다는 점, 두 번째, 놀이는 행동 자체가 목적인 반면에 일은 외적인 목적에 얽매여 하게 된다는 점, 세 번째, 놀이의 규칙은 내부에서 자유롭게 정할 수 있으나 일의 규칙은 외부에서 부여되는 경우가 많다는 점, 네 번째, 놀이에서는 현실을 떠나 상상의 세계로 변신할 수 있으나 일의 세계는 현실에서만 이루어진다는 특성이 있다(이숙재, 2014, 15-17).

(3) 놀이의 특성

놀이의 특성을 살펴보면 다음과 같다(이숙재, 2011).

첫째, 놀이는 재미있고 즐겁다.

놀이의 주요 특성은 즐거움과 기쁨이다. 영유아가 놀이를 반복하고 지속하는 것은 재미있고 즐겁기 때문이다.

둘째, 놀이는 자발적이다.

놀이는 내적으로 동기화된 자발적인 행동이다. 영유아는 놀이를 하고 싶은 욕구에 의해 스스로 몰입하여 능동적으로 놀이한다.

셋째, 놀이는 융통적이고 가변적이다.

놀이 방법이나 내용, 규칙 등은 놀이하는 영유아에 의해 언제든지 자유롭게 변할 수 있다. 영유아가 원하는 방향으로 놀이내용을 재구성하거나 놀잇감의 용도를 변경시킬 수 있다. 또한, 친구들과 합의하여 새로운 규칙을 만들 수 있는 것이 놀이의 특징이다.

넷째, 놀이는 상상적이다.

놀이에는 가작화 요소(as-if element)가 내포되어 실제의 사람이나 사물이 마치 다른 사람이나 사물인 척하며 놀 수 있다.

다섯째, 놀이는 과정 중심적이다.

놀이는 과정에 초점이 맞추어져 있다. 놀이 후의 결과보다는 놀이과정 자체를 즐기며 과정에서 만족을 얻는다. 결과에 대한 부담이 없기 때문에 놀이를 하면서 다양한 탐색이나 변화를 마음껏 시도할 수 있다.

2 놀이 유형

놀이는 영유아 삶의 원동력이다. 놀이유형을 사회적 놀이와 인지적 놀이로 나누어서 발달 단계를 살펴보면 다음과 같다.

1) 사회적 놀이

사회적 놀이발달 과정을 분석한 대표적 학자인 Parten(1932)은 영유아의 사회적 참여도에 따라 비참여행동, 방관적 행동, 단독놀이, 병행놀이, 연합놀이, 협동놀이 등 여섯 가지의 사회적 놀이형태를 제시하였다(이숙재, 2014).

(1) 비참여 행동

엄밀한 의미에서 놀이로 볼 수 없는 행동으로, 영유아가 순간적인 흥미에 따라 어떤 것을 몰두해서 바라보는 행동을 뜻한다.

(2) 방관적 행동

다른 친구의 놀이를 지켜보는 행동으로 가끔 자신이 구경하고 있는 친구에게 말을 걸거나 질문을 하기도 하며 제안을 하기도 한다. 그러나 놀이에 직접 참여하지는 않는다.

(3) 단독놀이

주변에 있는 친구들과 이야기를 나눌 수 있는 위치에서 친구가 사용하는 놀잇감과 다른 놀잇감을 가지고 혼자서 독자적으로 놀이하는 것이다. 곁에 있는 친구와 가까워지려는 시도를 전혀 하지 않는데, 2~2½세아가 이 놀이를 많이 한다.

(4) 병행놀이

이 놀이는 주변의 친구들과 동일한 놀이를 하지만 서로 접촉하거나 간섭하지 않고 혼자서 놀이하는 형태이다. 병행놀이는 2½~3½세아가 많이 한다.

(5) 연합놀이

친구들과 함께 노는 집단놀이의 일종으로 놀이내용에 대해 이야기를 주고받거나 놀잇감을 빌려 주기도 한다. 그러나 역할을 분담하거나 놀이 내용을 조직적으로 전개하지는 못한다. 3½~4½세아가 이 놀이를 많이 한다.

(6) 협동놀이

한두 명이 주동이 되어 역할을 분담하고 공동의 목표달성을 위해 조직적으로 진행하는 집단놀이로, 4½세아가 협동놀이를 주로 한다.

2) 인지적 놀이

Piaget(1962)에 의하면 영유아의 인지발달이 이루어짐에 따라 놀이도 점차 발달하여서 연습게임, 상징게임, 규칙 있는 게임의 3단계로 발달된다고 한다. Piaget 이외에도 Smilansky(1968), Frost와 Klein(1979) 등이 인지 발달적 관점에서 놀이발달 과정을 제시하였는데, Frost와 Klein이 주장하는 인지적 놀이발달 단계를 소개하면 다음과 같다(이숙재, 2014).

(1) 기능놀이

기능놀이(functional play)는 감각운동기(0~2세)의 영아가 기능적인 즐거움을 위해 반복적으로 되풀이하는 단순한 놀이행동을 뜻한다. 예를 들어, 매달려 있는 놀잇감을 우연히 건드려서 이리저리 흔들거리면 자기 행동의 결과로 놀잇감이 움직이게 된 것을 매우 기뻐하며 이 행동을 반복하게 된다.

(2) 구성놀이

구성놀이(constructive play)는 기능적 활동으로부터 창조적 활동으로의 전환을 뜻한다. 생후 22~24개월이 되면 다양한 놀잇감을 활용하여 무엇인가를 창조하는 놀이를 시작한다. 블록이나 여러 가지 끼워 맞추는 놀잇감, 목공놀이 도구나 미술 자료를 가지고 자동차 만들기, 성 쌓기, 터널 만들기 등의 놀이를 하는 것이다.

(3) 상징놀이

2세가 되면 자신의 현재 위치에서 벗어나서 다른 사람의 역할을 모방하거나 상상해서 행동하고 놀이상황에 적절한 언어를 가상해서 표현하기도 하며 실제 사물이나 가상의 도구를 이용하는 상징놀이(symbolic play)를 한다. 상징놀이는 상상놀이, 가상놀이, 환상놀이, 극놀이, 역할놀이 등으로도 불리는데, 여러 가지 가작화 요소(as-if element)가 내포되는 놀이라는 점에서 동일한 놀이로 볼 수 있다.

(4) 사회극놀이

Smilansky(1968)는 두 명 이상이 함께 상징놀이하는 것을 사회극놀이(socio-dramatic play)로 명명하였다. Smilansky에 의하면 사회극놀이는 역할의 가작화(예: 나는 아빠, 너는 엄마), 사물의 가작화(예: 손을 컵 모양으로 하여 들고 마시는 시늉), 행동과 상황의 가작화(예: "내가 회사 갔다 와서 밥하고 있는 거라구."), 지속성(한 가지 주제의 놀이를 적어도 10분간 지속), 상호작용(두 명 이상의 놀이 친구가 상호작용), 언어적 의사소통(놀이 친구 간에 의사소통) 등 여섯 가지 조건을 갖추어야 한다.

(5) 규칙 있는 게임

영유아의 인지발달이 전조작기(2~7세)에서 구체적 조작기(7~11세)로 전환되면서 주사위 게임, 카드 게임, 야구 게임 등 규칙이 있는 게임(games with rules)을 즐긴다. 규칙을 잘 지키면서 게임을 하려면 규칙을 올바르게 이해하고 적절하게 적용하며 주어진 범위 내에서 자신의 행동을 통제할 수 있어야 한다.

3 영유아발달과 놀이

놀이를 통해 영유아의 전인적 발달이 촉진된다. 이를 신체, 인지, 언어, 정서, 사회성, 창의성 발달 등 여섯 영역으로 나누어 살펴보고자 한다(이숙재, 2011, 25-27; 이숙재, 2014: 58-69).

1) 신체발달과 놀이

건강한 영유아는 쉬지 않고 활발하게 놀이를 한다. 출생 초기에는 움직이는 물체를 쳐다보거나 자신의 손을 이리저리 움직이며 입으로 빨면서 놀이를 한다. 점차 이동능력이 생기고 손, 발 등의 근육이 발달하면 기어오르거나 매달리는 등의 운동놀이를 할 수 있다. 이러한 놀이를 하면서 신체발달이 촉진된다. 이를 간략히 설명하면 다음과 같다.

- 놀이를 하면서 대 · 소근육을 움직이게 되므로 신장, 체중 등 신체성장이 촉진되고 혈액순환, 배설, 수면 등의 생리기능이 증진된다.
- 달리기, 던지기, 매달리기 등의 운동능력이 향상된다.
- 놀잇감을 두드리고 만지는 등의 경험을 통해 감각 및 지각능력이 발달된다.
- 영유아가 놀이를 하면서 위험상황을 인지하고 적절히 대처하는 능력을 기른다.

2) 인지발달과 놀이

영유아는 놀면서 배운다. 여러 가지 놀잇감을 가지고 놀면서 다양한 경험을 하며, 이러한 구체적 경험을 통해 의미 있는 자기 발견적 학습을 하고 그 결과로 인지발달이 이루어진다. 인지발달과 놀이의 관계를 정리하면 다음과 같다.

- 수, 분류, 서열화, 공간, 시간 개념 등을 자연스럽게 배운다.
- 놀면서 과학적 지식을 습득하고 탐구과정을 경험한다.
- 새로운 놀잇감이나 상황을 탐색하고 다양한 시도를 해보면서 문제해결력이 발달한다.
- 사물이나 상황, 역할을 상상하는 놀이를 하면서 추상적 사고력이 증진된다.

3) 언어발달과 놀이

영유아는 태어나자마자 울음으로 최초의 발성을 한 후 놀이를 하면서 다양한 어휘를 구사하고 연습할 기회를 자연스럽게 갖는다. 언어발달과 놀이의 관계를 요약하면 다음과 같다.

- 놀이를 하면서 다양한 어휘를 습득하고 자신의 생각과 느낌을 적절하게 표현하는 능력을 기른다.
- 여러 상황이나 역할에 적합한 언어를 사용하는 놀이경험을 통해 바른 언어생활 습관을 형성한다.
- 친구들과 놀이를 하면서 남의 말을 잘 듣고 이해하며 자신의 의견을 교환하는 의사소통능력을 기른다.
- 가게놀이, 우체국놀이 등과 같이 글자를 접할 기회가 많은 놀이를 하면서 읽기, 쓰기에 관심을 가지고 자발적으로 학습하려는 의욕을 갖게 된다.

4) 정서발달과 놀이

영유아는 놀이를 하면서 다양한 정서반응을 하고, 이런 경험을 통해 정서발달이 촉진된다. 정서발달과 놀이의 관계를 요약하면 다음과 같다.

- 놀이의 기쁨과 즐거움, 만족스러운 경험을 통해 긍정적인 자아개념, 자신감, 성취감, 자율성 등 건전한 정서를 형성하게 된다.
- 놀이를 통해 질투, 두려움 등의 부정적 감정이 정화될 수 있기 때문에 정신건강에 도움이 된다.
- 놀이를 하면서 감정을 통제하는 방법, 갈등 해결 방법을 습득한다.
- 놀이를 통해 다른 사람에 대한 조망능력과 공감능력을 기를 수 있다.

5) 사회성 발달과 놀이

영유아는 놀이를 하면서 사회적 존재로 성장한다. 초기에는 주로 부모나 양육자와 놀이를 하며 긴밀한 상호작용을 하고 점차 성장하여 또래와 놀이할 기회가 많아지면서 풍부한 사회 경험을 할 수 있다. 영유아의 사회성 발달과 놀이 관계를 요약하면 다음과 같다.

- 놀이를 하면서 부모, 양육자, 교사에게 친밀감을 갖게 되고 애착관계를 형성한다.
- 또래와 놀이를 하면서 다른 사람과 더불어 살아가는 데 필요한 질서 지키기, 협력하기, 공유하기 등의 사회적 능력을 기른다.
- 놀이를 통해 주변 사회에 대한 관심과 이해 및 지식을 습득한다.

6) 창의성 발달과 놀이

인간은 누구나 창의적 능력을 가지고 태어나는데 다양한 놀이를 자유롭게 하면서 창의성이 발달한다. 창의성 발달과 놀이의 관계를 요약하면 다음과 같다.

- 놀이를 하면서 창의성 요소인 호기심, 자발성, 민감성이 발달한다.
- 놀이 중에 다양한 탐색을 하면서 융통성 있는 사고 능력을 기른다.
- 가작화 요소가 내포된 역할놀이를 하면서 상상력이 발달한다.
- 놀이를 통해 새롭고 독특하게 생각하는 독창성이 발달한다.

출처: 이숙재(2011: 26).

[그림 12-1] 놀이와 영유아의 전인적 발달

4 연령별 놀이특징 및 지도

연령별 놀이 특징을 영아기와 유아기로 나누어 살펴보고 이에 따른 지도방안을 소개하고자 한다.

1) 영아 연령별 놀이특징 및 지도

영아의 연령에 따른 놀이특징을 살펴보고, 이를 토대로 영아놀이 지도방안을 소개하면 다음과 같다(이숙재, 2011, 32-35).

(1) 연령별 영아놀이 특징

① 출생~12개월 영아

출생하여 생후 1년 동안은 발달이 빠르게 이루어지는 시기로, 사물이나 놀잇감을 입에 집어넣거나 잡아 흔들어 소리를 내는 감각놀이를 한다. 또한, 손, 다리 운동능력이 향상되면서 밀고 잡아당기는 놀이나 발로 차는 놀이를 한다. 놀이 상대자는 주로 부모, 형제, 양육자이며 이들이 하는 놀이를 바라보거나 따라 하며 즐거워한다.

② 1세 영아

걷기 시작하면서 움직임이 활발하여 끌고 다니는 놀이, 공 굴리기를 하며 물, 음식, 인형 등 주변의 사물과 놀잇감을 손으로 탐색하는 활동이 왕성해진다. 또한, 손동작이 발달하여 스펀지 블록, 스위치 누르기나 손잡이 돌리기 등의 조작놀이를 하고 놀이 중에 한, 두 단어로 의사표현을 하며 동화 듣기를 좋아한다. 그 밖에 주변 사람의 행동을 모방하는 ~인 척 하는 단순한 행동을 한다.

대부분 혼자서 놀거나 성인과 함께 놀이한다.

② 2세 영아

이 시기 영아는 1세 때보다 대·소근육 운동능력이 증진되어서 층계 오르내리기, 흔들목말 타기, 손수레 끌고 다니기를 좋아하고 찰흙 놀이나 물놀이 등 감각 운동적 놀이를 즐긴다. 눈과 손의 협응력도 발달하여 크기별로 쌓기, 구멍에 모양 맞추기 놀이, 크레파스 잡고 끼적거리는 놀이를 한다. 또한, 블록을 이리저리 옮기거나 한 줄로 늘어놓기, 위로 쌓아 탑 만들기를 한다. 그 밖에 2세 영아는 일상생활에서 경험한 내용, 예를 들어, 청소하기, 인형 우유 먹이기, 그릇 닦기 등의 놀이를 하고 다른 사람의 말을 모방하거나 질문하는 것을 좋아한다. 또래 영아에게 관심을 보이고 함께 있는 것을 좋아하지만 상호작용은 하지 못한다.

(2) 영아놀이 지도

교사나 양육자는 영아의 발달수준과 흥미를 잘 파악하여 이에 적합한 상호작용을 하고 환경을 제공하여 영아놀이를 지원하는 역할을 한다. 출생~2세 영아의 놀이 지도 방안은 다음과 같다(이숙재, 2011, 60-73).

① 다양한 감각 탐색놀이 격려

영아가 호기심을 가지고 폭넓은 감각경험을 하도록 색깔이나 형태, 소리, 움직임 등이 다양한 놀잇감을 제공하고 탐색을 격려한다. 또한, 일상생활이나 자연환경에서 영아가 감각경험을 즐기도록 배려한다. 예를 들어, 간식이나 식사로 제공하는 과자, 과일, 국수 등 다양한 음식을 먹으면서 촉각, 후각, 미각을 경험하게 하고, 손 닦기나 양치질, 옷을 입고 벗을 때, 동네 산책길에서도 감각경험을 놀이처럼 즐겁게 하도록 한다.

② 신체활동 격려

영아가 움직임에 대한 욕구가 강할 뿐 아니라 다양한 방법으로 신체를 움직이고 능동적으로 반응하는 특징이 있다. 따라서 양육자는 영아가 발달수준과 흥미에 맞는 놀잇감을 가지고 자유롭게 움직이며 놀도록 도와주고 격려한다. 영아가 운동놀이 중에 무서워하거나 도움을 요청하면 손을 잡아주거나 뒤에서 밀어주는 등 민감하게 반응하여 영아가 자신감을 갖도록 지원한다.

③ 풍부한 언어 환경 조성

어린 시기부터 영아에게 언어자극을 풍부하게 제공한다. 다양한 소리를 들려주고 영아와 얼굴을 마주 보고 웃으며 부드러운 목소리로 언어적 상호작용을 한다. 영아의 언어적 표현뿐만 아니라 표정이나 몸짓 등 비언어적 신호의 의미를 민감하게 파악하여 적절하게 반응해 준다. 양육자는 영아가 의도하는 것을 정확하게 말로 반복해서 표현해 주어 자연스럽게 말을 배우도록 하고 질문, 칭찬, 설명을 하여서 언어표현을 격려한다. 그 밖에 손유희, 노래 부르기, 그림책 보기 등을 통해 언어능력을 기르게 한다.

④ 가상적 상징놀이 지도

영아는 자신이 직접 경험한 단순한 내용의 상징놀이를 좋아하므로, 영아가 일상생활 경험을 되살려서 가상놀이를 할 수 있도록 질문을 하거나 이야기를 나누며 상호작용하고 격려해 준다. 또한, 영아는 실물과 유사하게 생긴 놀잇감을 가지고 놀이를 하는 경우가 많다. 역할놀이 초기 단계에는 자기 가작화(self-pretending), 즉, 컵을 들고 자신이 우유를 마시는 척하는 놀이를 하다가 점차 엄마나 인형 등 다른 대상에게 우유를 먹이는 타인 가작화(other-pretending)놀이로 발전한다. 그 밖에 필요한 경우에 성인이 놀이에 자연스럽게 참여하여 영아 상대가 되어주면 다양한 상징놀이로 발전할 수 있다.

⑤ 안전 관리

영아는 걷기 시작하여 활동범위가 확장되면 호기심이 왕성하여 눈에 보이는 것은 모두 다 만지고 잡아당기거나 입에 넣어 위험에 노출되기 쉽다. 따라서 양육자나 교사는 늘 영아의 안전관리에 총력을 기울여야 한다. 영아를 한눈에 관찰할 수 있는 위치에서 살펴보고 필요한 도움을 주어야 한다. 또한, 영아용 놀잇감은 늘 청결하게 관리하여 위생적이고 안전한 놀이환경을 만들어 준다. 그러나 안전관리를 위해 영아의 놀이를 불필요하게 통제하는 일이 없도록 주의한다.

2) 유아 연령별 놀이 특징 및 지도

유아의 연령에 따른 놀이 특징을 살펴보고, 이를 토대로 유아놀이 지도방안을 소개하면 다음과 같다(이숙재, 2014: 78-80).

(1) 연령별 유아놀이 특징

① 3세 유아

3세 유아는 기본적인 운동능력이 발달하여 달리기, 매달리기, 세발자전거 타기 등을 할 뿐 아니라 소근육 조절능력의 발달로 구슬 꿰기, 퍼즐 맞추기, 지퍼 올리기 등의 놀이를 한다. 또한, 크레파스로 그림을 그리거나 가위로 종이 오리기를 한다. 그 밖에 블록으로 벽을 쌓아 폐쇄된 공간(enclosure)을 만들거나 다리(bridge)모양을 만들고 자신이 만든 구조물에 이름을 붙인다.

이 시기에는 언어발달이 현저히 향상되어 말하기를 좋아하고 우스갯소리나 말놀이, 그림책 보기를 좋아한다. 3세 유아는 성인의 역할에 관심이 많아지고 상상력이 풍부하여 엄마, 아빠 역할 등 가정생활에 관련된 역할놀이를 주로 한다. 3세 유아는 혼자서 놀이를 하거나 또래 곁에서 병행놀이를 한다.

② 4세 유아

대근육 활동을 활발히 하며 모험적인 놀이를 즐기는 시기로 한 발로 서기, 정글짐에 오르내리기 등을 한다. 또한, 4세 유아는 지적 자극에 민감하게 반응하여 수놀이, 분류놀이, 퍼즐 맞추기 등에 흥미를 보인다. 쌓기놀이도 좋아하여 블록으로 폐쇄공간과 다리를 혼합한 구조물을 만들며 이런 구조물을 역할놀이에 활용한다. 또한, 크레파스 이외에 물감, 매직펜, 색종이, 폐품, 풀 등 다양한 자료를 사용하여 그림 그리기, 만들기를 한다.

특히, 성인의 관심과 인정을 받고 싶은 욕구가 강하고 언어능력이 발달되어 우스갯소리나 익살스러운 말장난, 수수께끼를 좋아한다

4세 유아놀이의 또 다른 특징은 역할놀이가 양적, 질적으로 발전한다는 점이다. 역할놀이 빈도가 증가하고 놀이 내용도 병원놀이, 미장원놀이 등과 같이 유아가 직접 경험한 내용으로 확대된다. 또한, 놀이를 시작하기 전에 계획을 세우는 경우도 있으나 늘 계획대로 놀이가 이루어지지는 않는다.

그 밖에 친구와 함께 놀이에 대해 이야기를 주고받거나 놀잇감을 빌려주는 등의 연합놀이를 한다.

③ 5세 유아

5세 유아는 자신의 운동기술을 다양하게 시험해보기 위해 높은 데서 뛰어내리기, 엎드려 미끄럼 타기 등의 놀이를 한다. 소근육 운동능력이 더욱 발달하여 다양한 종류의 퍼즐 맞추기를 하고 간단한 바느질놀이를 한다.

또한, 인지능력이 발달하여 두 가지 이상의 기준에 따라 분류하거나 맞추는 놀이를 할 수 있을 뿐 아니라 확대경, 온도계 등으로 관찰하고 실험하는 과학탐구놀이를 좋아한다.

5세 유아는 쌓기놀이에서도 여러 블록으로 구조물의 세부장식까지 표현하며

균형, 패턴 등을 고려하여 우주비행장, 로봇 등을 만들 수 있다.

이 시기 유아는 끝말 이어가기, 수수께끼 등의 언어놀이와 동화책 보기를 좋아하며 이야기 꾸미기, 동요 짓기를 한다.

5세 유아는 이전보다 발전되고 확장된 역할놀이를 한다. 즉, 사전에 계획을 세우고 역할을 분담하여 진행하고 역할놀이 내용도 다양해져서 유아들이 TV나 책에서 접한 인물이나 사건에 대해 놀이하거나 스스로 내용을 창작하여 놀이한다.

또한, 친구와 상호작용하며 공동의 목표를 달성하기 위해 서로 도와주는 협동놀이를 한다.

그 밖에 나무 조각과 망치, 못 등의 연장을 사용해서 단순한 작품을 만드는 목공놀이, 주사위 게임이나 바둑판 게임, 숨바꼭질, 닭싸움 등과 같이 규칙이 있는 게임을 한다.

(2) 유아 놀이 지도

3~5세 유아의 놀이 지도 방안을 구체적으로 살펴보면 다음과 같다(이숙재, 2014).

① 유아발달 수준에 적합한 놀이 제공

유아는 신체, 인지, 사회, 정서, 언어발달의 개인차가 크므로 양육자와 교사는 각 유아의 발달 수준에 맞는 놀이를 제공해야 한다. 발달 수준에 못 미치는 놀이는 유아의 흥미를 끌지 못하는 반면에, 발달 수준보다 앞선 놀이는 유아에게 실패감, 좌절감을 안겨주거나 안전을 해칠 위험이 있으므로 주의한다.

② 유아의 자유로운 선택 존중

놀이의 핵심적 가치는 자유로움에 있다. 즉, 유아가 자발적인 놀이 욕구에 의해 언제, 어디서, 누구와, 어떤 놀이를 무엇을 가지고 어떻게, 얼마 동안 놀이할 것인지를 스스로 결정하는 자유 선택권은 놀이의 중요한 요소이다. 따라서 양육자나 교사는 이러한 놀이의 본질을 외면하고 놀이의 교육적 가치와 교육에만 집중하여 획일화된 방법으로 놀이지도를 해서는 안 된다. 유아가 놀이의 자율성과 자유로움을 잃어버리지 않고 자기가 진짜 하고 싶은 놀이를 하도록 지원하고 지도해야 한다.

③ 다양한 놀이경험 제공

유아의 다양한 요구, 호기심, 탐구심을 충족시킬 수 있도록 여러 놀이 경험을 제공한다. 유아의 가정이나 어린이집, 유치원에서 놀잇감을 가지고 양육자, 교사, 또래와 상호작용을 하면서 다양한 놀이 경험을 할 수 있도록 지원한다. 그 밖에 유아 교육기관의 실외놀이장이나 어린이놀이터, 지역사회 환경에서 모래, 나뭇잎 등을 가지고 자연친화적 놀이 경험을 하도록 지도한다. 유아에게 적합한 놀이로 운동놀이, 역할놀이, 조작놀이, 쌓기놀이, 물 · 모래놀이, 전래놀이, 목공놀이, 게임 등이 있다.

④ 풍부한 놀이 환경 조성

유아는 놀이를 할 때 물리적 환경의 영향을 많이 받기 때문에 놀이를 촉진하는 환경을 조성해 주어야 한다. 실내용, 실외용 놀잇감과 놀이기구의 종류, 기능 등을 유아의 발달 수준에 맞추어 다양하게 제공한다. 수량도 넉넉하게 제공하여 또래 유아들이 함께 참여하여 놀이를 확장시킬 수 있도록 배려한다. 또한, 유아는 끊임없이 성장하고 그들의 관심과 흥미도 계속 변하므로 유아의 놀이 참여와 반응을 관찰하여 이를 토대로 놀이 환경에 변화를 주도록 한다.

⑤ 놀이지원 및 확장을 위한 성인의 개입

양육자와 교사는 놀이를 지원하고 확장시키도록 적절히 개입하여 도와주어야 한다. 성인의 놀이 개입은 간접적인 방법과 직접적 방법으로 이루어질 수 있다. 간접 개입은 유아놀이를 가까운 거리에서 지켜보며 미소를 짓거나 말을 걸어서("아기 인형을 재우고 있구나." "아기 인형이 무엇을 먹고 있나요?") 관심을 표현하고 격려하거나 유아 곁에서 동일한 놀이를 하는 등의 소극적인 개입방법이다. 반면에 성인의 직접 개입은 유아놀이에 파트너로 함께 참여하는 등 적극적으로 개입하는 방법(성인이 가게 놀이에서 손님 역할 또는 병원놀이에서 환자 역할)이다.

성인의 놀이 개입 방법뿐만 아니라 개입 시기도 매우 중요하다. 성인이 꼭 필요한 상황에서 적합한 방법으로 민감하게 개입하면 효과적이지만 불필요한 시기에 무분별하게 개입하면 오히려 유아 놀이를 방해하게 된다. 따라서 양육자와 교사는 적절한 시기에, 놀이상황에 알맞은 방법으로 융통성 있게 개입하여야 한다.

⑥ 안전 지도

놀이 지도에서 중요한 포인트는 안전이다. 유아에게 발생하는 안전사고는 놀이 중에 일어나는 경우가 많으므로 사고 예방 차원에서 체계적인 안전관리와 지도를 한다. 정기적으로 놀잇감과 놀이기구의 안전 점검을 실시하여 위험요소를 즉각 제거한다. 또한, 유아들이 자신의 안전을 지킬 수 있는 능력을 기르도록 지도하기 위해 유아들과 함께 놀이규칙을 만들어 안전의 필요성을 깨닫고 준수하게 한다. 놀잇감과 놀이기구의 올바른 사용법을 설명해 주거나 동화 및 놀이경험을 통해 안전 지식, 태도, 기술을 습득하도록 지속적으로 지도한다.

CHAPTER 13

영유아발달과 가족 및 사회환경

영유아의 발달은 가족이나 사회환경 등 생태학적 맥락을 통해 이루어진다. 출생과 동시에 가족의 일원이 된 영유아는 가족의 보살핌과 지원을 받으며 생활하고 성장한다. 가족 중에 특히, 부모는 영유아기 자녀의 발달에 핵심적인 역할을 한다. 점차 영유아가 성장하여 어린이집이나 유치원에 다니게 되면 교사나 또래의 영향력이 확대된다. 그 밖에 현대사회에서는 영유아 생활이 인터넷 등 전자미디어와 밀접하게 관련된다.

13장에서는 영유아가 성장하면서 접하게 되는 가족, 기관, 전자미디어가 영유아발달과 어떻게 연관되는지 살펴보고자 한다.

1 가족

1) 현대사회의 가족형태

가족은 인간이 태어나서 성장할 수 있도록 도와주는 삶의 터전이다. 영유아는 가족의 사랑과 보호를 받으면서 자라고 배우며 사회구성원으로 적응할 수 있는 능력을 기른다. 전통사회에서 가족은 조부모, 부모, 형제·자매 등 혈연으로 맺어진 친족집단으로 구성되었다. 그러나 급격한 산업화, 여성의 사회참여, 이혼 및 재혼, 국제결혼의 증가 등 사회변화로 말미암아 가족형태에 많은 변화가 생기게 되었다. 최근 우리 사회의 가족형태를 살펴보면 다음과 같다(유효순 외, 2014; 정옥분, 2006).

(1) 양부모 가족

양부모 가족은 아버지, 어머니와 자녀로 구성된 가족을 의미하며 핵가족이라고도 한다. 부모가 함께 자녀를 양육하므로 각자 역할에 충실하면서 안정적인 양육환경을 자녀에게 제공할 수 있다. 양부모 가족에서 어머니는 임신, 출산과 더불어 영유아를 먹이고 재우고 씻기고 입히는 등 자녀의 생존과 성장에 절대적인 역할을 담당한다.

한편, 가족 내에서 아버지 존재는 경제적 부양자로서의 역할만이 강조되었던 전통적인 관념에서 벗어나 자녀 양육에서 어머니 못지않게 중요한 역할을 담당하는 존재로 부각되고 있다. 즉, 전통적 의미에서 아버지의 역할은 가족의 생계책임자였으나 이제는 자녀 양육에 적극적으로 참여하고 자녀와 긴밀한 상호작용을 통해 자녀의 발달과 성장에 막대한 영향을 미치는 존재로 인식되고 있다. 실제로 많은 연구에서 아버지가 영유아기 자녀의 원만한 성격형성과 정서발달, 인지발달, 사회성발달에 영향을 미치는 것으로 밝혀졌다(권미경, 2012; 옥정,

2012; 채진영, 2009)

그러나 최근 들어서 양부모 가족이라 하더라도 양육환경에 변화가 나타나고 있다. 예를 들어, 부모의 근무지역이 멀리 떨어져 있어 주말에만 만나는 가족이 증가하고 있어 자녀양육에서 양부모 참여의 공백을 초래하고 있다.

특히, 취업모의 증가로 맞벌이 가족이 빠른 속도로 늘고 있다. 맞벌이 가족의 부모는 일과 양육을 병행해야 하므로 영유아기 자녀양육을 전담하기 어려워 어린이집이나 유치원 등 기관에 맡기는 실정이다. 취업모의 경우, 영유아와 함께 보내는 시간이 부족하여 자녀와 긴밀한 상호작용을 하기 어려울 뿐 아니라 피로감, 양육 스트레스 등의 고통을 겪기도 한다. 최근에는 맞벌이 가족의 자녀양육을 위해 보육시설의 확충, 양육비 지원, 육아휴직 등 다양한 정책적, 사회적 지원이 확대되고 있다.

(2) 한부모 가족

한부모 가족은 사별이나 이혼 등의 이유로 아버지나 어머니 중 한쪽과 자녀로 구성된 가족형태를 의미한다. 한부모 가족에는 어머니와 자녀로 구성된 모자 가족, 아버지와 자녀로 구성된 부자 가족이 있으며 결혼을 하지 않고 자녀를 낳아 기르는 미혼모나 미혼부도 포함된다. 한부모 가족은 어머니나 아버지가 혼자서 자녀를 양육하게 되므로 신체적, 정신적 스트레스를 많이 받고 자녀를 키우면서 취업을 해야 하므로 경제적 어려움을 동시에 겪게 된다(문은영, 2011). 나이 어린 미혼모나 미혼부, 부자 가족의 경우, 친인척이나 사회적 지원을 받지 못하게 되면 일과 가정 사이에서 위태로운 외줄타기 삶을 살게 된다(박현정 · 이기연 · 정익중, 2013). 결국 이러한 한부모의 어려움은 자녀에게 심리적, 물리적으로 편안한 양육환경을 제공하지 못해서 자녀의 자아존중감, 자아탄력성, 사회적 능력을 낮아지게 만든다(국소영, 2013; 김인숙, 2003). 특히, 이혼 가정의 영유아는 부모의 이혼상황에 매우 혼란스러워하고 자신이 유기되지 않을지 막연한 불안감, 긴장감을 가지게 된다(양진희, 2005). 또한, 한부모 가족의 자녀는 양육 과정에서도 어느 한 쪽 부모의 부재로 인한 결손을 경험하여 발달에 지장을 받게 된다. 따라서 한부모는 자녀양육에 대해 긍정적인 태도를 가지고 자녀와 충분한 의사소통을 통해 상황을 이해시키며 안정적인 양육환경을 조성해 주어야 한다. 그 밖에 친지나 친구, 관련 단체나 기관 등 여러 사회지원망을 적극적으로 활용하여 자녀양육의 질을 높이도록 노력해야 한다.

(3) 재혼 가족

재혼 가족은 결혼 경험이 있는 아버지나 어머니와 한 명 이상의 자녀로 재구성된 가족형태로, 계부모 가족, 재결합 가족이라고도 불린다. 재혼 가족은 부모가 모두 결혼 경험이 있는 경우, 부모 중 한 명만 결혼 경험이 있는 경우, 전혼자녀가 있는 경우 등 다양하고 복잡한 구조로 결합된다. 우리나라는 이혼율의 증가로 인해 재혼 가족이 점차 늘어나고 있는 추세이다.

재혼 가족은 초혼 가족보다 가족 구성의 특성상 문제발생의 여지가 크다. 대부분의 재혼 가족은 과거에 배우자나 부모의 사별, 이혼 등의 상처와 상실감을 경험하여 부부관계나 자녀관계를 새로이 형성하는 데 어려움을 겪을 수 있다. 또한, 재혼 가족은 친부모의 친인척과 계부, 계모의 가족, 친지가 맺어지는 복잡한 관계 속에서 가족구성원 간에 갈등이 생길 가능성이 크다. 특히, 영유아기는 부모와의 애착형성이 민감하게 이루어지는 시기인데 친부모에 대한 애착, 유대감이 강한 자녀의 경우, 계부, 계모와 안정된 애착관계를 맺는 데 걸림돌이 될 수 있으며, 새로운 형제 · 자매와의 적응에도 어려움을 겪게 된다. 재혼부모가 영유아기 자녀의 이러한 어려움에 부적절하게 대처하면 영유아의 정서적, 사회적, 인지적 발달에 문제가 생길 수 있다(양진희, 2012; 이남순, 2015).

바람직한 가족 재구성을 위해서는 모든 가족구성원이 함께 노력해야 한다. 즉, 재혼 가족이 원래 친가족과 다름을 인정하고 서로를 알고 이해할 수 있도록 여유를 가지고 기다려 주며 나이 어린 영유아기 자녀가 새로운 가족에게 느낄 수 있는 불안, 상처, 두려움을 잘 감싸 주어야 한다(정옥분, 2006).

(4) 조손 가족

조손 가족은 조부모와 손자녀로 구성된 가족형태이다. 부모의 이혼, 사망, 실직, 별거, 가출 등으로 부모가 부재한 상황에서 조부모가 양육을 전적으로 책임지는 가족이다. 조손 가족은 혈연 중심의 양육을 제공할 수 있다는 점에서 가족 해체의 문제점을 보완하는 가족형태로 보는 관점도 있다. 즉, 조부모가 부모 대신으로 혈육에 대한 애정을 가지고 손자녀를 위해 헌신하며 돌볼 수 있어 부모 부재의 공백을 메울 수 있다는 주장이다. 실제로 대부분의 조부모는 자신의 핏줄인 손자녀에게 무조건적으로 지극한 사랑을 베풀고 양육하며 가족으로서 상당한 유대감과 충만감을 느끼고 새로운 부모 역할을 통해 노년기의 상실감을 보상받는다. 또한, 손자녀도 조부모의 사랑과 보살핌을 받아 애착관계를 형성하여 정서적 안정을 얻고 서로 도움을 주고받는 상호 돌봄의 관계를 맺는다(염지숙 · 염지혜, 2015).

그러나 인생의 중년기나 노년기에 떠맡겨진 손자녀 양육은 여러 가지 문제점을 야기시킬 수 있다(문혁준 외, 2014; 안기덕, 2012). 첫째, 손자녀 양육으로 인해 체력저하나 질병 악화 등 건강유지가 어렵다. 둘째, 경제적 문제로, 수입이 거의 없는 노년기에 손자녀를 양육하는 것은 빈곤을 더욱 가중시킬 수 있다. 셋째, 조부모의 심리적 문제로, 양육 역할 수행에 대한 부담감을 갖게 되고, 넷째, 양육 지식과 기술 부족으로 손자녀 연령에 적합한 상호작용 방법이나 문제행동에 대한 대처법을 몰라 어려움을 겪는다. 특히, 조부모는 부모와 살지 못하는 손자녀를 측은하게 생각하여 무조건 감싸 주거나 방임을 하고, 한편으로는 남들에게 부모 없는 자식이라고 손가락질 받지 않도록 엄격하게 양육하는 이중성을 보이기도 한다(서현, 2009).

(5) 다문화 가족

다문화 가족은 한 가족 내에 다양한 문화가 공존하는 가족형태로, 부부 중 한 사람이 외국인으로 한국인과 국제결혼을 한 결혼이민자 가족을 의미한다. 그러나 다문화 가족을 보다 넓게 정의하면 국내에 거주하는 외국인 근로자 가족, 외국인 유학생 가족, 새터민 가족도 포함될 수 있다(조미영, 2010). 최근 들어 우리나라는 국제결혼이 큰 폭으로 증가세를 보이고 있어서 다문화 가족이 많이 늘고 있다. 다문화 가족은 한국인 남성과 외국인 여성의 결혼으로 형성되는 경우가 대부분이며, 특히, 농어촌 거주 남성이나 경제력이 낮은 남성들이 국내에서 배우자를 찾지 못하여 국제결혼을 하게 되는 경우가 많다(이승숙, 2015). 안전행정부(2014)에 의하면 2014년 현재 우리나라 결혼이민자 수는 295,842명이며 이들 이민자가족의 자녀 총 204,204명 가운데 약 60%가 6세 이하라고 한다. 이러한 자료를 통해 다문화 가족의 자녀가 영유아기에 집중되어 있음을 알 수 있다.

서로 다른 문화, 언어, 생활습관을 가진 배우자가 결합된 다문화 가족은 한국사회 적응 과정에서 많은 어려움을 겪는다. 즉, 사회적 편견과 차별, 경제적 어려움, 언어적 의사소통의 문제점, 시부모나 다른 가족, 친지와의 관계형성 어려움, 자녀양육 및 교육의 어려움에 직면하고 있다. 이러한 다문화 가족의 어려움은 영유아기 자녀의 성장에 그대로 영향을 미치게 된다. 자녀에게 미치는 영향을 살펴보면 다음과 같다(조미영, 2010; 허미화, 2008).

첫째, 한국어가 미숙한 부모로 인해 언어발달이 지체되는 등 직접적인 영향을 받는다.

다문화 가정에서 자란 영유아는 정상적인 한국어를 경험하지 못하여 언어능력이 발달하지 못하고 그 결과로 초등학교에 진학하면 학습부진아로 전락할 가능성이 있다.

둘째, 영유아기 자녀의 정체성 형성에 부정적 영향을 미쳐서 가치관의 혼란을 야기시킬 수 있다.

외국인 부모에 대한 차별과 무시를 경험하면서 좌절감, 열등감을 갖게 되어 스스로를 부족함이 있는 한국인으로 생각하게 된다.

셋째, 또래집단에서 문화, 외모의 차이로 인해 위축되거나 놀림을 받아 사회적 적응에 어려움을 겪을 수 있다.

특히, 다문화 가족은 경제적 빈곤층이 많아 외모, 피부색, 체격의 차이뿐 아니라 행색의 남루함으로 인해 또래로부터 무시당하고 소외감을 갖게 된다.

최근에는 이러한 다문화 가족이 겪는 어려움을 극복할 수 있도록 국가정책적 차원에서 다양한 제도와 여건이 마련되고 있다. 다문화가족지원법(2014)이 공포되었고 전국에 다문화가족지원센터를 운영하여 한국어 교육, 상담 등의 지원 사업을 실시하고 있다. 특히, 교육과학기술부(2010)와 여성가족부(2010)에서는 다문화 가족 부모를 이중 언어 강사로 양성하고 자녀도 이중 언어를 구사할 수 있도록 지원하여 부모와 자녀의 소통능력을 증진하고 다른 문화에 대한 인식을 개선하려고 노력하고 있다(이승숙, 2015).

2) 부모 역할의 중요성

가족은 세대, 성, 역할 등 여러 하위 요소로 구성된 가장 기본적인 사회조직으로서 영유아의 발달에 직·간접으로 영향을 미친다. 그 중 부모는 영유아 발달에 일차적인 책임자로 중요한 역할을 담당한다. 부모 역할의 중요성을 영유아의 전인적 발달 측면에서 살펴보고자 한다.

첫째, 부모는 영유아의 신체운동발달에 영향을 미친다.

인간은 완전히 무기력한 존재로 세상에 태어나 부모의 보살핌을 받아 생명을 유지하고 성장한다. 부모를 통해 영양공급을 받고 쾌적한 환경에서 수면을 취하면서 신체적 성장을 한다. 부모와 신체접촉을 하고 함께 활동하면서 감각이 발달하고 운동능력이 증진된다.

둘째, 부모는 영유아의 인지발달에 영향을 미친다.

부모와 자녀의 상호작용은 인지발달의 중요한 요소이다(김숙영, 1996). 자녀에게 관심을 갖고 다양한 대화를 함께 나누는 부모는 자녀로 하여금 문제해결 의지를 갖고 목표지향적인 활동에 적극적으로 참여하게 한다(Hart & Risly, 1995). 또한, 동화책을 읽어주는 부모는 자녀의 개념 획득을 도와주는 협력자가 되며 어머니의 협력이 문제해결 과정에도 도움을 준다(Charlesworth, 1992). 그 밖에 어머니와 자녀 상호작용의 유형과 인지발달을 연구한 결과에 따르면 지시적이거나 체벌을 많이 하는 어머니는 자녀의 문제해결 능력을 감소시키고 인지발달을 저해한다고 밝혔다(Olson, Bates, & Kaskie, 1992). 최근 들어 어머니 이외에 아버지 역할의 중요성이 강조되고 있다. 즉, 아버지가 자녀와 놀이 상호작용을 하면서 자녀의 요구와 관심을 민감하게 파악하고 적절하게 반응해 주면 자녀의 인지발달이 향상된다는 연구결과도 있다(권정윤 · 정미라 · 이방실, 2015).

셋째, 부모는 영유아의 언어발달에 영향을 미친다.

영유아는 가정에서 처음으로 부모와 상호작용을 하면서 언어를 습득하고 계속 발전시켜 나간다. 따라서 부모가 영유아와 어떤 언어적 상호작용을 맺으며 어떤 언어 모델을 제공하고 얼마나 언어발달을 자극하느냐가 대단히 중요하다.

부모는 영유아기 자녀의 언어에 매우 만감하게 반응한다. 영유아가 부적절한 언어를 사용하면 교정해 주고 단순한 문장으로 말을 하면 확장해 준다. 또한, 대부분의 부모는 어린 자녀와 대화할 때는 간단하고 짧은 문장을 사용하고 반복적인 표현을 많이 하는 등 성인에게 반응하는 것과는 다르게 언어반응을 하여 영유아의 언어발달을 자극한다(Snow, 1998).

특히, 부모 가운데 어머니와 영유아 언어발달의 관계를 분석한 연구에 의하면, 어머니가 자녀에게 질문을 많이 하고 응답에 대한 피드백을 많이 해 줄수록 또 자녀의 질문에 대답을 많이 해 줄수록 영유아의 언어능력이 더욱 발달되었다(이경렬, 2005). 또한, 부모가 자녀의 읽기, 쓰기 지도에 적극적으로 참여할수록 영유아의 읽기, 쓰기 능력이 발달하였다(정영숙, 1990).

넷째, 영유아의 정서발달은 부모의 영향을 많이 받는다.

영유아는 부모의 정서표현을 모방하거나 동일시하는 경우가 많다. 예를 들어, 영유아의 공포 대상에 대한 조사결과를 보면, 부모가 무서워하는 대상과 자녀의 공포 대상이 동일했다(이경희, 1986).

부모 자신의 정서상태도 자녀의 정서발달에 영향을 미친다. 어머니의 정서 반응성이 수용적일수록 자녀는 긍정적인 정서조절 전략을 많이 사용하고 부정적 정서조절 전략은 적게 사용하였다(안라리, 2005). 부모가 가학적인 가정의 영유아는 자신의 정서를 표현하고 다른 사람의 정서를 이해하는 데 많은 어려움을 겪는 것으로 밝혀졌다.

또한, 부모의 양육태도와 영유아의 정서발달이 높은 상관을 보였다. 예컨대 아버지의 민주적 양육태도와 영유아의 정서적 안정이 높은 상관을 보였으며(차은영, 1987), 부모의 거부적 태도, 모순 불일치적 태도와 자녀의 정서적 부적응 행동 간에 높은 상관을 보였다(김영숙, 1989). 또한, 어머니의 양육 행동이 긍정적일수록 영아기 자녀의 정서조절이 긍정적이며 어머니가 자녀에게 반응적일수록 영아기 자녀의 정서조절능력이 높아지는 것으로 밝혀졌다(권정윤 외, 2012; 임희수, 2001).

그 밖에 부부관계가 영유아기 자녀의 정서발달에 커다란 영향을 미치는 것으로 나타났다. 즉, 부부관계가 원만하지 못한 가정의 영유아는 분노, 긴장, 불안을 많이 느끼는 것으로 관찰되었다(Hyson, 1998).

다섯째, 부모는 영유아의 사회성 발달에 주요한 역할을 담당한다.

부모의 양육 특성, 예를 들어 반응성은 자녀의 사회성 발달에 중요한 요인이다. 반응적이고 애정적인 부모는 자녀가 보내는 신호를 잘 찾아낼 뿐 아니라 자녀의 욕구에 민감하게 반응하기 때문에 자녀와 안정애착을 형성하고, 자녀는 성인의 요구에 순응적이며 사회적으로 유능하게 된다(김명숙, 2008).

부모와 자녀 간의 상호작용은 영유아가 성장한 이후의 사회적 적응이나 사회적 능력을 예언해 주는 변인이 된다(Bullock & Pennington, 1988). 부모-자녀 관계에서 상호작용이 강제적이고 공격적일수록 자녀는 사회적응에 어려움을 느낀다. 또한, 부모가 자녀에게 직접적으로 분노를 표현하거나 자녀의 행동에 실망감을 보이는 경우, 자녀의 또래수용도가 낮다(Dunn, Brown, & Beardsall, 1991).

부모의 통제유형 또한, 영유아의 사회성 발달과 밀접한 상관이 있다(김태정, 2008). 영유아가 잘못했을 때, 과잉통제하는 부모의 자녀는 반사회적 행동을 많이 하고 친구관계 형성에 어려움을 겪는다. 심한 체벌을 가하는 부모의 자녀는 공격성향이 높고 또래 관계에서 인기가 없으며 자존감이 낮고 문제행동을 일으킬 가능성이 높다(이찬숙, 2008).

여섯째, 부모는 영유아의 창의성 발달에 영향을 미친다.

영유아 창의성 발달에 가장 많은 영향을 미치는 사람은 부모이다. 특히, 부모의 인성과 양육태도 등이 자녀의 창의성 발달에 영향을 미친다.

부모의 인성은 행동과 언어를 매개로 하여 자녀에게 전달되므로 부모의 인성 특히, 어머니의 인성이 영유아의 창의성 발달에 중요한 요인이다. 어머니의 인성이 과묵하고 절제되어 있으며 민감성이 높을수록 자녀의 창의성이 높았다(문현상 · 이안님, 2001). 또한, 부모의 인성과 자녀의 창의성을 분석한 이순복과 전귀연(2006)의 연구에서 부모의 상상력이 높을수록 자녀의 창의성 점수가 높은 경향을 보였다.

부모의 인성 특성과 더불어 양육태도 또한 중요한 요인이라고 할 수 있다. 권위적이거나 지시적인 부모, 자녀를 과잉보호하거나 지나친 기대를 하는 부모, 잔소리하는 부모는 자녀의 창의성 발달을 저해한다(전경원, 2000). 부모가 자녀를 존중하고 독립심을 자극하고 풍부한 학습 환경을 제공해 주며 압력을 적게 가할수록 자녀의 창의적 사고력이 더 높다(오미형, 2005).

3) 바람직한 부모 역할

영유아기 자녀양육에서 바람직한 부모 역할을 살펴보면 다음과 같다(유효순 외, 2014; 이숙재, 2011; 이영 · 김온기 · 우현경, 2006; 정미라 외, 2013, 정옥분, 2006).

(1) 민감한 양육자 역할

영유아기 자녀는 삶의 거의 모든 것을 부모에게 의존하므로 자녀의 생리적, 심리적 요구를 민감하게 파악하여 이에 맞도록 반응해 주어야 한다. 그런데 영유아는 기질에 따라 각기 다른 요구나 반응을 하므로 부모가 일방적으로 강요하지 말고 자녀의 기질을 이해하고 적합한 방식으로 양육해야 한다.

(2) 일관성 있는 훈육자 역할

영유아기는 기본적인 생활습관 및 태도가 형성되는 중요한 시기이다. 부모는 영유아의 식습관, 수면 및 배변습관, 옷 입기, 양치질하기, 놀잇감 정리하기 등 일상생활을 하는 데 필요한 능력을 기르도록 도와준다. 서두르거나 원칙 없이 훈육하기보다는 일관성 있게, 인내심을 가지고 자연스러운 분위기에서 단계적으로 훈육한다. 자녀의 작은 발전에도 많이 칭찬해 주고 격려하며 영유아 스스로 해내는 과정을 즐기도록 조력자 역할을 한다.

(3) 안전 보호자 역할

영유아는 위험상황을 인식하는 능력이나 대처하는 능력이 미숙하므로 부모는 늘 자녀 가까이에서 안전을 지켜주어야 한다. 교통사고, 유괴 등 사고에 대비하도록 지도하고 영유아 주변 환경과 놀잇감을 늘 청결하게 관리하여 위생적이고 안전하게 만들어준다.

(4) 정서적, 언어적 반응자 역할

영유아기 자녀에게 가장 필요한 것은 부모에게서 사랑받고 있다는 느낌을 갖게 하는 것이다. 부모와 따뜻한 관계를 맺고 서로 교감하여 안정적인 애착관계를 형성하여야 건전하게 성장한다. 부모는 밝은 표정으로 자녀와 신체적 접촉을 자주 하고 늘 부드럽게 언어적 상호작용을 많이 해야 한다. 자녀의 말을 잘 들어주고 자녀의 발달 수준에 맞게 적절히 반응하도록 한다.

(5) 다양한 자극 제공자 역할

영유아는 보고, 듣고 만지는 모든 경험을 통해 학습한다. 부모는 영유아가 자유롭게 탐색하고 놀이할 수 있도록 적극적으로 지원하는 역할을 해야 한다. 가정 내에서뿐 아니라 가정 밖에서도 다양한 자극을 경험할 수 있게 한다.

(6) 형제 및 또래 관계 지원자 역할

부모는 영유아가 형제나 또래들과 원만한 관계를 맺게 도와주는 역할을 해야 한다. 가정에서 부모는 형제간의 갈등이나 경쟁을 최소화하고 서로 돕고 친밀하게 상호작용하도록 도와준다. 자녀는 부모가 다른 형제를 편애하는 것에 매우 민감하게 반응하므로 늘 공평하게 대하도록 노력한다. 또한, 영유아가 성장하면 점차 또래집단과 접촉할 기회를 갖게 하고 또래와 함께 사용할 수 있는 놀잇감을 제공한다.

(7) 놀이 협력자 역할

영유아의 모든 학습은 놀이를 통해 자연스럽게 이루어진다. 놀이 효과를 극대화시키기 위해서 부모는 영유아와 함께 놀이하는 파트너 역할을 해 주어야 한다. 함께 놀면서 편안한 분위기를 만들어 주고 자녀와 적절히 상호작용함으로써 놀이를 확장, 발전시키도록 도와준다.

4) 형제 · 자매

형제는 가족 내에서 부모와 다른 역할을 담당한다. 혈연으로 맺어진 형제관계는 오랜 시간 동안 계속되며 부모나 타인 관계와는 다른 독특성을 가지고 지속적으로 영향을 미친다.

형제 · 자매 관계는 형제 · 자매 유무, 출생순위, 성별 구성 등에 따라 다른 특징을 보인다.

(1) 형제 · 자매 유무

최근 들어 출산율의 저하로 형제관계를 경험하지 못하는 외동이가 증가하고 있다. 흔히 외동이는 부정적인 성격 특성을 갖는 것으로 인식되고 있다. 형제 · 자매가 없기 때문에 비슷한 연령층 간에 이루어지는 사회적 관계를 경험하기 어렵고 부모의 과보호로 인해 무엇이든 자기 마음대로 행동하여 버릇이 없고 이기적인 성향을 보인다는 것이다. 실제로 연구 결과에서(우수경, 2004) 외동이는 형제 · 자매가 있는 경우보다 사회적 능력, 특히 주도성, 사교성, 대인행동, 활동참여도 등이 낮은 것으로 나타났다. 그러나 외동이가 부모에게서 많은 관심과 정서적 지지를 많이 받으며 주로 성인과 함께 생활하기 때문에 언어발달이나 인지발달이 더 우수할 수 있다는 관점도 있다(정옥분, 2006).

(2) 출생순위

형제관계에서 출생 순위는 사회적 성향을 결정하는 중요한 변인이다. 부모는 출생 순위에 따라 자녀에 대한 기대를 다르게 하고, 자녀는 각각의 위치에서 각기 다른 경험을 하기 때문에 영유아의 사회적 능력에 차이가 생길 수 있다(기현주, 2004; 박지윤, 2008; Schaffer, 1993; Somit, Arwine, & Peterson, 1996). 부모는 첫 번째 자녀에게 출생 전부터 많은 기대를 하고 정성을 들여 양육하며, 성장 과정에서도 맏이로서의 책임감을 강조한다. 따라서 첫 아이는 둘째 아이보다 사회화되고 책임감이 강하고 약자를 배려하고 양보하며 권위에 대해 순응하는 특성을 지니게 된다. 그러나 자녀양육에서의 첫 경험이 성공적이지만은 않기 때문에 일관성 없는 양육을 하게 되고, 동생의 출현으로 인해 큰 상실감과 질투심을 갖게 되어 정서적 적응력이 떨어질 수 있다. 둘째 아이는 항상 손위 형제로부터 도전을 받고 자란다. 손위 형제라는 존재는 경쟁심을 유발시키는 대상이기도 하지만 손위 형제로부터 외부의 자극과 정보를 많이 제공받기도 한다. 그렇기 때문에 둘째 아이는 첫 아이보다 호기심의 범위가 훨씬 다양하다. 막내는 항상 손위 형제로부터 도전을 받고 자라고 경쟁에서는 지는 입장이기 때문에 자신의 나약한 위치를 숨기려고 의존적이거나 반항하기도 하고 무력감, 좌절감 등 미성숙한 정서를 표출하기도 한다(조복희, 2006).

(3) 성별 구성

형제의 성별 구성도 영향을 미친다. 손위 남아는 동생들에게 힘에 근거해 영향을 미치려 시도하기 때문에 아래 동생과 조화를 이루지 못하는 경우가 많은 반면에, 손위 여아는 동생들을 보살피고 수용하며 차분히 말로 설명해 주어 원만한 형제관계를 유지한다(정옥분, 2006). 또한, 동성 형제에서 남자 형제는 공격적이고 신체를 많이 움직이는 활발한 놀이를 하는 가운데 형이 동생보다 지배적인 역할을 많이 하고 동생은 형의 지시에 따르고 양보하면서 사회적 능력을 기를 수 있다. 한편, 여자 자매인 경우에는 가족놀이, 인형놀이 등 다양한 사회적 가상놀이를 하면서 양보하기, 나누기, 협동하기 등의 친사회적 경험을 통해 정서적, 사회적 발달을 이룰 수 있다(김언경 · 엄정애, 2013).

2 영유아 보육 및 교육기관

현대사회에 들어서며 가족의 변화와 취업모의 증가로 영유아는 이른 시기부터 어린이집이나 유치원에서 많은 시간을 보내게 되었다. 가정과는 매우 다른 환경에서 교사의 돌봄과 지도를 받게 되므로 보육·교육기관의 중요성이 한층 더 부각되고 있다.

본절에서는 영유아발달에 영향을 미치는 어린이집이나 유치원 등 보육 · 교육기관의 질적 수준, 교사, 또래 요인을 살펴보고자 한다.

1) 보육·교육기관의 질적 수준

우리나라 영유아의 보육 및 교육을 담당하는 기관은 크게 어린이집과 유치원으로 이원화되어 있으며 최근 들어 이러한 기관에 다니는 영유아의 수가 급격히 증가하고 있다. 어린이집 이용률은 2010년 43.2%에서 2014년 46.4%로 증가하였고 유치원 취원율 역시 같은 기간에 39.9%에서 48.9%로 증가하였다(교육통계연보, 2015; 육아정책연구소, 2014). 영유아기 보육 및 교육 수요가 이처럼 증가하면서 어린 시기부터 어린이집이나 유치원에 다니는 경험이 과연 영유아발달에 어떤 효과가 있는지에 관심이 집중되고 있다. 이제까지 유아교육 및 보육 경험의 효과를 분석한 연구에서는 일관되지 않은 결과가 보고되고 있다. 기관 경험의 긍정적인 영향을 밝힌 연구로, 어린 연령부터 기관에 다닌 경우, 자아개념이 더 높으며(이기숙 · 김영옥 · 박경자, 2005), 보육시설에서 타인양육을 경험한 전체 기간이 길수록 사회정서적 문제행동이 적고(조혜진, 2003), 학교준비도가 잘 발달된다는 보고가 있다(임정진, 2013). 그러나 어린 나이에 부모와 떨어져 보육기관에서 보내는 시간이 길수록 스트레스를 더 받으며(김정화, 2012), 불안과 두려움, 과민성과 주의 산만, 반항성, 공격성, 비협조적 태도가 증가한다는 부정적 결과도 보고되고 있다(박은령 · 나종혜, 2015).

그러나 대부분의 유아교육 및 보육 경험의 효과를 검증한 연구에서는 기관 경험의 유무나 양보다는 영유아가 어떤 기관에서 어떤 양질의 경험을 하느냐가 더 중요함을 지적하고 있다. 유아교육 및 보육의 장기 효과를 검증한 연구에서도 기관별 유형에 따른 차이가 나타났다. 즉, 유아교육 및 보육경험이 초등학교에서 중학교에 이르는 장기간 동안 사회성 발달 및 학업성취도에 미치는 영향을 분석한 연구에 의하면(김기헌 · 신인철, 2012), 유치원 경험은 또래 관계와 학업성취도에 긍정적 효과가 있었으나 어린이집 경험은 긍정적인 효과가 없는 것으로 밝혀졌다.

이러한 보육 및 유아교육의 부정적 효과와 기관별 효과 차이는 기관의 질적 향상을 통해 중재될 수 있다(김정화, 2012; 이기숙, 김영옥, 박경자, 2005; 임정진, 2013). 왜냐하면 보육 · 교육기관의 질적 수준은 영유아의 발달에 직접 영향을 미치는 중요한 요건이기 때문이다. 보육 · 교육기관의 질은 놀이실, 실외놀이터, 교재 교구 및 놀잇감 등과 같은 기관의 물리적 환경과 보육과정 및 유아교육과정, 교사 대 영유아의 비율, 교사의 상호작용, 기관과 가정의 연계 등에 의해 결정된다. 질적 수준이 낮은 기관에 다니는 영유아는 자기 통제력과 사려성이 적고, 공격성이 높으며, 또래와 부정적인 상호작용을 하는 것으로 보고되었다(박성연 · 고은주, 2004; 현온강 · 태진, 2000). 영유아의 발달단계와 흥미를 고려한 보육, 교육과정을 체계적으로 실시하는 질적 수준이 높은 기관에 다니는 영유아는 학교준비도가 잘 되어 있으며(임정진, 2013), 인지, 언어, 정서 및 사회적 능력이 더 높고(이기숙 · 김영옥 · 박경자, 2005; 장미정, 2011), 창의성이 더 발달되었다(김수진, 2006).

2) 교사

교사는 보육·교육기관에서 영유아와 많은 시간을 함께 지내며 부모 역할을 대신하여 영유아의 양육과 교육을 전담하는 존재로, 영유아의 전인적 발달에 영향을 미친다.

(1) 교사와 영유아의 발달

영유아발달에 영향을 미치는 교사 변인은 학력, 경력, 교사효능감, 직무만족도, 영유아와의 상호작용, 교사언어 등이다. 교사관련 개인변인으로 교사의 학력, 경력이 영향을 미쳐서 교사의 학력이 높고 경력이 많을수록 영유아의 사회정서적 문제행동이 적게 나타나고(조혜진, 2003), 교사의 경력이 많을수록 영유아의 불안과 두려움이 적은 것으로 나타났다(박성혜, 2002).

또한, 영유아발달은 교사의 교육에 대한 신념과 내면적인 심리상태의 영향을 받는다. 특히, 교사효능감과 직무만족도가 중요한 변인이다. 교사효능감은 교사자신이 영유아의 행동이나 발달에 영향을 미칠 수 있다고 믿는 기대나 신념이며(류민영, 2014), 직무만족도란 교사가 자신의 직업에 대해 만족하는 정도를 의미한다. 교사효능감과 직무만족도는 교사의 역할수행능력을 예측할 수 있는 강력한 요인으로 교사의 효능감과 직무만족도가 높을수록 영유아의 인지, 언어, 정서 및 사회적 능력이 높다(장미정, 2011).

한편, 교사가 실제로 역할을 수행하면서 영유아와 맺는 상호작용도 영유아발달에 직접적으로 영향을 미치는 중요한 요인이다. 교사가 영유아와 민주적으로 상호작용을 하고 반응적인 태도를 보이면 영유아는 사회적인 문제를 더 잘 해결하고 사회적 유능감을 갖게 된다(Holloway & Reichart-Erickson, 1998). 또한, 교사와 영유아 간의 상호작용이 많을수록 놀이 지속 시간과 집단놀이 행동이 증가한다(정수정, 2005).

그 밖에 교사는 언어를 매체로 하여 영유아와 긴밀한 상호작용을 하고 지도하므로 교사의 언어가 중요한 기능을 한다. 교사의 음성, 말투, 어휘는 영유아 언어발달에 직접 영향을 미친다. 예를 들어, 교사의 거칠고 커다란 음성은 영유아를 불안하게 만들어 언어표현을 위축시키지만 교사가 부드러운 음성으로 말을 하면 편안한 분위기가 조성되어 영유아가 자유롭게 표현할 수 있게 된다(Leeper, Skipper, & Witherspoon, 1979).

(2) 바람직한 교사 역할

영유아 교사의 바람직할 역할은 다음과 같다(박은혜, 2013; 유효순 외, 2014; 이숙재, 2014).

① 양육자 역할

어린이집, 유치원에서 교사는 가정에서의 부모 역할과 유사한 양육자 역할을 담당한다. 영유아가 집과 같은 느낌을 갖고 생활하도록 편안하고 안정적인 분위기를 만들어주고 각자의 생리적, 심리적 요구를 충족시켜 주며 안전하고 위생적인 환경을 조성한다.

② 보육 및 교육과정 계획자 역할

교사는 기관의 특성 및 운영 목표, 영유아의 발달수준 및 흥미, 사회적 여건 등을 고려하여 보육 및 교육계획을 수립하는 역할을 한다. 하루일과 운영 계획, 활동 계획을 구체적으로 수립하고 실행에 필요한 모든 준비를 사전에 완료한다.

③ 상호 작용자 역할

교사는 기관에서 영유아, 학부모, 교직원과 활발히 상호작용하는 역할을 한다. 영유아의 요구를 민감하게 파악하고 이에 적합한 상호작용을 한다. 하루 일과 중 영유아와 개별적, 집단적으로 상호작용을 하여 영유아의 활동을 격려하고 지원해 준다. 또한, 부모나 보호자와 영유아에 관련된 정보를 나누고 영유아 발달을 위해 서로 협력한다. 그 밖에 원장, 원감, 동료교사, 직원과도 원만한 관계를 유지한다.

④ 환경구성자 역할

교사는 영유아가 위생적이고 안전한 환경에서 지낼 수 있도록 기관의 물리적 환경을 조성하고 관리한다. 영유아의 연령 및 발달 수준에 적합한 놀잇감과 놀이기구를 실내, 실외에 제공한다.

⑤ 관찰 및 평가자 역할

교사는 관찰을 통해 영유아를 정확하게 이해해야 한다. 영유아를 관찰함으로써 전반적인 발달 수준, 관심 등을 파악할 수 있고 이를 토대로 바람직한 교사 역할을 수행할 수 있다. 또한, 발달상의 문제점을 파악하여 부모와 상담하거나 전문가에게 진단을 의뢰할 수 있다.

3) 또래

인간이 태어나면서 가족과 맺은 사회적 관계는 연령이 많아짐에 따라 점차 또래 관계로 확대된다. 또래의 영향력은 성인의 영향력보다 훨씬 막강하다. 또래 관계는 서로 동등한 관계로서 또래와의 관계를 통해 영유아의 인지적, 사회적 발달이 촉진된다(김보현, 2008). 영유아는 인지 수준이 비슷한 또래와의 관계를 통해 많은 인지적 갈등을 경험하면서 유능한 또래의 도움을 받아 더 높은 수준의 사고단계로 발전할 수 있다(Vygotsky, 1968). 또한, 또래 관계에서 나타나는 모방과 강화는 영유아의 사회성 발달에 큰 영향을 미친다. 영유아는 또래의 흥미나 관심에 민감하게 반응하며 또래에게 인정받고 싶어서 또래의 행동을 모방한다. 즉, 또래를 자신의 적절한 모델로 인식하여 또래의 가치 기준과 행동을 사회적 행동의 준거로 삼는 것이다(정옥분, 2004).

또래의 영향력이 분명하게 나타나는 영역은 성 역할 학습영역이다. 또래는 서로에게 적합한 성 역할의 모델이 된다(Langlois & Downs, 1980). 또한, 집단을 형성할 때에도 여아는 여아끼리 남아는 남아끼리 모이는 경향이 있다.

또래 관계는 여러 가지 집단놀이 경험을 통해 더욱 강화되고, 집단놀이는 영유아의 사회화 기능에 긍정적인 영향을 미친다(윤은영, 2005; 최기영, 1996; 한규령, 2005). 또래 놀이에 참여하는 영유아들은 공동의 목표를 달성해 가는 과정에서 탈중심화, 자율성, 협동심, 공동체의식과 같은 친사회적 행동을 발달시킬 뿐 아니라 경쟁이나 갈등이 유발되는 상황에서 규칙 준수, 상호협의, 공정성 등의 도덕성을 발달시키게 된다.

3 전자 미디어

현대사회에서 정보통신 기술의 급격한 발달로 TV, 비디오, 컴퓨터와 인터넷, 스마트기기 등의 미디어 매체가 영아로부터 모든 연령층의 일상생활에 깊숙이 자리 잡고 있다. 우리나라 영유아의 미디어 최초 이용 시기를 분석한 연구(이정림·도남희·오유정, 2013)에서 TV는 1세 이전에 시청하기 시작하고 컴퓨터와 스마트 기기는 3세가 되기 전에 이미 노출되는 것으로 나타났다. 2012년도 인터넷 이용실태조사에 의하면 3~5세의 인터넷 이용률 72.8%(방송통신 심의위원회·한국인터넷진흥원, 2013), 스마트폰 게임 서비스 이용률 유아 29.7%, 1, 2세 영아 16.7%(이정림 · 도남희 · 오유정, 2013)의 수치가 우리나라 영유아의 전자 미디어 의존현상을 잘 보여주고 있다.

전자 미디어는 영유아 발달에 지대한 영향을 미친다. 전자 미디어의 영향은 동전의 양면과 같아서 영유아 발달에 긍정적인 면도 있고 부정적인 면도 있다(교육인적자원부, 2007).

본절에서는 전자 미디어의 긍정적, 부정적 영향력과 영유아의 올바른 전자 미디어 활용법에 대해 살펴보고자 한다.

1) 전자 미디어의 긍정적 영향

전자 미디어의 적절한 활용은 영유아 발달에 다음과 같은 긍정적 효과를 가져올 수 있다(문혁준 외, 2014; 유효순 외, 2014).

첫째, 영유아의 신체발달을 증진한다.

영유아가 컴퓨터나 스마트기기를 조작하면서 소근육 운동능력, 눈과 손의 협응력이 증진된다. 또한, 시각, 청각 등 감각기능이 발달된다.

둘째, 영유아의 인지발달을 촉진한다.

영유아에게 적합한 교육용 소프트웨어나 인터넷 교육 프로그램을 활용함으로써 영유아의 집중력과 학습동기를 높이고 수, 분류, 공간지각력, 추리력, 기억력, 문제해결력 등 인지발달이 증진된다.

셋째, 영유아의 언어발달에 도움이 된다.

전자 미디어의 적절한 활용은 영유아의 말하기, 듣기 능력을 향상시킨다. 즉, TV나 비디오를 시청하면서 정확하게 듣고 이해하는 능력을 기르며 다양한 어휘를 습득하여 올바르게 말로 표현하는 능력을 기른다. 또한, 컴퓨터나 스마트폰기기를 사용하는 중에 글자와 숫자에 친숙해지는 경험을 통해 읽기, 쓰기능력을 자연스럽게 획득할 수 있다.

넷째, 영유아의 정서발달에 기여한다.

영유아는 흥미 있는 TV나 비디오를 보고 컴퓨터를 하면서 긴장감이나 불안감을 해소하고 기쁨과 만족감을 느껴 정서발달이 촉진된다.

다섯째, 영유아의 사회성 발달이 증진된다.

영유아용으로 제작된 매스미디어에 등장하는 인물을 모방하여 협동, 나눔, 배려, 감정이입, 규칙 지키기 등 친사회적 태도와 행동을 습득할 수 있다

(Hearold, 1986). 그 밖에 TV나 비디오, 컴퓨터를 통해 인종, 성, 외모, 문화에 대한 편견을 갖지 않게 된다.

2) 전자 미디어의 부정적 영향

전자 미디어의 부정적 영향은 다음과 같다(이정림 · 도남희 · 오유정, 2013; 정옥분, 2006).

첫째, 영유아의 건강을 해칠 수 있다.

오랜 시간 TV나 비디오를 시청하고 컴퓨터에 몰입함으로써 신체활동 기회와 운동량이 부족하여 운동능력과 시력이 저하되고 비만, 두통, 수면장애 등이 발생할 수 있다. 또한, TV나 비디오에 나오는 주인공을 모방하여 현실과 가상의 세계를 혼동하여 위험한 행동을 함으로써 안전사고를 낼 가능성도 있다.

둘째, 영유아의 인지발달을 저해할 수 있다.

영유아기는 직접적이고 구체적인 경험을 통해 학습이 촉진된다. 그러나 TV나 비디오, 컴퓨터, 스마트폰에 몰입하여 간접 경험에 치중함으로써 인지학습의 기회를 놓칠 수 있다.

셋째, 영유아의 공격성이나 충동성향 등 정서발달을 저해할 수 있다.

폭력적인 TV나 비디오를 시청하고 게임에 중독되는 경우, 영유아의 충동성을 자극하여 감정을 조절하기 어려워 공격성이 조장될 수 있다.

넷째, 영유아의 사회성 발달을 위축시킬 수 있다.

대부분 영유아 혼자서 TV나 비디오를 시청하고 컴퓨터, 스마트폰을 사용함으로써 또래와 상호작용할 기회를 상실하여 사회성 발달을 저해할 수 있다.

3) 효과적 전자 미디어 활용방안

현대사회에서 전자 미디어는 영유아의 일상생활과 뗄 수 없는 관계에 있고 미디어에 대한 유해론과 무해론이 공존하므로 영유아가 안전하게 전자미디어를 활용할 수 있도록 유의해야 한다(교육인적자원부, 2007; 박성연 · 도현심, 1999; 이정림 · 도남희 · 오유정, 2013; 황혜정 외, 2003).

- **전자 미디어를 부모의 편의를 위한 수단이나 보상 대가로 활용하지 않는다.**

현대 사회에서 전자 미디어 사용 자체를 금지할 수는 없으나 가급적 자제하도록 지도한다. 특히, 부모나 교사의 식사 시간이나 휴식 시간 등과 같이 성인 활동을 방해받지 않기 위해 또는 보상의 의미로 영유아에게 전자 미디어를 제공하는 것은 바람직하지 않다.

- **영유아의 TV나 비디오 시청, 스마트폰 사용에 관한 규칙을 사전에 정하고 성인의 감독 하에 이용하도록 한다.**

어떤 프로그램을 시청할 것인지 미리 정하여 그 시간 동안만 TV 시청을 하고 컴퓨터를 사용하도록 한계를 정한다. 자극적이고 공격적인 프로그램은 피하고 하루 1~2시간을 초과하지 않도록 한다. 영유아가 TV나 비디오를 시청할 때 성인이 이야기를 나누면서 함께 시청한다.

- **영유아의 시력을 보호하고 바른 자세를 취할 수 있는 위치에 전자 미디어를 배치한다.**

TV나 컴퓨터 모니터를 영유아의 눈높이보다 높게 설치하면 화면을 올려다보아 눈이 더욱 피로해지고 자세도 흐트러지게 되므로 적절한 위치에 설치한다. 안전거리(20inch 기준으로 4~5m)를 유지하며 시력을 보호하고 전자파의 영향을 최소화하도록 배려한다.

● 좋은 본보기를 보인다.

성인의 행동은 항상 영유아의 모델이 된다. 영유아는 자신에게 의미 있는 성인이나 부모의 행동을 따르는 경향이 있다. 따라서 부모는 항상 말과 행동이 일치해야 한다. 부모 자신은 TV나 비디오를 무분별하게 시청하고 게임에 빠져 있으면서 영유아에게 금지시키는 것은 오히려 부모에 대한 반감, 불신감을 일으키게 한다. 영유아에게 좋은 습관을 길러주기 위해서 성인이 TV나 비디오, 컴퓨터를 절도 있게 활용하는 모습을 보여주도록 노력한다.

참고문헌

강보라(2012). 그림책을 활용한 창의적 유아음악교육 프로그램 개발 및 효과. 성신여자대학교 대학원 박사학위논문.

강유정(2006). 선무·동작명상을 통한 산전태교: 산모의 심신안정과 태아와의 교감 단일 사례 연구. 포천중문의과대학교 대학원 석사학위논문.

곽승주(2008). 가정과 어린이집에서 나타나는 영아의 부정적 정서에 관한 문화기술적 탐구. 성신여자대학교 대학원 박사학위논문.

교육과학기술부(2010). 다문화가정 학생 교육지원계획.

교육과학기술부(2012). 유치원 교육과정 운영 지원을 위한 유아 재난대비·생활안전교육 프로그램.

교육부(2015). 교육통계연보.

교육인적자원부(2004) 유아를 위한 양성평등 교육활동 지도자료.

교육인적자원부(2007). 유아를 위한 전자미디어 교육활동 자료.

국소영(2013). 한부모 가정 부모의 양육 스트레스가 유아의 자아 존중감과 자아 탄력성에 미치는 영향. 중앙대학교 대학원 석사학위논문.

권미경(2012). 도서대여를 통한 아버지 교육 프로그램 구성 및 효과. 성신여자대학교 대학원 박사학위논문.

권정윤·정미라·박수경·이방실(2012). 영아의 정서조절능력 관련 변인 탐색. 유아교육연구, 32(4), 427-444.

권정윤·정미라·이방실(2015). 아버지의 놀이상호작용이 유아의 인지, 동작, 언어발달에 미치는 영향. 유아교육연구, 35(1), 333-350.

기현주(2004). 형제구조·어머니의 형제대우 및 또래 유능성과 형제 상호작용의 관계. 이화여자대학교 대학원 박사학위논문.

김경은·김숙령(2004). 영유아를 위한 유아창의성 교육의 이론과 실제. 서울: 교육아카데미.

김경희(1986). 아동심리학. 서울: 박영사.

김경희(1997). 정서란 무엇인가. 서울: 민음사.

김경희(2004). 정서심리학. 서울: 박영사.

김경희·김경회(1998). 유아용 정서지능 평정척도 개발을 위한 예비연구. 한국심리학회지: 발달, 11(2), 31-48.

김기영(2000). 태교관점 임부교실이 모자 애착에 미치는 효과. 연세대학교 대학원 박사학위논문.

김기헌·신인철(2012). 생애 초기 교육기회와 불평등: 취학 전 교육 및 보육경험의 사회계층 간 격차, 교육사회학연구, 21(4), 29-55.

김남순(1992). 인간 발달과 교육. 서울: 창지사.

김명순·김의향·이유진(2007). 영아의 차례 맡기와 어휘 습득 간의 관계. 유아교육연구, 27(3), 301-314.

김명숙(2008). 어머니의 양육태도, 유아의 기질, 정서지능과 유아의 사회성 간의 관계. 목포대학교 대학원 박사학위논문.

김명준(2003). 태아 자기공명영상. 대한주산회지, 14(3). 274-283.

김민재·김하정·지헌영·서은성·최석주·노정래·오수영·김종화(2008). 태아 기형의 진단을 위한 태아 자기공명영상과 산전 초음파 비교. 대한주산회지, 19(3). 248-255.

김병희(2012). 전통태교의 특성과 교육적 위상. 아동교육, 21(3), 169-180.

김보현(2008). 블록 놀이에서 나타나는 유아의 또래 관계 탐색. 성신여자대학교 대학원 박사학위논문.

김선주·이연정·홍민하·문덕수·반건호(2013). 태교의 효과를 과학적으로 증명할 수 있을까? 소아청소년정신의학, 24(4), 183-190.

김수진(2006). 보육시설의 물리적 환경 및 교사의 창의적 역할수행과 유아 창의성 간의 관계. 경희대학교 대학원 석사학위논문.

김숙영(1996). 취업모의 사회적 지원체계와 유아의 사회적 능력 및 인지 발달과의 관계. 이화여자대학교 대학원 석사학위논문.

김언경·엄정애(2013). 유아기 형제간 사회적 놀이와 형제구조, 기질, 또래 유능성의 관계. 유아교육연구, 33(5), 161-179.

김영숙(1989). 부모의 양육태도와 아동의 정서적 부적응 행동에 관한 연구. 숙명여자대학교 대학원 석사학위논문.

김용성(2001). 종설: 섭식의 조절. 대한비만학회, 10(2), 111-117.

김은숙·김기영·장순복(2001). 태교 관점 임부교실 참여 전후 임부 태아 애착과 분만자신감의 변화. 여성건강간호학회지, 7(1), 7-17.

김인숙(2003). 한부모 유아의 사회적 능력 및 부적응행동에 관한 연구. 신라대학교 교육대학원 석사학위논문.

김일옥·최경순(2004). 아동건강교육. 서울: 양서원.

김정화(2012). 어린이집 재원시간이 유아의 일상적 스트레스에 미치는 영향과 보육환경의 중재효과. 숙명여자대학교 대학원 박사학위논문.

김지연(2005). 영유아집 교사의 언어적 행동과 영아의 언어발달 간의 관계. 연세대학교 대학원 석사학위논문.
김태련·조혜자·이선자·방희정·조숙자·조성원·김현정·홍주연·이계원·설인자·손원숙·홍순정·박영신·손영숙·김명소·성은현(2004). 발달 심리학. 서울: 학지사.
김태정(2008). 아동이 지각한 부모 양육태도와 아동의 귀인성향이 아동의 사회적 능력에 미치는 영향. 대구대학교 대학원 석사학위논문.
김하영(2013). 임산부 태교 요가 경력이 스트레스 및 기분상태에 미치는 영향, 숙명여자대학교 대학원 석사학위논문.
김희진(1996). 감성교육, 어떻게 할 것인가, 유아교육학술대회, 성숙한 감성교육의 방향 모색: 유아교육, 사단법인 한국어린이육영회, 75-95.
다문화 가족지원법(2014). 2014. 1. 1. 법령 제12079호.
문미옥(1995). 누가 창의적 교사인가. 1995 학술대회 세계화 시대의 창의성 교육. 사단법인 한국어린이육영회, 49-84.
문용린(1996). 정서지능의 의미와 중요성, 유아교육학술대회, 성숙한 감성교육의 방향 모색: 유아교육. 사단법인 한국어린이육영회, 21-30.
문원선(2014). 전래영아놀이와 연계한 뇌기반 영아프로그램 개발 및 효과. 가천대학교 대학원 박사학위논문.
문은영(2011). 서울시 한부모가족 실태조사를 통해 본 부자(父子)가족의 현황과 문제점. 공공사회연구, 1(2), 135-174.
문혁준(2004). 어머니의 양육태도 및 TV/비디오 시청 중재와 아동발달 특성. 한국아동학회지, 2(1), 47-60.
문혁준·김경은·서소정·성미영·안선희·임정하·하지영·황혜정(2014). 유아발달. 서울: 창지사.
문현상·이안님(2001). 어머니의 성격유형과 유아의 자아개념 및 창의성과의 관계. 생활지도연구, 21(1), 77-94.
박문일(2000). 엄마와 아이를 위한 출산 혁명. 서울: 예문출판사.
박성연(2006). 아동발달. 서울: 교문사.
박성연·고은주(2004). 보육경험과 아동특성 및 어머니의 양육행동이 아동의 공격성에 미치는 영향. 한국가정관리학회지, 22(2), 23-35.
박성연·도현심(1999). 아동발달. 서울: 동문사.
박성연·이영(1997). 영아기 발달. 서울: 이화여자대학교 출판부.
박성혜(2002). 유아의 일상적 스트레스에 영향을 미치는 미시체계 변인 탐색. 숙명여자대학교 대학원 박사학위논문.
박옥선(2008). 무통분만 여부가 산모와 신생아에게 미치는 영향. 경희대학교 행정대학원 석사학위논문.
박은혜(2013). 유아교사론. 서울: 창지사.

박은령·나종혜(2015). 유아의 어린이집 재원시간과 또래 유능성이 일상적 스트레스에 미치는 영향. 아동학회지. 36(1). 85-98.

박정언(2015). 미숙아 아버지 되어감: 믿음으로 버티어냄. 계명대학교 대학원 박사학위논문.

박현정·이기연·정익중(2013). 이혼한 한부모 아버지의 양육 경험 영향. 한국가족복지학. 41, 199-224.

박지윤(2008). 형제관계 및 대인간 문제해결 능력과 유아의 또래 유능성과의 관계. 계명대학교 교육대학원 석사학위논문.

박혜진(2005). 철분과 저작성을 보강한 보충식 섭취가 영유아의 영양 상태와 행동발달에 미치는 영향. 이화여자대학교 대학원 박사학위논문.

방송통신심의위원회·한국인터넷진흥원(2013). 2012년 인터넷 이용 실태조사.

배소연(2014). 두뇌발달 연구에 기초한 유아교사교육의 방향. 유아교육연구. *34*(4), 327-353.

보건복지부(2013). 어린이집 표준보육과정에 기초한 영아보육프로그램 운영의 이해.

삼성복지재단(2005). 삼성어린이집 영아 프로그램. 서울: 다음세대.

서문희·양미선(2013). 유아 사교육비 실태 및 결정요인 분석. 한국보육지원학회지, 9(3), 189-207.

서문희·양미선·손창균(2013). 영유아 보육·교육 비용 추정 및 대응방안 연구. 육아정책연구소.

서현(2009). 농촌지역 조부모-손자녀 가정 유아의 양육에 대한 조부모의 어려움. 한국생활과학회지. 18(1), 13-27.

성숙자(1996). 유아의 발달적 수준에 적합한 도덕교육의 방향모색. 성신학원 창립 60주년 기념 워크숍 자료집, 1-21.

식품의약품안전처·어린이급식관리지원센터(2015). 어린이급식관리지침서.

신의진(2002). 조기교육과 발달병리적 문제, 한국 조기교육의 현황과 과제. 한국아동학회 추계학술대회 자료집, 29-42.

심성경·변길희·박주희·유경희·박수경(2014). 유아발달. 서울: 창지사.

안기덕(2012). 저소득 조손가족 조모의 양육경험 연구. 성균관대학교 대학원 박사학위논문

안기주(2001). 출산여성의 태교실천 정도와 관련 요인에 관한 연구. 임상간호연구지, 5, 175-183.

안라리(2005). 유아의 개인병인 및 어머니의 정서성과 유아의 정서 발달, 사회적 능력의 관계, 이화여자대학교 대학원 박사학위논문.

안명옥(2002). 출산 준비교실의 실제. 한국모자보건학회 2002년도 춘계학술대회 연제집 3, 5-16

안재신(2004). 유아음악교육. 서울: 교육과학사.

양진희(2005). 가족과 또래 관계에 대한 유아의 이해. 한국교원대학교 대학원 박사학위논문.

양진희(2012). 유아기 자녀를 둔 재혼가정 어머니의 재혼가족생활 경험에 대한 연구. 유아교육연구. 32(4), 5-34.

여성가족부(2010). 다문화가족지원센터 이중언어교실 운영 프로그램 MANUAL. 서울: 여성가족부.

염지숙·염지혜(2015). 한부모 가정유아를 양육하는 조손가족 조모와 손자녀의 삶을 통해 본 가족의 의미. 유아교육학논집, 19(3), 319-342.

오미형(2005). 유아의 창의성에 영향을 미치는 창의적 가정환경과 정의적 인지적 특성 간의 인과관계. 경북대학교 대학원 박사학위논문.

옥정(2012). 아버지 애착표상, 아버지 탐색 민감성, 유아 애착 안정성 및 유아발달 간의 관계. 이화여자대학교 대학원 박사학위논문.

우남희·김유미·신은수(2009). 조기교육/사교육. 아동학회지, 30(6), 249-265.

우남희·백혜정·김현신(2005). 조기 사교육이 유아의 인지적, 정서적, 사회적 발달에 미치는 영향 분석: 유치원 원장들의 인식을 중심으로. 유아교육연구, 25(1), 5-24.

우수경(2004). 가정환경이 유아의 정서능력에 미치는 영향. 유아교육연구, 24(4), 75-94.

유경훈(2006). 초등학생의 창의성에 영향을 미치는 관련변인 구조분석. 상명대학교 대학원 박사학위논문.

유안진(2000). 한국의 전통적인 아동양육과 상징. 한국 복식, 18, 7-26.

유정미(2008). 산후 6개월 여성의 산후우울 정도와 예측요인. 한양대학교 대학원 석사학위논문.

유혜영(2009). 경막외 마취를 통한 무통분만이 산부의 상태불안과 주관적 분만통증에 미치는 영향. 고려대학교 보건대학원 석사학위논문.

유효순(2007). 아동발달. 서울: 창지사.

유효순·원혜경·김정희(2013). 영아발달. 서울: 창지사.

유효순·원혜경·김정희·문명희(2014). 유아발달. 서울: 창지사.

육아정책연구소(2014). 유아교육 · 보육통계.

윤운성·정정옥(1998). 발달심리. 서울: 교육아카데미.

윤은영(2005). 유아 신체활동 프로그램의 개발 및 효과. 덕성여자대학교 대학원 박사학위 논문.

윤지향(2011). 산후 우울증 관련요인: 전향적 코호트 연구. 부산 대학교 대학원 석사학위 논문.

이경렬(2005). 저소득층 가정 어머니-유아의 그림책 읽기 상호작용과 유아의 언어능력. 연세대학교 대학원 박사학위논문.

이경희(1986). 아동의 공포대상에 관한 조사연구. 아동학회지, 7(1), 25-47.

이기숙(2001). 창의적이고 전인적인 인적자원 양성을 위한 유아교육 혁신. 교육인적자원부 유아교육정책과제 2001-24.

이기숙·김영옥·박경자(2005). 보육경험과 유아의 인지 및 사회성 발달. 유아교육연구 25(6), 255-275.

이남순(2015). 재혼모의 양육스트레스 척도개발 및 타당화 연구. 중앙대학교 대학원 박사학위논문.

이상금·장영희(2001). 유아문학론. 서울: 교문사.

이숙재 (2011). 영유아놀이활동. 서울: 창지사.

이숙재(2014). 영유아 놀이의 이론과 실제. 서울: 창지사.

이숙재·이방실(2002). 유아 경제교육을 위한 극놀이 활용방안 연구: 유아의 경제개념 및 소비자 행동에 기초하여. 한국어린이육영회. 2002년도 연구논문보고서.

이숙재·이봉선(2004). 창의적 극놀이 활동을 통한 유아경제 교육 프로그램 개발과 적용에 관한 연구. 유아교육연구, 24(5), 121-144.

이숙재·이봉선(2009). 영유아 언어교육. 서울: 창지사.

이숙재·김경란·이방실(2013). 영유아미술교육. 서울: 창지사.

이숙재·이봉선·김종선·이방실(2006). 연극놀이를 통한 유아경제교육. 서울: 창지사.

이순복·전귀연(2006). 부모 및 가족특성이 영재유아와 일반유아의 창의성에 미치는 영향. 유아교육연구, 26(4), 283-310.

이순형(2000). 한국 아동이 초기에 획득한 문법적 형태소의 종류 및 획득 시기. 아동학회지, 21(4), 51-68.

이순형·이혜승·권혜진·이영미·정윤주·한유진·성미영·권기남·김정민(2008). 아동관찰 및 행동연구. 서울: 학지사.

이승복(1994). 영유아의 단어 의미 획득. 한국 심리학회지, 7(1), 164-197.

이승숙(2015). 이중언어 교육지원 과정에 참여한 중국 결혼 이민자 가정 어머니와 자녀의 어려움 및 변화 과정. 성신여자대학교 대학원 박사학위논문.

이영(1999). 영유아 창의성 교육을 위한 새로운 시도. 제1회 최이순 기념 공개강좌.

이영·김온기·우현경(2006). 부모·교사와 함께하는 영아놀이. 경기: 다섯 수레.

이영·이미란·홍희영·한성희·민성혜·박신진·유영미·신혜원·민현숙·정지나·문영경(2015). 영아발달. 서울: 학지사.

이영자(1994). 유아언어교육. 서울: 양서원.

이영자(2000). 유아용 정서지능평가 도구. 서울: 창지사.

이영자·유효순·이정욱(2001). 주제중심의 통합적 접근방법에 의한 유아사회교육. 서울: 교문사.

이옥형(2002). 아동 · 청년발달. 서울: 집문당.

이은해·이미리·박소연(2007). 아동연구방법의 이해. 서울: 학지사.

이정림·도남희·오유정(2013). 영유아의 미디어 매체 노출실태 및 보호대책. 육아정책연구소.

이지혜(2014). 촉각 중심 태교 미술치료가 임신부의 모-태아 애착에 미치는 영향. 대구대학교 재활과학대학원 석사학위논문.

이차숙(2005). 유아언어교육의 이론과 실제. 서울: 학지사.

이찬숙(2008). 유아의 문제행동에 영향을 미치는 유아 개인, 가정환경 및 지역사회 변인분석. 성균관대학교 대학원 박사학위논문.

이화여자대학교·환경부(2009). 산모와 영유아 대상의 환경노출에 의한 건강 영향 연구. 3차년도 최종보고서.

이희영(1997). 태교음악에 관한 산모들의 인식 및 선호도 조사: 시중의 태교음악 음반을 중심으로. 상명대학교 교육대학원 석사학위논문.

임선하(1993). 창의성에의 초대. 서울: 교보문고.

임선하(1995). 창의성이란 무엇인가. 세계화 시대의 창의성 교육, 사단법인 한국어린이육영회. 유아교육학술대회, 21-37.

임정진(2013). 어린이집의 질이 빈곤가정 유아의 학교준비도에 미치는 영향. 경희대학교 대학원 석사학위논문.

임희수(2001). 아동의 기질, 어머니의 정서조절 및 양육행동과 아동의 정서조절 간의 관계. 이화여자대학교 대학원 박사학위논문.

장미정(2011). 유치원의 질과 교사의 직무 만족도, 효능감이 유아의 인지, 언어, 정서 및 사회적 능력에 미치는 영향. 이화여자대학교 대학원 박사학위논문.

장영희(2000). 영아교육과정. 서울: 양서원.

장유경(2004a). 한국 영아의 초기 어휘 발달: 8~18개월. 한국심리학회지: 일반, 23(1), 77-99.

장유경(2004b). 한국 영아의 초기 어휘 발달: 18~36개월. 한국 심리학회지: 발달, 17(4). 91-105.

장유경·이근영(2006). 영아의 기질과 초기 어휘 습득과의 관계. 아동학회지, 27(6), 263-276.

전경원(2000). 동·서양의 하모니를 위한 창의학. 서울: 학문사.

전경원(2004). 창의학. 서울: 학문사.

전경원(2006). 창의성 교육의 이론과 실제. 서울: 창지사.

전샛별(2006). 가정에서 사용하는 유아용 비디오 보유실태와 적절성에 관한 분석. 이화여자대학교 대학원 석사학위논문.

정미라·배소연·이영미(2012). 영유아를 위한 건강 및 영양교육. 서울: 양서원.

정미라·권정윤·박수경·이방실·김경숙·문원선·유혜경·이민정(2013). 뇌가 즐거운 아기놀이 120. 경기: 꽃숨.

정민희(2010). 정밀초음파진단장치를 이용한 태아기형 검사에 관한 연구. 부산가톨릭대학교 생명과학대학원 석사학위논문.

정수정(2005). 만 5세 사랑반 유아들의 사회극놀이에 관한 문화기술적 연구. 이화여자대학교 대학원 석사학위논문.

정양완(2000). 태교신기에 대하여: 배 안의 아기를 가르치는 태교에 대한 새로운 글. 새국어생활, 10(3), 79-98.

정영숙(1990). 부모의 읽기, 쓰기 지도 방법에 관한 연구. 중앙대학교 대학원 석사학위논문.

정옥분(2004). 영유아발달의 이해. 서울: 학지사.

정옥분(2006). 사회정서발달. 서울: 학지사.

정옥분(2012). 아동발달의 이해. 서울: 학지사.

정은희(2004). 농촌 지역 국제 결혼 가정 아동의 언어 발달과 언어 환경. 언어치료연구, 13(3), 33-52.

정진·성원경(2004). 유아놀이와 게임 활동의 실제. 서울: 학지사.

조경자·이현숙(2010). 유아건강교육. 서울: 학지사.

조명한(1982). 한국 아동의 언어획득 연구: 책략 모형. 서울: 서울대학교 출판부.

조미영(2010). 다문화가정 어머니들의 영유아기 자녀양육 지원을 위한 멘토링 과정 탐색. 성신여자대학교 대학원 박사학위논문.

조복희(2006). 아동발달. 서울: 교육과학사.

조복희·정옥분·유가효(1989). 인간발달: 발달 심리적 접근. 서울: 교문사.

조성연(1990). 아동의 창의성 발달 및 이에 관련된 생태학적 변인에 관한 연구. 연세대학교 대학원 박사학위논문.

조성연·이정희·천희영·심미경·황혜정·나종혜(2005). 아동발달의 이해. 서울: 신정.

조혜진(2003). 유아의 사회·정서발달에 미치는 가족특성, 보육경험 및 기질 변인 분석. 이화여자대학교 대학원 박사학위논문.

주영희(2001). 유아 언어 발달과 교육. 서울: 교문사.

주재선(2015). 2014 한국의 성 인지 통계. 한국여성정책연구원.

중앙보육정보센터(2008). 2008 평가인증조력프로그램 영역 3 상호작용.

질병관리본부(2015). 표준예방접종 일정표(소아용).

질병관리본부·대한소아과학회·소아청소년 신체발육표준치 제정위원회(2007). 2007년 소아 및 청소년 표준 성장도표: 해설.

차영덕(2005). 경막외 무통분만. 서울: 군자출판사.

차은영(1987). 아버지의 양육태도 및 아버지와 자녀간의 활동. 경희대학교 대학원 석사학위논문.

채진영(2009). 아버지의 애착표상과 양육행동이 유아의 애착표상 및 사회적 능력에 미치는 영향. 서울대학교 대학원 박사학위논문.

최경숙(2006). 아동발달심리학. 서울: 교문사.

최기영(1996). 유치원 집단게임 활동과정의 사회화 기능에 대한 문화기술적 연구. 유아교육연구, 16(2), 49-69.

최정윤(2008). 보육시설 유아의 코티솔 수준. 연세대학교 대학원 박사학위논문.

한국소비자원(2012). 어린이 안전사고 실태조사–가정·교육시설 내 안전사고를 중심으로. 소비자안전국·식의약안전팀.

한국유아교육학회(편)(1996). 유아교육백서. 서울: 한국사전연구사.

한규령(2005). 만 5세 유아의 또래 관계 증진을 위한 신체활동프로그램 개발 및 효과검증. 유아교육연구, 25(6), 157-182.

함영숙(2014). 전통미술과 자연의 미적 요소에 기초한 유아미술교육 프로그램 개발 및 효과. 성신여자대학교 대학원 박사학위 논문.

허미화(2008). 한국사회의 다문화적 변화와 국제결혼가정 유아의 교육환경 고찰. 유아교육연구, 28(1), 265-281.

현온강·태진(2000). 보육환경의 질과 영유아의 적응: 인천시 보육시설을 중심으로. 대한가정학회지, 38(3), 25-43.

홍순정(1999). 지능과 창의성. 서울: 양서원.

홍은주(2003). 미술 치료 기법을 이용한 임산부 태교 프로그램 개발. 숙명여자대학교 대학원 박사학위논문.

황도영(2007). 산전검사의 유전상담. 대한의학유정학회지 4(1). 6-14.

황인애(2010). 만 1세반 영아의 교사와 또래 간 의사소통에 관한 문화기술적 연구. 성신여자대학교 대학원 박사학위논문.

황지혜(2014). 자연유산 및 자연유산 합병증과 지리적 접근성의 관련성. 건양대학교 대학원 박사학위논문.

황해익(2008). 아동연구방법. 서울: 정민사.

황혜정·김경희·이혜경·어주경·나유미(2003). 아동과 환경. 서울: 학지사.

금연길라잡이 http://www.nosmokeguide.or.kr.

Amabile, T. M.(1989). *Growing up creative: Nurturing a lifetime of creativity*. Buffalo, NY: Creative Education Foundation.

Athey, I.(1984). Contributions of play to development. In T. D. Yawkey and A. D. Pellegrini(Eds.), *Child's play: developmental and applied*(pp. 9-27). Hillsdale, NJ: Lawrence Erlbaum.

Bandura, A.(1976). *Social learning theory*. Englewood Cliffs, NJ: Prentice-Hall, Inc.

Barbour, N.(1987). Learning to read. In C. Seefeldt (Ed.), *The early childhood curriculum: A review of current research*(pp. 107-140). New York: Teachers College.

Barrett, D. E., & Frank, D. A.(1987). *The effects of under nutrition on children's behavior*. New York: Gordon and Breach.

Bauer, P. J., & Mandler, J. M.(1992). Putting the horse before the cart: the use of temporal order in recall of events by one-year-old children. *Developmental Psychology, 28*, 441-452.

Bee, H.(1995). *The growing child*. London: Longman.

Bee, H.(1997). *The developing child.*. New York: Longman.

Berger, K. S.(2003). *Developing person through childhood and adolescence*. New York: Worth Publishers.

Berk, L. E. (2005). *Infants and children*. Boston: Allyn & Bacon.

Berk, L. E.(2009). *Child development*. Boston: Pearson Education, Inc.

Bettelheim, B.(1998). 옛이야기의 매력. 김옥순·주옥(공역). 서울: 시공주니어. (원저 1975년 출판).

Bijou, S. W.(1976). *Child development: The basic stage of early childhood*. Englewood Cliffs. NJ: Prentice-Hall, Inc.

Bjorklund, D. F.(1995). *Children's thinking: Developmental function and individual differences.* Pacific Grove, CA: Brooks/Cole.

Bornstein, M.(1995). Parenting infants. In M. H. Bornstein(Ed.), *Handbook of parenting, Vol. 1*. Mahawah, N. J.: Lawrence Erlbaum Associates, Publishers.

Bornstein, M. H.(2002). Parenting infants. In M. H. Bornstein(Ed.), *Handbook of parenting* (2nd ed., Vol. 1). Mahawah, NJ: Erlbaum.

Bowlby, J.(1969). *Attachment and loss. Vol. I: Attachment.* New York: Basic Books.

Bronfenbrenner, U.(1979). *The ecology of human development*. Cambridge, MA: Harvard University Press.

Bullock J. R., & Pennington, D.(1988). The relationship between parental perceptions of the family environment and children's perceived competence. *Child Study Journal, 18*, 17-31.

Burghardt, G. M.(1984). On the origins of play, In P. K. Smith(ed.), *Play in animals and humans*(pp. 5-41). Oxford: Basil Blackwell.

Campos, J. J., Langer, A., & Kcrowitz, A.(1970). *Sex stereotype effects in children's picture rec-linguistic theory and psychological reality*. Cambridge, MA: MIT Press.

Casey, B. T., Dunston, S. & Fossella, J. A.(2001). Evidence for a mechanistic model of cognitive control. *Clinical Neuroscience Research, 1*, 162-282.

Charlesworth, R.(1992). *Understanding child development*. Albany, NY: Delman Publishing Inc.

Cochran, M. M.(1977). A comparison of group day and family child-rearing patterns in Sweden. *Child Development, 48*, 702-707.

Comstock, G., & Paik, H.(1991). *Television and the American child*. San Diego, CA: Academic Press.

Crain, W. C.(1983). 발달의 이론. 서봉연(역). 서울: 중앙적성출판사. (원저 1963년 출판).

Dacey, J.(1989). *Fundamentals of creative thinking*. Toronto: Lexington Books.

Dattner, R.(1986). 어린이 놀이 환경 디자인. 김정태(역). 서울: 기문당. (원저 1969년 출판).

Dearborn W. F., & Rothney, J. W. M.(1963). *Predicting the child's development*å. Cambridge, MA: Sci-Art.

DeLoache J. S., & Todd, C. M.(1988). Young children' s use of spatial categorization as a mnemonic strategy. *Journal of Experimental Child Psychology, 46*, 1-20.

Dempster, F. N.(1981). Memory span: Sources of individual and developmental differences. *Psychological Bulletin, 89*, 63-100.

Duffy, B.(1998). *Supporting creativity and imagination in the early years*. Buckingham, Philadelphia: Open University Press.

Duncan, G., Brooks-Gunn, J., & Klebanov, P.(1994). Economic deprivation and early childhood development. *Child Development, 65*, 296-318.

Dunn, J. Brown, J., Beardsall, L.(1991). Family talk about feeling status and children's later understanding of others' emotions. *Development Psychology, 27*, 488-455.

Eckerman, C. O., & Didow, S. M.(1996). Nonverval imitation and toddler's mastery of verbal means of achieving coordinated action. *Developmental Psychology, 32*, 141-152.

Eggen, P., & Kauchak, D.(2006). 교육심리학: 교육 실제를 보는 창. 신종호·김동민·김정섭·김종백·도승이·김지현·서영석(공역). 서울: 학지사. (원저 2004년 출판).

Erikson, E. H. (1963). *Childhood and Society*. New York: Norton.

Fagan, J. F.(1974). Infant recognition memory: the effects of length of familiarization and type of discrimination task. *Child Development, 45*, 351-356.

Fagan, J. F.(1979). The origins of facial pattern recognition. In M. H. Bormstein & W. Kessen(Eds.). *Psychological development from infancy: Image to intention*. Hillsdale, NJ: Erlbaum.

Fein, G. G.(1985). Learning in play: surfaces of thinking and feeling. In J. L. Frost and S. sunderline(Eds.), *When children play* (pp. 45-53). Wheaton, MD: ACEI.

Frost, J. L., & Klein, B. L.(1979). *Play and playscapes*. Boston: Allyn & Bacon.

Gallahue, D. L & Ozmun, J. C.(2006). *Understanding motor development: Infants, Children, Adolescents, Adults*. New York: McGraw-Hill International edition.

Gibson, E. J. & Walk, R. D.(1960). The "visual cliff". *Scientific American, 202,* 64-71.

Gnepp, J. & Hess, D. L. R.(1986). Children's understanding of display rules for expressive behavior. *Developmental Psychology, 22*, 103-108.

Goleman, D.(1995). *Emotional Intelligence*. New York: Bantam Books.

Goodman, G. S., Hirschman, J. E., Hepps. D., & Rudy, L.(1991). Children's memory for stressful events. *Merill-Parmer Quarterly*, *37*, 109-157.

Green, M., & Piel, J. A.(2002). *Theories of human development : a comparative approach*. Boston: Allyn & Bacon.

Guilford, J. P.(1971). Some misconceptions regarding measurement of creative behavior. *The Journal of Creative Behavior, 5*, 77-87.

Hart, B., & Risley, T. R.(1995). *Meaningful difference*. Baltimore : Paul H. Brookes.

Hearold, S.(1986). A synthesis of 1043 effects of television on social behavior. In G. Comstock(Ed.), *Public communications and behavior*(Vol. 1). New York: Academic Press.

Hebb. D. O. (1949). *The Organization of behavior: A neuropsychological theory*. New York: Wiley.

Hetherington, E. M., Parke, R. D., Gauvain, M., & Loke, V. O.(2006). *Child psychology : A contemporary viewpoint.* New York : McGraw-Hill.

Holloway, S. D., & Reichart-Erikson, M.(1988). The relationship of day care quality to children's free play behavior and social problem-solving skills. *Early Childhood Research Quarterly. 3*, 39-53.

Hurck, E.(1978). *Child development.* New York : McGraw-Hill, Inc.

Hutt, C. (1971). Exploration and play in children. In R.E. Herron and B. Sutton-Smith(Eds.), *Child's play*(pp. 231-251). New York: John Wiley & Sons.

Hyson, M. C.(1998). 유아를 위한 정서교육: 정서중심 교육과정의 구성. 정미라·박경자·배소연(공역). 서울: 이화여자대학교 출판부. (원저 1994년 출판).

Isenberg, J. P., & Jalongo, M. R.(2001). *Creative expression and play in early childhood.* Upper Saddle River, NJ : Prentice-Hall, Inc.

Izard, C. E.(1991). *The psychology of emotion.* New York : Plenum Press.

Jalongo, M. R.(2000). *Early childhood language arts.* Boston : Allyn and Bacon.

Johson, J. E., Chriestie, J. F., & Yawket, T. D.(1999). *Play and early childhood development*. New York : Addison Wesley Longman, Inc.

Kostelnik, M. J., Soderman, A. K., & Whiren, A. P.(1993). *Developmentally appropriate programs in early childhood education*. New York : Macmillan Publishing Company.

Kostelnik, M., Whiren, A., Soderman, A., Stein, L. & Gregory, K.(2005). 유아를 위한 사회 정서 지도. 박경자·김송이·권영희(공역). 서울: 교문사. (원저 2002년 출판).

Langenbach, M.(1997). *Day care curriculum consideration.* Columbus, OH: Charles Merrill.

Langlois, J. H., & Downs, A. C.(1980). Mathers, fathers and peers as socialization agents of sex-typed play behaviors in young children. *Child Development, 51,* 1237-1247.

LeDoux, J.(1993). Emotional networks in the brain. In M. Lewis & J. Haviland (Eds.), *Handbook of emotions*(pp. 109-118). New York: Guilford.

Leeper, S. H., Skipper, D. S., & Witherspoon, R. L.(1979). *Good schools for young children*. New York: Macmillan Publishing.

Liebert, R. M. & Sprafkin, J.(1988). *The early window: Effects of television on children and youth*. New York: Pergamon Press.

Lozeff, B., Klein N. K., Nelson E. C., McClish D. K., Manual, M, & Chacon, M. E.(1998). Behavior of infants with iron deficiency anemia. *Child Development, 69*, 24-36.

Mandel, D. R., Jusczyk, P. W., & Pisoni, D. B.(1995). Infants' recognition of the sound patterns of their own names. *Psychological Science, 6*, 314-317.

Mandler, J. M.(1992). How to build a baby: Ⅱ. Conceptual primitives. *Psychological Review, 4,* 587-604.

Mason, J. M.(1980). When do children begin to read: An exploration of four year-old children' letter and word reading competencies. *Reading Research Quarterly, 15*, 203-226.

McLoyd, V. C.(1998). Socioeconomic disadvantage and child development. *American Psychologist, 53*, 185-294.

Miller, P. H.(1993). *Theories of developmental psychology.* New York: W. H. Freeman and Company.

Morisset, C.(1995). Language development: Sex difference within social risk. *Developmental Psychology*, 851-865.

Morrow, L. M.(2001). *Literacy development in the early years: Helping children read and write.* Boston: Allyn and Bacon.

NAEYC.(1995). *발달에 적합한 유아교육 실제*. 강숙현·최미숙 (공역). 전남대학교 출판부. (원저 1987년 출판).

Neuman, S., & Roskos, K.(1993). *Language and literacy learning in the early years: An integrated approach*. Fort Worth, TX: Harcourt brace Jovanovich.

Olson, S. L., Bates, J. E., & Kaskie, B.(1992). Caregiver-infant interactions antecedents of children's school-age cognitive ability. *Merrill-Palmer Quarterly, 38*(3), 309-330

Parten, M. B.(1932). Social participation among preschool children. *Journal of Abnormal and Social Psychology, 27*, 243-269.

Piaget, J.(1985). *아동의 언어와 사고.* 송명자·이순형(공역). 서울: 중앙적성출판사. (원저 1932년 출판).

Pflaum, S. W.(1974). *The development of language and reading in the young children.* Columbus, OH: Charles E. Merrill.

Roncagliolo, M., Garrido, M., Walter, T., Pierano, P., Lozoff, B.(1998). Evidence of altered central nervous system development in infants with iron deficiency anemia at 6 mo: Delayed maturation of auditory brainstem responses. *The American Journal of Clinical Nurtrition*, *68*, 683-690.

Ross, H. S.(1996). Negotiating principles of entitlement in sibling property disputes. *Developmental Psychology, 32*, 90-101.

Ross, H. S., Conant, C., Cheyne, C. A., & Alevizos, E.(1992). Relationships and alliances in social interactions of kibbutz toddlers. *Social Development, 1*, 1-17.

Rubin, K. H., Bukowski, W., & Parker, J. G.(1998). Peer interaction, relationships, and groups. In W. Damon & N. Eisenberg (Eds.), *Handbook of child psychology(Vol. 3*, pp. 619-700). New York : Jone Wiley & Sons.

Ruff, H. A., & Lawson, K. R.(1990). Development of sustained focused attention in young children during free play. *Developmental Psychology, 26*, 85-93.

Salovey, P., & Mayer, J. D.(1990). Emotional intelligence. *Imagination, Cognition and Personality, 9*, 185-221.

Santrock, W. J.(2005). *A topical approach to life-span development*. New York : McGraw-Hill.

Schaffer, H. R.(1993). *Making decisions about children : Psychological questions and answers.* Cambridge, MA : BasilBlackwell, Inc.

Schickedanz, J.(1990). *Adam's righting revolution.* Portsmouth, NH : Heinemann Educational Book.

Schickedanz, J. A., Hansen, K., & Forsyth, P. D.(1990). *Understanding children*. Mountain view, CA: Mayfield Publishing Company.

Schug, M. C.(1982). Economic education across the curriculum. ERIC Document Reproduction Service No. ED 223 503.

Seefeldt, C., & Barbara, A.(2006). *Early education three, four, and five-year olds go to, school*. NJ : Upper Saddle River, Prentice Hall.

Selman, R. L.(1980). *The growth of interpersonal understanding*. New York : Academic Press.

Shaffer, D. R.(2002). *Developmental psychology childhood and adolescence*. Wadaworth/ Thomson Learning.

Shaffer, D. R.(1993). Developmental psychology. *Childhood and adolescence*(3rd ed.). Pacific Grove, CA: Brooks/Cole Publishing Co.

Shelov, S. P. (Ed.).(1997). *Caring for your baby & young child : From birth to age 5*. Oxford : Oxford University Press.

Siegler, R., DeLoache, J., & Eisenberg, N.(2003). *How children development*. New York:

Worthpublishers.

Sigelman, C. K. & Shaffer, D. R.(1995). *Life span human development.* Pacific Grove, CA: Brooks/Cole Publishing Co.

Slaby, R. G., Roedell, W. C., Arezzo, D., & Handrix, K.(1995). *Early violence prevention*. Wasching, DC: NAEYC.

Smilansky, S.(1968). *The effect of sociodramatic play on disadvantaged preschool children*. New York: Wiley.

Snow, C. W.(1998). *Infant Development.* Englewoold Cliffs, NJ: Prentice-Hall, Inc.

Somit, A., Arwine, A., & Peterson, S. A.(1996). *Birth order and political behavior*. New York: University Press of America, Inc.

Spache, C.D., & Spache, E. B.(1973). *Reading in elementary school*. Boston: Allyn & Bacon.

Sroufe, L. A.(1996). *Emotional development: The organization of emotional life in the early years.* Cambridge, England: Cambridge University Press.

Sternberg, R. J., & Lubart, T. I.(1996). Creative giftedness: A multivariate investment approach. *Gifted Child Quarterly, 37*(1), 7-15.

Tanner, J. M.(1990). *Fetus into man*. Cambridge. MA: Harvard University Press.

Taylor, D. W.(1963). Variables related to creativity and productivity. In C. Taylor, & P. Barron, (Eds.), *Scientific creativity: Its recognition and development*. New York: John Wiley.

Torrance, E. P.(2005). *토랜스의 창의성과 교육: 왜 높이 날려 하는가*. 이종연(역). 서울: 학지사. (원저 1995년 출판).

Vandell, D. L.(2000). Parents, peer groups, and other socializing influences. *Developmental Psychology, 36*, 699-710.

Vukelich, C. Chrisstie, J., & Enz, B.(2008). *Helping young children learn language and literacy: Birth through kindergarten*. Boston: Allyn and Bacon.

Vurpillot, E.(1968). The development of scanning strategies and their relation to visual differentiation. *Journal of Experimental Child Psychology, 6,* 632-650.

Vygotsky, L. S.(1962). *Thought and language*. Cambridge, MA: MIT Press.

Wellman, H. M., Ritter, K., & Flavell, J. H.(1975). Deliberate memory behavior in the delayed reactions of very young children. *Developmental Psychology, 11,* 780-787.

Wittmer, D. S., & Petersen, S. H.(2006). *Infant and Toddler Development and Responsive Program Planning: A Relationship-Based Approach.* Boston: Pearson Merrill Prentice Hall.

Wordsworth, B. J.(1995). *피아제의 인지적, 정의적 발달*. 성옥련·김수정·이지연(공역). 서울: 중앙적성출판사. (원저 1989년 출판).

저 자 소 개

이 숙 재

연세대학교 대학원(교육학 박사)

현) 성신여자대학교 유아교육과 명예교수

김 경 란

중앙대학교 대학원(유아교육학 박사)

현) 광주여자대학교 유아교육과 교수

이 방 실

성신여자대학교 대학원(유아교육학 박사)

현) 오산대학교 아동보육과 교수

강 보 라

성신여자대학교 대학원(유아교육학 박사)

현) 성신여자대학교 유아교육과 강사

제3판

영유아발달과 교육

초　판　1쇄 발행　1999년 3월　9일
초　판 16쇄 발행　2008년 1월 25일
개정판　8쇄 발행　2015년 2월 27일
제 3 판　6쇄 발행　2025년 3월　7일

지 은 이 | 이숙재 · 김경란 · 이방실 · 강보라
펴 낸 이 | 김기섭
책임편집 | 이윤미
펴 낸 곳 | 창지사 www.changjisa.com
우편: 08589
서울시 금천구 가산디지털 1로 83 파트너스타워 1차 9층
전화(02) 719-2211~3
팩스(02) 701-9386
등　　록 | 1977년 4월 28일 · 제1-421호

ISBN 978-89-426-0858-4 (93370)

값 20,000원